오상훈 형법

오상훈 편저

2차 | 테마노트 암기장 제1판

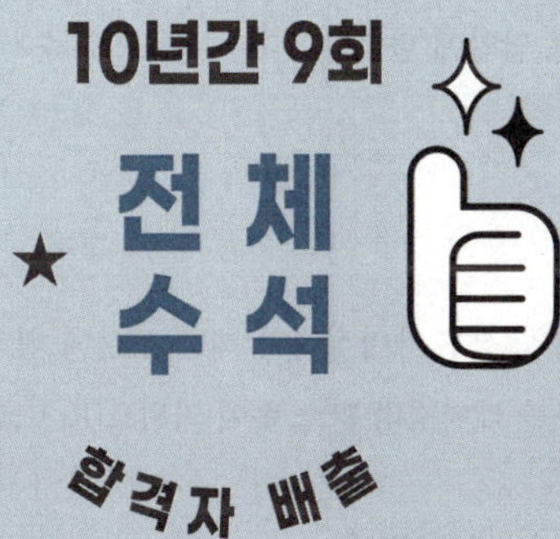

박문각 법무사

"형법을 공부할 때는 형법 테마노트 암기장을 항상 옆에 두고 공부하자!"

형법 테마노트 암기장의 구성과 활용방법은 다음과 같다.

1. 키워드(Key word)

형법의 틀짜기(체계잡기)와 암기에 도움이 되는 핵심단어들을 해당 테마의 목차와 함께 정리하였다. 기본서강의(예비순환&1순환)를 듣고 복습을 할 때에는 먼저 해당 테마의 테마정리부분을 먼저 읽고 기본서를 읽으면 공부의 효율이 높아진다. 기본서를 읽은 후 테마정리 부분을 다시 한번 빠르게 읽으면서 암기할 키워드(Key word)들을 반복 정리하고 자신만의 키워드가 있다면 추가하여 손글씨로 적어 놓기 바란다.

2. 키센텐스(Key sentence)

답안에 자주 사용하게 되는 구성요건들과 답안에 작성에 도움이 될만한 문장들을 선별 · 발췌하여 정리하였다. 사례풀이강의(2순환&3순환)와 답안작성연습 전후에는 키센텐스(Key sentence)를 익히고, 답안에 적을 자신만의 문장을 추가로 적어 가면서 공부하여야 한다. 최소한 재산죄 부분은 해당 테마가 출제될 경우 키센텐스(Key sentence)를 그대로 답안에 현출시킨다는 마음으로 숙지하기 바란다.

3. 판례

(1) 중요판례

언제든지 출제가 가능한 중요판례의 경우 테마정리의 해당 부분에 판례의 사실관계를 떠올릴 수 있는 판례의 이름과 결론 또는 간단한 판결이유를 테마정리 박스 속에 키워드(Key word)와 함께 서술하여 놓았다.

(2) 최신판례

출제가 가능한 최신판례의 경우 판례의 법리와 사실관계를 따로 판례박스로 정리하였다. 사실관계 부분을 예상문제라고 생각하고 판례의 법리부분을 답안에 적을 수 있도록 키워드(Key word)를 중심으로 공부하여야 한다.

틀짜기와 키워드(Key word)만 암기되어 있고, 출제된 사례문제에 해당하는 판례의 사실관계만 떠올릴 수 있다면 시험장에서 합격에 필요한 답안을 충분히 문장으로 작성할 수 있다. 시험 막판에 테마노트(암기장)만 1회독하고 시험장에 들어간다는 마음으로, 자신만의 암기장을 만들어 가기 바란다.

수험생 여러분의 조속한 합격을 기원하면서

관악산 자락 연구실에서

오상훈

★ **차례** ★

CONTENTS | PREFACE |

★ 형법 테마노트 암기장

★ 형법 총론

★ 형법 각론

형법 테마노트
암기장

형법 테마노트 암기장

서론	• 기본개념, 형법사상과 형법이론(범죄론과 형벌론, 구파와 신파) • 죄형법정주의 • **적용범위** : 시간적 적용범위(제1조), 장소적 적용범위(제2조~제7조)	
범죄론	범죄론의 기초	• 범죄의 의의·종류 • 행위론 • 범죄체계론, 행위의 주체·객체
	구성요건론	• 결과반가치·행위반가치 • 부작위범(제18조) → 부진정부작위범 13년(25점), 16년(20점), 22년(10/20점) • 인과관계와 객관적 귀속(제17조, 제19조) • 구성요건적 고의(제13조) ⇨ 사실의 착오(제15조 제1항) • 과실범(제14조) • 결과적 가중범(제15조 제2항) → 부진정결과적가중범 19년(15점)
	위법성론	• 정당방위(제21조) • 긴급피난(제22조) • 자구행위(제23조) • 피해자의 승낙(제24조) • 정당행위(제20조)
	책임론	• **책임능력** : 형사미성년자(제9조), 심신장애인(제10조), 청각 및 언어 장애인(제11조), 원인으로부터 자유로운 행위(제10조 제3항) → 취하도록 술을 마신 후~ 25년(5/30점) • 위법성의 인식 ⇨ 법률의 착오(제16조)(⇨ 위법성조각사유의 전제사실의 착오) • **기대가능성** : 강요된 행위(제12조)
	미수론	• 장애미수(제25조) • 중지미수(제26조) • 불능미수(제27조) • 예비·음모(제28조) → 예비죄의 종범 17년(10점)
	공범론	• 간접정범(제34조) • 공동정범(제30조) → 공모관계이탈·합동범의 공동정범 14년(15점) • 교사범(제31조) • 종범(제32조) • 신분(제33조) → 공범과 신분 07년(30점), 20년(10/20점)
	죄수론	• **일죄** : 법조경합, 포괄일죄 • **수죄** : 상상적 경합(제40조), 실체적 경합(제37조, 제38조, 제39조)
형벌론	• 형벌의 종류 ⇨ 몰수·추징, 형의 양정 ⇨ 법률상 가중·감경, 자수 등 • 누범(제35조), 선고유예(제59조)·집행유예(제62조)·가석방(제72조) • 형의 시효·소멸(제77조, 제81조)	

| Thema 정리 | 형법각론 조문체계 [보호법익] 및 진도별 기출분석 |

개인적 법익에 대한 죄	생명·신체	제24장 살인의 죄 → 부작위에 의한 살인죄 16년(20점) 제25장 상해와 폭행의 죄 제26장 과실치사상의 죄 제27장 낙태의 죄 → 05년(10/50점) 제28장 유기와 학대의 죄
	자유	제30장 협박의 죄 제37장 강요의 죄(권리행사를 방해하는 죄) 제29장 체포와 감금의 죄 제31장 약취, 유인 및 인신매매의 죄 제32장 강간과 추행의 죄 → 강간치상·상해 03년, 21년(8/25점) / 강제추행 21년(8/25점)
	명예와 신용	제33장 명예에 관한 죄 → 명예훼손 12년(20점) / 모욕 19년(15점) 제34장 신용, 업무와 경매에 관한 죄 → 업무방해 05년(20/50점), 위계경매방해 24년(10점)
	사생활의 평온	제35장 비밀침해의 죄 제36장 주거침입의 죄 → 09년(25점), 22년(15점), 23년(10점)
	재산	재산죄 일반론 → 점유 13년(10점), 20년(5/10점) / 불법영득의사 21년(9/25점) 절도 또는 자동차등 불법사용 25년(10/30점) / 친족상도례 02년 / 예금통장 절도&계좌이체(컴·사)&친족상도례 24년(15점) 제38장 절도와 강도의 죄 → 03년, 12년(30점), 14년(50점), 15년(50점), 준강도미수·기수 23년(20점) 제39장 사기와 공갈의 죄 → 사기 : 편취송금 17년(20점), 차용금사기(용도사기&죄수) 25년(20점), 소송사기 24년(25점), 타인명의신용카드 10년(50점), 19년(20점) / 공갈 : 20년(10/20점) 제40장 횡령과 배임의 죄 → 횡령 : 매도인선의인 계약명의신탁 08년(50점), 위탁매매 09년(25점), 중간생략등기형 명의신탁 16년(30점), 동업 22년(15점), 양자간명의신탁 23년(20점) / 배임 : 대물변제약정 18년(30점), 20년(20점) 제41장 장물에 관한 죄 제42장 손괴의 죄 제37장 권리행사를 방해하는 죄 → 강제집행면탈 : 13년(15점), 21년(10점)

사회적 법익에 대한 죄	공공의 안전과 평온	제5장 공안을 해하는 죄 제6장 폭발물에 관한 죄 제13장 방화와 실화의 죄 → 부작위에 의한 현주건조물방화치사죄의 성부 22년(10/20점) 제14장 일수와 수리에 관한 죄 제15장 교통방해의 죄
	공중의 건강	제16장 음용수에 관한 죄 / 제17장 아편에 관한 죄
	공공의 신용	제18장 통화에 관한 죄 / 제19장 유가증권, 우표와 인지에 관한 죄 제20장 문서에 관한 죄 → 공사혼용문서(주취운전적발보고서 운전자란, 사문서위조) 25년(10/30), 사문서위조 05년(20/50점), 공전자기록부실기재·동행사 21년(15점), 공문서부정행사 20년(5/10점) 제21장 인장에 관한 죄
	사회의 도덕	제22장 성풍속에 관한 죄 / 제23장 도박과 복표에 관한 죄 / 제12장 신앙에 관한 죄
국가적 법익에 대한 죄	국가의 존립과 권위	제1장 내란의 죄 제2장 / 외환의 죄 제3장 국기에 관한 죄 / 제4장 국교에 관한 죄
	국가의 기능	제7장 공무원의 직무에 관한 죄 → 뇌물 20년(20점) 제8장 공무방해에 관한 죄 → 03년(15/50점), 17년(20점), 22년(10/20점) / 위계공집방 11년(10점) 제9장 도주와 범인은닉의 죄 → 범인도피 04년, 11년(40점), 범인도피교사(대포폰) 18년(20점) 제10장 위증과 증거인멸의 죄 제11장 무고의 죄

Thema 정리 | 알아두어야 할 형사소송상 재판의 종류

민사소송에서 재판의 종류는 소송판결과 본안판결로 나누어진다. 소송판결은 소송요건의 흠결이 있어 소가 부적법한 경우 내리는 판결로서 소각하판결이 이에 속한다. 본안판결은 소에 의한 청구가 실체상 이유 있는가 여부를 재판하는 판결이고, 구체적으로는 청구인용판결과 청구기각판결이 있다.
형사소송에서 재판의 종류에는 형식판결과 실체판결이 있다. 형식판결에는 ① 관할위반의 경우에 행하는 관할위반의 판결과 ② 공소제기절차가 위법무효인 경우 행하는 공소기각판결·결정, 그리고 ③ 마지막으로 형식재판이면서도 일사부재리의 효력을 갖는 특징이 있는 면소판결이 있다. (민사소송의) 소각하판결은 없다.
실체판결의 경우 심판대상인 사실이 존재하는가 여부에 대한 실체판단을 통하여 ① 유죄판결(형소법 제323조 제1항)과 ② 무죄판결(형소법 제325조)을 행하게 된다.

제325조(무죄의 판결) 피고사건이 범죄로 되지 아니하거나 범죄사실의 증명이 없는 때에는 판결로써 무죄를 선고하여야 한다.

제326조(면소의 판결) 다음 경우에는 판결로써 면소의 선고를 하여야 한다. **"확사공개"**
1. 확정판결이 있은 때
2. 사면이 있은 때
3. 공소의 시효가 완성되었을 때
4. 범죄 후의 법령개폐로 형이 폐지되었을 때

제327조(공소기각의 판결) 다음 경우에는 판결로써 공소기각의 선고를 하여야 한다. **"재법이재친반"**
1. 피고인에 대하여 재판권이 없을 때
2. 공소제기의 절차가 법률의 규정을 위반하여 무효인 때
3. 공소가 제기된 사건에 대하여 다시 공소가 제기되었을 때(이중기소)
4. 제329조를 위반하여 공소가 제기되었을 때(재기소)
5. 고소가 있어야 공소를 제기할 수 있는 사건에서 고소가 취소되었을 때(친고죄, 고소의 취소)
6. 피해자의 명시한 의사에 반하여 공소를 제기할 수 없는 사건에서 처벌을 원하지 아니하는 의사표시를 하거나 처벌을 원하는 의사표시를 철회하였을 때(반의사불벌죄, 처벌불원의사표시·처벌희망의사철회)

제328조(공소기각의 결정) ① 다음 경우에는 결정으로 공소를 기각하여야 한다. **"취사경범"**
  1. 공소가 취소 되었을 때
  2. 피고인이 사망하거나 피고인인 법인이 존속하지 아니하게 되었을 때
  3. 제12조 또는 제13조의 규정에 의하여 재판할 수 없는 때(관할의 경합)
  4. 공소장에 기재된 사실이 진실하다 하더라도 **범죄가 될 만한 사실이 포함되지 아니하는 때**
② 전항의 결정에 대하여는 즉시항고를 할 수 있다.

형법 총론

〈의의〉

죄형법정주의란 범죄와 형벌은 미리 성문법률로 정하여야 한다는 원칙을 말한다. 「법률 없으면 범죄 없고 형벌도 없다(nullum crimen, nulla poena sine lege)」는 근대형법의 기본원리이다. 그 내용(파생원칙)으로는 ① 성문법률주의, ② 명확성의 원칙, ③ 소급효금지의 원칙, ④ 유추해석금지의 원칙, ⑤ 적정성의 원칙이 있다. 죄형법정주의는 헌법 제12조 제1항과 제13조 제1항에 근거를 두고 있고, 형법도 제1조 제1항에서 「범죄의 성립과 처벌은 행위시의 법률에 따른다」는 규정을 두고 있다.

〈내용〉 ⇨ 위배시 위헌·위법 무효, 처벌 ×

1. 성문법률주의(관습형법금지의 원칙) ⇨ **법률** = 형식적 의미의 법률 ○, 형식적 의미의 형법 ×
   ① 관습형법 : 원칙 금지, 예외적 허용(유리한 관습법 허용)
   ② 위임입법 : 원칙적으로 금지, 그 필요성이 있는 경우 예외적으로 허용
   ┌ 위임입법의 요건 : 구성요건 & 형벌을 예측가능하고 명확하게 규정 ⇨ 포괄위임금지 = 명확성원칙
   └ 위임입법의 한계 : ① 상위법이 위임한 사항만 규정해야 ② 상위법 위배 : ×
   　[당직의료인사건] 상위법에 없는 형사처벌대상 신설·확장한 시행령 = 위임입법의 한계 벗어나 무효
2. 명확성원칙 : 최대한 ×, 최소한 ○ ⇨ 법관의 보충적 해석 ○ ↔ 자의적 해석 ×
3. 소급효금지의 원칙 : 형벌에 관한 법률(실체법)의 소급적용금지
   ⇨ 유리한 소급효 긍정 = 제1조 제2항 재판시법주의 **예** 위헌결정, 헌법불합치결정, 행정처분의 취소
   ↔ 〈소급효금지의 원칙이 적용되지 않는 경우〉
   ┌ ① **보안처분**(∵ 형벌 ×) / 가정폭력범죄처벌특례법상 사회봉사명령, **노역장유치 : 적용 ○**
   │ 　**[형법부칙 제2조 제1항 위헌사건]** ① 노역장유치의 실질 = 신체의 자유 박탈, 징역형 유사 ∴ 소급효금지 적용
   │ 　　　　　　　　　　　　② 부칙 : 노역장유치(하한)조항 시행 전 범죄에 적용 ∴ 형벌불소급원칙 위반
   ├ ② **판례변경, 양형기준**(∵ 법률의 변경 ×)
   └ ③ **소송법규정**(고소기간, 공소시효 등)(∵ 실체법 ×) = 부진정소급입법 허용 ○
   ↔ 〈신법시행 전 고소기간도과, 공소시효가 완성된 때 : 진정소급입법〉
   ┌ 원칙적 적용 ○ = 진정소급입법 허용 ×
   └ 예외적 적용 × : 진정소급입법 예외적 허용 ○ **[5.18.특별법사건]** ∵ 기존법을 변경해야 할 공익 심히 중대
4. 유추해석금지의 원칙 : 모든 가벌성에 관한 규정에 적용
   ⇨ 유리한 유추해석은 긍정
   ↔ 행위자에게 유리한 사유(위법성조각사유 등)를 제한적 유추적용 × ∵ 행위자에 불리
5. 적정성의 원칙 : 비례의 원칙(과잉금지원칙), 범죄(책임) ∝ 형벌

Thema 정리 　형법의 시간적 적용범위

제1조(범죄의 성립과 처벌) ① 범죄의 성립과 처벌은 행위시의 법률에 따른다.
② 범죄 후 법률이 변경되어 그 행위가 범죄를 구성하지 아니하게 되거나 형이 구법(舊法)보다 가벼워진 경우에는 신법(新法)에 따른다.
③ 재판이 확정된 후 법률이 변경되어 그 행위가 범죄를 구성하지 아니하게 된 경우에는 형의 집행을 면제한다.

- 제1조 제1항 : 행위시법주의 ⇨ **행위시**의 의미 : 행위종료시 ○, 결과발생시 ×
  - 예 포괄일죄 → 행위종료시법인 신법 적용, 신구법의 경중 비교 ×
- 제1조 제2항 : 범죄 후 법률의 변경 ⇨ 행위시법주의의 예외 : 신법 ┌ 범죄구성 × : 면소판결
  - └ 구법보다 경 : 경한 신법 적용
  - 경중비교 = 법정형 기준, 병과형·선택형이 있는 경우 가장 중한 형을 기준
  - 구법보다 중하거나 경중에 변화 없는 경우 : 구법 적용
  - 여러 차례 변경된 경우 : 가장 경한 법 적용
- 제1조 제3항 : 재판확정 후 법률의 변경 ⇨ 행위시법주의의 예외 : 형집행면제
- ↔ **제1조 제2항·제3항의 〈배제〉**
  - ① 경과규정(부칙) ∵ 제8조
  - ② 판례의 동기설 ┌ **법률이념의 변천** : 처벌부당 or 과형과중(반성적 고려)
    - (종래 판례) │ ⇨ 제1조 제2항 적용, 신법의 소급적용, 가벌성 소멸 ○
    - └ 다른 사정의 변천 : 그때그때의 특수한 필요에 대처(정책적 조치)
      - ⇨ 제1조 제1항 적용, 구법의 추급적용, 가벌성 소멸 ×

→ **동기설 폐지(변경 판례)**
  [도로교통법상 음주운전죄로 처벌받은 자가 술에 취한 상태로 전동킥보드를 운전한 사건]
  범죄 후 법률이 변경되어 그 행위가 범죄를 구성하지 아니하게 되거나 형이 구법보다 가벼워진 경우
  "경과규정을 두지 않는 한" 형법 제1조 제2항, 형사소송법 제326조 제4호 적용

↔ **제1조 제1항 적용** : ① 민사적·행정적·기술적 규율의 변경, ② 한시법
  [개인파산사건 및 개인회생사건 신청 대리가 법무사의 업무로 추가된 법무사법 개정이 형법 제1조 제2항 및 형사소송법 제326조 제4호가 적용되는 사안에 해당하는지에 관한 사건]
  법무사법 제2조는 법무사의 업무범위 즉 행정적 규율에 관한 내용, 형벌법규의 가벌성에 관한 형사법적 관점의 변화(형사처벌에 관한 규범적 가치판단의 변경) ×
  → 형법 제1조 제2항, 형사소송법 제326조 제4호 적용 × ∴ 법개정 전 행위는 변호사법위반죄의 유죄

〈제1조 제2항·제3항의 적용배제와 동기설의 폐지〉
① 신법에 **경과규정**을 두어 신법의 적용을 배제하는 것은 허용된다.
② 판례는(대법원은) 종래 법률변경의 동기를 고려하여 제1조 제2항·제3항의 적용범위를 제한하여 왔으나 (이른바 **동기설**), / 최근 전원합의체 판결 [술에 취한 상태로 전동킥보드를 운전한 사건]에서, 범죄 후 법률이 변경되어 그 행위가 범죄를 구성하지 아니하게 되거나 형이 구법보다 가벼워진 경우 "경과규정을 두지 않는 한" 형법 제1조 제2항, 형사소송법 제326조 제4호를 적용하여야 한다고 하여 **동기설**을 **폐지**하였다(대판 2022.12.22, 2020도16420 全合).

(1) 종래 판례

종래 대법원은 형법 제1조 제2항의 규정은 형벌법령 제정의 이유가 된 **법률이념의 변천**에 따라 과거에 범죄로 보던 행위에 대하여 그 평가가 달라져 이를 범죄로 인정하고 처벌한 그 자체가 부당하였다거나 또는 과형이 과중하였다는 반성적 고려에서 법령을 개폐하였을 경우에 적용하여야 할 것이고, / 이와 같은 법률이념의 변경에 의한 것이 아닌 **다른 사정의 변천**에 따라 그때그때의 특수한 필요에 대처하기 위하여 법령을 개폐하는 경우에는 이미 그 전에 성립한 위법행위를 현재에 관찰하여도 행위 당시의 행위로서는 가벌성이 있는 것이어서 그 법령이 개폐되었다 하더라도 그에 대한 형이 폐지된 것이라고는 할 수 없다고 하여 법률변경의 동기를 고려하여 제1조 제2항·제3항의 적용범위를 제한하여 왔다(**이른바 동기설**).

(2) 변경된 판례

대법원은 최근 전원합의체 판결을 통하여, 범죄의 성립과 처벌에 관하여 규정한 형벌법규 자체 또는 그로부터 수권 내지 위임을 받은 법령의 변경에 따라 범죄를 구성하지 아니하게 되거나 형이 가벼워진 경우에는 **종전 법령 위반행위에 대한 형사처벌을 유지한다는 내용의 경과규정을 따로 두지 않는 한** 반성적 고려에 따라 변경된 것인지 여부를 따지지 않고 원칙적으로 형법 제1조 제2항과 형사소송법 제326조 제4호가 그대로 적용된다고 판시하여 동기설을 **폐지**하였다(대판 2022.12.22, 2020도16420 全合).

[동기설의 폐지(도로교통법상 음주운전죄로 처벌받은 자가 술에 취한 상태로 전동킥보드를 운전한 사건)] ★
범죄 후 법률이 변경되어 그 행위가 범죄를 구성하지 아니하게 되거나 형이 구법보다 가벼워진 경우에는 신법에 따라야 하고(형법 제1조 제2항), 범죄 후의 법령 개폐로 형이 폐지되었을 때는 판결로써 면소의 선고를 하여야 한다(형사소송법 제326조 제4호). 이러한 형법 제1조 제2항과 형사소송법 제326조 제4호의 규정은 입법자가 법령의 변경 이후에도 **종전 법령 위반행위에 대한 형사처벌을 유지한다는 내용의 경과규정을 따로 두지 않는 한** 그대로 적용되어야 한다. 따라서 **범죄의 성립과 처벌에 관하여 규정한 형벌법규 자체 또는 그로부터 수권 내지 위임을 받은 법령의 변경에 따라 범죄를 구성하지 아니하게 되거나 형이 가벼워진 경우에** 는, 종전 법령이 범죄로 정하여 처벌한 것이 부당하였다거나 과형이 과중하였다는 반성적 고려에 따라 변경된 것인지 여부를 따지지 않고 원칙적으로 **형법 제1조 제2항과 형사소송법 제326조 제4호가 적용된다.** / 그러나 해당 형벌법규 자체 또는 그로부터 수권 내지 위임을 받은 법령이 아닌 다른 법령이 변경된 경우 형법 제1조 제2항과 형사소송법 제326조 제4호를 적용하려면, 해당 형벌법규에 따른 범죄의 성립 및 처벌과 직접적으로 관련된 형사법적 관점의 변화를 주된 근거로 하는 법령의 변경에 해당하여야 하므로, 이와 관련이 없는 법령의 변경으로 인하여 해당 형벌법규의 가벌성에 영향을 미치게 되는 경우에는 형법 제1조 제2항과 형사소송법 제326조 제4호가 적용되지 않는다(대판 2022.12.22, 2020도16420 全合).
[**사실관계**] 피고인이 도로교통법 위반(음주운전)죄로 처벌받은 전력이 있음에도 **술에 취한 상태로 전동킥보드를** 운전하였다고 하여 구 도로교통법 위반(음주운전)으로 기소되었는데, 구 도로교통법이 개정되어 원심판결 선고 후에 **개정 도로교통법**이 시행되면서 제2조 제19호의2 및 제21호의2에서 전동킥보드와 같은 '개인형 이동장치'와 이를 포함하는 '**자전거 등**'에 관한 정의규정을 신설함에 따라 개인형 이동장치 음주운전 행위는 자동차 등 음주운전 행위를 처벌하는 제148조의2의 적용 대상에서 제외되는 한편 자전거 등 음주운전 행위를 처벌하는 제156조 제11호가 적용되어 법정형이 종전보다 가볍도록 법률이 변경되고 **별도의 경과규정은 두지 않은 사안**에서, 이러한 법률 개정은 구성요건을 규정한 **형벌법규 자체의 개정에 따라 형이 가벼워진 경우에 해당**함이 명백하므로, 종전 법령이 반성적 고려에 따라 변경된 것인지를 따지지 않고 형법 제1조 제2항에 따라 신법인 도로교통법 제156조 제11호(**20만 원 이하의 벌금이나 구류 또는 과료**), 제44조 제1항으로 처벌할 수 있을 뿐이라고 한 사례

시간적 적용범위와 관련된 형사판결의 종류
1. 범죄 후 법률의 변경에 의하여 범죄를 구성하지 아니하는 경우 : 면소판결(형사소송법 제326조 제4호)
2. 위헌결정으로 형벌에 관한 법률(조항)이 소급하여 효력을 상실한 경우 : 무죄판결(형사소송법 제325조)

Thema 정리 | 형법의 장소적 적용범위

제2조(국내범) 본법은 대한민국영역 내에서 죄를 범한 내국인과 외국인에게 적용한다.

제3조(내국인의 국외범) 본법은 대한민국영역 외에서 죄를 범한 내국인에게 적용한다.

제4조(국외에 있는 내국선박 등에서 외국인이 범한 죄) 본법은 대한민국영역 외에 있는 대한민국의 선박 또는 항공기 내에서 죄를 범한 외국인에게 적용한다.

제5조(외국인의 국외범) 본법은 대한민국영역 외에서 다음에 기재한 죄를 범한 외국인에게 적용한다.
1. 내란의 죄
2. 외환의 죄
3. 국기에 관한 죄
4. 통화에 관한 죄
5. 유가증권, 우표와 인지에 관한 죄
6. 문서에 관한 죄 중 제225조 내지 제230조 (↔ 사문서 ×)
7. 인장에 관한 죄 중 제238조 (↔ 사인장 ×)

제6조(대한민국과 대한민국국민에 대한 국외범) 본법은 대한민국영역 외에서 대한민국 또는 대한민국국민에 대하여 전조에 기재한 이외의 죄를 범한 외국인에게 적용한다. 단 행위지의 법률에 의하여 범죄를 구성하지 아니하거나 소추 또는 형의 집행을 면제할 경우에는 예외로 한다.

제7조(외국에서 받은 형의 산입) 죄를 지어 외국에서 형의 전부 또는 일부가 집행된 사람에 대해서는 그 집행된 형의 전부 또는 일부를 선고하는 형에 산입한다.

구법 제7조(외국에서 받은 형의 집행) 범죄에 의하여 외국에서 형의 전부 또는 일부의 집행을 받은 자에 대하여는 형을 감경 또는 면제할 수 있다.

- **제2조 속지주의(국내범), 제4조 기국주의** : 행위지, 결과발생지, 공모지 등 모두 포함 → 북한 포함
- **제3조 속인주의(내국인의 국외범)**
- **제5조 보호주의(외국인의 국외범)** : 국가보호주의 ↔ 사문서·사인장 : ×
- **제6조 보호주의(대한민국국민에 대한 국외범)** : 국민보호주의 → 대한민국국민에 대한 살인·사기·횡령
  / 예외 : 제6조 단서−쌍방가벌성 주의, "행위지"의 법률에 의하여 범죄를 구성하지 아니하는 경우
  [내국 법인의 대표자인 외국인이 내국 법인이 외국에 설립한 특수목적법인에 위탁해 둔 자금을 정해진 목적과 용도 외에 임의로 사용한 사건] (외국인의 국외범 사안) 횡령죄의 피해자가 대한민국 법인이면 외국인의 행위가 외국에서 이루어진 경우에도 제6조 단서에 해당하지 아니하는 한 우리 형법이 적용된다.
- **제296조의2(세계주의)** 제287조부터 제292조까지 및 제294조(**약취·유인 및 인신매매의 죄 및 그 미수범**)는 대한민국 영역 밖에서 죄를 범한 외국인에게도 적용한다. ↔ 예비음모 : ×
- **제7조(외국에서 집행된 형의 산입)** : 형의 전부·일부의 필요적 산입 ↔ 임의적 감면 : ×
  ↔ **[외국에서의 미결구금 사건]** 외국에서 무죄판결을 받기까지 미결구금기간은 제7조의 산입 대상 × ∵ 형의 집행 ×
  → 제7조 유추적용 ×, 제57조 미결구금일수 산입 × ↔ 제51조 정상참작사유 = 예시적, 제53조 작량감경 적용 ○

〈보호주의〉

① 형법은 대한민국 또는 대한민국 국민의 법익을 보호하기 위하여 제5조와 제6조를 규정하고 있다(**국가보호주의, 국민보호주의**).

② 제6조의 '대한민국 또는 대한민국 국민에 대하여 죄를 범한 때'란 대한민국 또는 대한민국 국민의 법익이 직접적으로 침해되는 결과를 야기하는 죄를 범한 경우를 의미한다. 🄰 살인, 사기, 횡령 등

〈외국에서 받은 형집행의 효력〉

① 종래 제7조는 "범죄에 의하여 외국에서 형의 전부 또는 일부의 집행을 받은 자에 대하여는 형을 감경 또는 면제할 수 있다"고 규정하고 있었으나, 헌법불합치결정에 따라 "죄를 지어 외국에서 형의 전부 또는 일부가 집행된 사람에 대해서는 그 집행된 형의 전부 또는 일부를 선고하는 형에 산입한다."로 개정되었다.

② '외국에서 형의 전부 또는 일부가 집행된 사람'이란 '외국 법원의 유죄판결에 의하여 자유형이나 벌금형 등 형의 전부 또는 일부가 실제로 집행된 사람'을 말한다. 따라서 외국 법원에 기소되었다가 무죄판결을 받은 사람은 여기에 해당하지 않는다.

[외국에서의 미결구금에 대해 형법 제7조의 적용을 구하는 사건] ★

[1] 형사사건으로 외국 법원에 기소되었다가 무죄판결을 받은 사람은, 설령 그가 무죄판결을 받기까지 상당 기간 미결구금되었더라도 이를 유죄판결에 의하여 형이 실제로 집행된 것으로 볼 수는 없으므로, '외국에서 형의 전부 또는 일부가 집행된 사람'에 해당한다고 볼 수 없고, 그 미결구금 기간은 형법 **제7조**에 의한 산입의 대상이 될 수 없다.

[2] 외국에서 이루어진 미결구금을 형법 **제57조 제1항**에서 규정한 '본형에 당연히 산입되는 미결구금'과 같다고 볼 수 없다. 외국에서 형이 집행된 것이 아니라 단지 미결구금되었다가 무죄판결을 받은 사람의 미결구금일수를 형법 **제7조의 유추적용**에 의하여 그가 국내에서 같은 행위로 인하여 선고받는 형에 산입하여야 한다는 것은 허용되기 어렵다.

[3] 양형의 조건에 관하여 규정한 형법 **제51조**의 사항은 널리 형의 양정에 관한 법원의 재량사항에 속하고, 이는 열거적인 것이 아니라 **예시적인** 것이다. 피고인이 외국에서 기소되어 미결구금되었다가 무죄판결을 받은 이후 다시 그 행위로 국내에서 처벌받는 경우, 형법 **제53조의 작량감경** 등을 적용하고, 나아가 이를 양형의 조건에 관한 사항으로 참작하여 최종의 선고형을 정함으로써 적정한 양형을 통해 피고인의 미결구금에 따른 불이익을 충분히 해소할 수 있다(대판 2017.8.24, 2017도5977 全合).

[사실관계] 피고인이 외국에서 살인죄를 범하였다가 무죄 취지의 재판을 받고 석방된 후 국내에서 다시 기소되어 제1심에서 징역 10년을 선고받게 되자 자신이 외국에서 미결 상태로 구금된 5년여의 기간에 대하여도 '외국에서 집행된 형의 산입' 규정인 형법 제7조가 적용되어야 한다고 주장하며 항소한 사안에서, 피고인의 주장을 배척한 원심판단에 형법 제7조의 적용 대상 등에 관한 법리오해의 위법이 없다고 한 사례

Thema 정리　범죄의 성립요건 · 처벌조건 · 소추조건

1. **범죄의 성립요건** → 흠결시 **무죄판결**
   - 구성요건해당성 ┌ 객관적 구성요건 : 주체 → 법인, 객체, 행위 → **부작위**, 결과, **인과관계** 등
     └ 주관적 구성요건 : **고의** → × : **사실의 착오, 과실, 결과적 가중범**(고의＋과실)
     / 초과 주관적 구성요건요소 : 목적, 불법영득의사 등
   - 위법성 : ↔ 위법성조각사유 : 정당방위, 긴급피난, 자구행위, 피해자의 승낙, 정당행위
   - 책임 : 책임능력, 위법성인식, 책임고의 · 과실, 기대가능성
     ↔ 책임조각 · 감경사유 : 책임무능력 · 제한책임능력, 법률의 착오, 강요된 행위 등
2. **범죄의 처벌조건** → 흠결시 **형면제판결**(유죄판결의 일종)
   - 객관적 처벌조건(형벌권발생사유) : 사전수뢰죄의 '공무원 또는 중재인이 된 사실'
   - 인적 처벌조각사유(형벌권저지사유) : 친족상도례에서의 신분
3. **소추조건(소송조건)** → 흠결시 **공소기각판결**(형식재판)
   - 친고죄(정지조건부범죄) : "고소가 있어야 공소를 제기할 수 있다." → 공소제기요건
   - 반의사불벌죄(해제조건부범죄) : "피해자의 명시한 의사에 반하여 공소를 제기할 수 없다." → 공소유지요건

구성요건	위법성	책임	처벌조건	소추조건
객관적 구성요건요소 (죄의 성립요소인 사실)	구성요건해당 **행위**의 **"법질서 전체"** 위반	**행위자**에 대한 비난가능성	객관적 처벌조건	
• 주체 • 객체 • 행위 → **부작위범** §18 　└ 고의 · 과실, 작위 · 부작위 • 결과 • **인과관계** §17 §19	위반여부의 판단 ⇨ **소극적 판단** : 위법성조각사유 (정당화사유)	• 책임능력 • 위법성인식 • 책임고의 · 과실 　(＝심정반가치) • (적법행위)기대가능성	사전수뢰죄의 공무원이 된 때	**친고죄** → 고소
주관적 구성요건요소	위법성조각사유	책임조각 · 감경사유	인적처벌 조각사유	
• **고의** §13 　↔ **사실의 착오** §15 ① 　　(구성요건적 착오) • **과실** §14 • 고의＋과실 　＝ **결과적 가중범** §15 ② 〈**초과주관적 구성요건요소**〉 • 목적 • 불법영득의사	• **정당방위** §21 • **긴급피난** §22 • **자구행위** §23 • **피해자의 승낙** §24 　/ **추정적 승낙** • **정당행위** §20	• 책임무능력 등 　§9 §10 §11 • **법률의 착오** §16 　(위법성 · 금지의 착오) 　⇨ 위법성조각사유 　　전제사실의 착오 • 기대불가능성 　→ 강요된 행위 §12	친족상도례의 신분	**반의사불벌죄** → 처벌불원의사 표시의 부존재

 ## 범죄의 종류

	구성요건결과 발생여부	보호법익 침해정도	시간적 계속성	주체	주관적구성요건 요소 (목적)
원칙	결과범	침해범	즉시범	일반범	(고의범)
예외	거동범(형식범)	위험범	상태범	자수범	목적범
			계속범	신분범	

I 결과범과 거동범(형식범) : 구성요건적 결과발생 여부 기준

결과범	행위와 구별되는 '결과의 발생'이 구성요건요소인 범죄(실질범) 예 살인죄, 상해죄, 절도죄, 강도죄, 과실범, 결과적가중범 등 → 대부분의 범죄
거동범	결과의 발생을 요하지 않고 구성요건적 '행위'만 있으면 성립하는 범죄(형식범) 예 폭행죄, 명예훼손·모욕죄, 주거침입죄(통설), 위증죄, 무고죄 등

결과범과 형식범(거동범)의 구별실익

1. 결과범은 행위와 결과 사이의 인과관계·객관적 귀속을 필요로 하므로, 결과발생이 없거나 인과관계·객관적 귀속이 부정되면 미수가 된다.
2. 거동범은 일정한 행위의 존재만으로 기수가 되므로, 미수를 생각할 수 없는 것이 원칙이고, 인과관계 검토를 요하지 않는다.

II 침해범과 위태범(위험범) : 보호법익에 대한 침해정도 기준(보호정도)

침해범	보호법익에 대한 '현실적 침해'가 있어야 구성요건이 충족되는 범죄 → 살인죄, 상해죄 등 대부분의 결과범
위험범	보호법익에 대한 '위험상태의 야기'만으로 구성요건이 충족되는 범죄 → 대부분의 거동범(협박죄, 배임죄, ~방해죄, 국가의 기능에 관한 죄의 대부분)

추상적 위험범	구체적 위험범
법익침해에 대한 '일반적 위험성'만으로 구성요건이 충족되는 범죄	법익침해에 대한 '현실적 위험성'이 발생한 경우에 구성요건이 충족되는 범죄
예 유기죄, 명예훼손죄, 업무방해죄, 경매·입찰방해죄, 비밀침해죄, 업무상비밀누설죄, 권리행사방해죄, 강제집행면탈죄, 소요죄, 현주건조물·공용건조물·타인소유일반건조물방화·실화죄, 공공용 가스·전기공급방해죄, 수리방해죄, 교통방해죄, 공공의 신용	예 자기소유일반건조물·일반물건방화죄, 자기소유일반건조물·일반물건실화죄, 폭발성물건파열죄, 가스·전기 등 방류죄, 가스·전기 등 공급방해죄, 중상해·중유기·중권리행사방해·중손괴죄(↔ 중체포감금죄 : 체포감금 + 가혹한 행위), 직무유기죄 등

에 대한 죄(통화·유가증권·문서에 관한 죄), 도박 죄, 수뢰죄, 공무집행방해죄, 위계에 의한 공무집행 방해죄, 위증죄, 증거인멸죄, 무고죄 등	→ 조문에 '공공의 위험을 발생 ~', '생명에 대한 위험'이라 명시되 어 있음
위험의 발생은 구성요건요소가 아니므로 입증될 필요가 없고 위험의 인식도 고의의 내용이 아님	위험의 발생은 구성요건요소이므로 위험발생은 구체적 으로 입증되어야 하고 위험의 인식은 고의의 내용이 됨

결과범 & 추상적 위험범인 경우
1. 컴퓨터 등 장애업무방해죄
2. 현주건조물방화죄
3. 일반교통방해죄
4. 직권남용권리행사방해죄

Ⅲ 즉시범과 상태범 및 계속범 : 범죄행위의 시간적 계속성 기준

즉시범	• 구성요건적 결과발생과 동시에 기수가 되고 종료되는 범죄 • 기수시 = 행위종료시 • 결과발생 = 범죄의 기수 = 구성요건적 행위종료 = 위법상태종료 예 살인죄, 상해죄, 학대죄, 범죄단체조직죄, 방화죄, 도주죄, 군형법상 무단이탈죄 등
상태범	• 구성요건적 결과발생과 동시에 기수가 되고 종료되지만, 법익의 침해상태는 기수 및 종료 이후에 도 존속되는 범죄 • 기수시 = 행위종료시 ≠ 위법상태종료시 • 결과발생 = 범죄의 기수 = 구성요건적 행위 종료 < 위법상태 계속 예 절도죄, 횡령죄 등 재산범죄의 대부분, 내란죄 등
계속범	• 구성요건적 실행행위 내지 법익침해상태가 어느 정도 시간적으로 계속되어야 기수에 이르고, 기수 이후에도 위법상태가 계속되는 한 범죄행위가 종료되지 않고 계속되는 범죄 • 기수시 ≠ 행위종료시 • 결과발생 < 범죄의 기수 < 구성요건적 행위 계속 = 위법상태 계속 예 체포·감금죄, 주거침입·퇴거불응죄, 약취·유인죄, 일반교통방해죄, 직무유기죄, 범인은닉· 도피죄 등

〈즉시범과 계속범 및 즉시범과 상태범의 구별실익〉

1. 즉시범과 계속범의 구별실익(계속범의 특징)
   1) 계속범의 기수와 종료 사이에는 공동정범·종범의 성립이 가능 ↔ 교사범 ×
   2) 계속범의 기수와 종료 사이의 행위에 대하여는 정당방위가 가능
   3) 계속범의 공소시효는 기수시가 아니라 종료시부터 진행

2. 즉시범과 상태범의 구별실익
   기수 이후에 가담하는 공범자의 처벌가부 → 불가벌적 사후행위에 가담한 자는 공범성립이 인정될 수
있음

Ⅳ 일반범과 자수범 및 신분범

일반범	누구나 범죄의 주체로서 정범이 될 수 있는 범죄 예 살인죄, 절도죄 등		
자수범	• 반드시 행위자가 직접 실행행위를 하여야 성립하는 범죄 • 직접 실행행위를 하지 않는 자는 정범이 될 수 없으나(간접정범·공동정범), 공범(교사범·방조범)이 될 수는 있음 예 위증죄 등(↔ 자수범 × : 강제추행죄)		
신분범	• 구성요건 자체에서 행위의 주체가 일정한 신분이 있을 것을 요구하는 범죄 • 일정한 신분이 있는 자만이 정범이 될 수 있는 '진정신분범'과 일정한 신분이 있는 자의 경우에 형벌이 가중·감경되는 '부진정신분범'이 있음		
	진정 신분범	신분의 존재가 범죄의 성립요건인 범죄 예 유기죄, 업무상비밀누설죄(의사·한의사·변호사·변리사·회계사 등), 횡령·배임죄, 강제집행면탈죄(소유자), 허위진단서작성·허위공문서작성죄(↔ 공문서위조죄), 공무원의 직무에 관한 죄(직무유기죄, 피의사실공표죄, 공무상비밀누설죄, 직권남용죄, 수뢰죄 등), 공무상보관물무효죄(소유자), 도주죄, 집합명령위반죄, 위증죄 등	
	부진정 신분범	신분의 존재가 형의 가중·감경사유인 범죄 예 존속살해죄, 업무상과실치사상죄, 업무상횡령·배임죄(이중의 신분범), 상습도박죄, 불법체포·감금죄, 간수자도주원조죄, 모해위증죄(모해할 목적을 가진 자)	

Ⅴ 목적범

진정목적범	고의 이외에 목적의 존재가 범죄의 성립요건인 범죄 예 각종 예비·음모죄(기본범죄를 범할 목적), 각종 위조죄(행사할 목적), 통화유사물제조죄(판매할 목적), 준강도, 음행매개죄, 도박개장죄, 내란죄(국헌을 문란하게 할 목적), 국기·국장모독죄(대한민국을 모욕할 목적), 무고죄 등
부진정목적범	목적의 존재가 형의 가중·감경사유인 범죄 예 출판물 등에 의한 명예훼손죄(사람을 비방할 목적), 영리목적약취·유인죄, 내란목적살인죄, 모해위증·모해증거인멸죄 등

(1) 목적달성여부와 미·기수여부는 무관하다.

(2) 목적의 인식정도는 미필적 인식으로 족하다.

- 내란죄에 있어서의 국헌문란의 목적은 엄격한 증명사실에 속하고 직접적임을 요하나 결과발생의 희망·의욕임을 필요로 한다고 할 수는 없고, 또 확정적 인식임을 요하지 아니하며, 다만 **미필적 인식**이 있으면 족하다 할 것이다(대판 1980.5.20, 80도306).
- 공직선거법 제93조 제1항에서 '선거에 영향을 미치게 하기 위하여'라는 전제 아래 그에 정한 행위를 제한하고 있는 것은 고의 이외에 초과주관적 요소로서 '선거에 영향을 미치게 할 목적'을 범죄성립요건으로 하는 목적범으로 규정한 것이라 할 것인바, 그 목적에 대하여는 적극적 의욕이나 확정적 인식을 필요로 하는 것이 아니라 **미필적 인식**만으로도 족하다(대판 2009.5.28, 2008도11857).

Thema 정리 | 형법상 '부진정'

- **형의 가중·감경**
  - 부진정 목적범
  - 부진정 신분범
- **개념의 확대**
  - 부진정 부작위범 → 구성요건상 작위로 규정되어 있는 범죄까지 확장
  - 부진정 결과적가중범 → 중한 결과를 고의로 범하는 경우까지 포함

Thema 정리 | 행위의 주체 : 법인

※ 행위의 주체 = 범죄의 주체
┌ 자연인
└ 법인 ┬ 범죄능력 : × → 자연인인 대표기관이 범죄의 주체 [**상가이중분양사건**] = 법인격 없는 사단
     ├ 형벌능력 : ○ ∵ 양벌규정
     ┬ 개념 : "**행위자**를 벌하는 외에 그 **법인 또는 개인**도 벌금형에 처한다"
     │   **예** 사용인, 종업원   **예** 사용자
     │   = 공법인, 지방자치단체(고유의 자치사무) ↔ 기관위임사무
     │   ↔ 법인격 없는 사단, 법인격 없는 공공기관(경찰청) : 포함 ×
     │   [구 「개인정보 보호법」 양벌규정상의 '법인'에 공공기관이 포함되는지 여부가 문제된 사건]
     ├ 처벌근거 : 무과실책임설 (위헌결정, ∵ 책임주의원칙에 반)
     │ → 과실책임설 ○ (상당한 주의 또는 관리감독의무 게을리한 경우에 한) = 면책규정
     └ 처벌 : 종속 ×, 독립적 ○ **예** 자수감경, 작량감경 등

〈양벌규정의 의의〉
양벌규정이란 주로 행정형법에서 법인 등의 대표자나 사용인이 법위반행위를 하였을 경우 그 '행위자(**예** 종업원
등 사용인)'를 벌하는 외에 '법인 또는 개인(**예** 회사, 고용주인 사장 등 사용자)'도 함께 처벌하는 경우를 말한다. 법인을
처벌하는 경우의 입법형식은 주로 양벌규정의 형태로 규정되어 있다.

관련 판례 양벌규정을 적용하지 않은 경우

[구 「개인정보 보호법」 양벌규정상의 '법인'에 공공기관이 포함되는지 여부가 문제된 사건] ★
구 「개인정보 보호법」은 제2조 제5호, 제6호에서 공공기관 중 법인격이 없는 '중앙행정기관 및 그 소속 기관'
등을 개인정보처리자 중 하나로 규정하고 있으면서도, 양벌규정에 의하여 처벌되는 개인정보처리자로는 같은
법 제74조 제2항에서 '법인 또는 개인'만을 규정하고 있을 뿐이고, 법인격 없는 공공기관에 대하여도 위 양벌규정
을 적용할 것인지 여부에 대하여는 명문의 규정을 두고 있지 않으므로, 죄형법정주의의 원칙상 '**법인격 없는**
공공기관'을 위 양벌규정에 의하여 처벌할 수 없고, 그 경우 행위자 역시 위 양벌규정으로 처벌할 수 없다고
봄이 타당하다(대판 2021.10.28, 2020도1942).
[**사실관계**] 경찰공무원인 피고인이 사무실에서 **형사사법정보시스템(KICS)**에 접속하여 자신의 채무자 지명수배
여부 등을 조회하는 등 이용 범위를 초과하여 개인정보를 이용하였다는 공소사실로 기소된 사안에서, 피고인이
이용한 개인정보의 개인정보처리자는 **경찰청**으로서 **법인격 없는 '중앙행정기관 또는 그 소속기관'**에 해당한다고
할 것이므로, 피고인이 소속된 위 공공기관(경찰청)은 양벌규정에 의하여 처벌되는 개인정보처리자에 포함된다고
볼 수 없고, 따라서 피고인 역시 위 양벌규정에 의하여 처벌할 수 있는 행위자에 해당하지 않는다고 판단한 사례

Thema 정리 | 소극적 구성요건표지이론

총체적 불법구성요건(1단계)		책임(2단계)
적극적 구성요건표지	소극적 구성요건표지	
구성요건	위법성조각사유 → 위조사유 없어야 구성요건충족	

① 형법상 구성요건을 적극적 구성요건표지로, **위법성조각사유는 소극적 구성요건표지**로 이해하는 이론이다. 위법성조각사유가 존재하면 처음부터 구성요건해당성이 부정되고, 구성요건에 해당한다는 것은 위법성조각사유가 없다는 것을 말하므로, 구성요건은 위법성의 인식근거가 아니라 **위법성의 존재근거**가 된다.
   = 단정적 · 종국적 가치판단 ○ ↔ 잠정적 판단 ×
② 불법구성요건과 위법성조각사유를 포괄하는 **총체적 불법구성요건**을 인정하기 때문에 범죄체계는 총체적 불법구성요건과 책임의 이단계로 구성된다(**2단계 범죄체계론**).
③ 위법성조각사유의 부존재를 고의의 인식대상에 포함시키므로, 위법성조각사유의 전제사실에 관한 착오를 사실의 착오(구성요건적 착오)로 해결한다는 장점이 있다. 즉 위법성조각사유의 전제사실의 착오가 있는 경우 고의가 조각되고, 과실범처벌문제가 된다(**제13조 직접 적용**).
   ∵ **위법성조각사유의 부존재**＝고의의 인식대상
④ 그러나 **구성요건의 독자적 기능(경고 · 지시기능)을 무시**한다는 단점이 있다. 즉 구성요건에 해당하나 위법성이 조각되는 행위(예 사람을 죽였으나 정당방위에 해당하는 행위)와 처음부터 구성요건에 해당하지 않는 행위(예 파리를 죽이는 행위) 사이의 차이를 무시했다는 비판을 받는다.

Thema 정리 | 부작위범[1]

제18조(부작위범) 위험의 발생을 방지할 의무가 있거나 자기의 행위로 인하여 위험발생의 원인을 야기한 자가 그 위험발생을 방지하지 아니한 때에는 그 발생된 결과에 의하여 처벌한다.

- 의의 : 제18조 → **작위·부작위의 구별** : 에너지투입설 또는 작위우선설 [보라매병원사건]
- 종류 : 형식설(구성요건의 규정형식 기준, 판례)　　　　　　└ 의사 : 작위에 의한 살인방조
  - 진정부작위범 : 구성요건상 부작위 ⇨ 실행행위 부작위 **예** 퇴거불응죄(퇴거요구를 받고 응하지 아니한 자)
  - **부진정부작위범** : 구성요건상 작위 ⇨ 실행행위 부작위 **예** 살인죄(살해), 사기죄(기망)
- 성립요건 ┬ 공통 : 일반적 행위가능성, 구성요건적 상황, 개별적 행위가능성, 요구되는 행위의 부작위
  └ **부진정부작위범 특유의 성립요건**
    - ① **보증인지위(작위의무)** : 도덕상·종교상 의무 ×, 법적인 의무 ○
      - 형식설(형식적 발생근거 기준, 판례) "법계선조"
        - 법률 : **예** 도로교통법상 교통사고발생시 구조조치의무 ⇨ 위법·유책 불문
        - 계약(법률행위) : **예** 보모계약, 간호사계약 등 [세월호사건] 수난구조법 & 운송계약
        - 선행행위 : 자기의 행위로 인하여 위험발생의 원인을 야기한 자 [저수지 조카살해사건]
          └ 위법·중대한 과실에 의한 행위여야
          ↔ 도로교통법상 교통사고발생시 구호조치의무 : 적법한 선행행위여도 작위의무 인정
        - 조리(사회상규, 신의성실의 원칙) [법무사가 아니라는 사실을 알리지 않은 사건]
          ↔ 실질설 : 법익보호라는 실질적 기준 ⇨ 보호의무, 안전의무
    - ② **행위정형의 동가치성(상응성, 부작위 = 작위)** : 특히 사기죄 '부작위에 의한 기망'
      - → 명문규정 ×, 판례에 의하여 인정 ○(살인죄)　　　　└ 신의칙상 고지의무
      - → 형사처벌을 제한하는 기능 ○ **예** 업무방해죄 "공사자재 치우지 않은 행위" ≠ 위력
      - [모텔화재중실화사건][2] ① 화재를 소화할 법률상 의무 ○ ∵ 중대한 과실 있는 선행행위
        - ② 화재발생사실을 알리지 않은 행위 ≠ 화재를 용이하게 소화할 수 있었음
        - ∵ 개별적 행위가능성 × (or 행위정형의 동가치성 ×)
- 처벌 : 작위범과 동일 ↔ 작위범보다 감경규정 : ×
- 관련문제 ┬ 미수 ┬ 진정부작위범 : 거동범이므로 미수 성립여지 ×
  │　　　 │　　　↔ **미수범처벌규정 ○ : 퇴거불응죄(∵ 입법의 오류)**
  │　　　 └ 부진정부작위범 : 결과범이므로 미수 성립가능
  └ 공범 ┬ 부작위에 의한 교사·간접정범 : 인정 ×
  　　　 └ 부작위에 의한 공동정범 : 인정 ○ [공중위생관리법상 신고의무불이행사건]
  　cf. 죄수 : 작위범 > 부작위범 ∵ 보충관계 "범증허위 > 직무유기"

---

1) 2016년 법무사시험(20점) 부작위에 의한 살인죄에 관하여 논하시오.
2) 2013년 법무사시험, 2022년 법무사시험
　→ ① 부작위에 의한 현주건조물방화치사상죄(제164조 제2항)의 성부 : ×, ② 중실화죄(제171조)의 성부 : ○,
　③ 중과실치사상죄(제268조)의 성부 : ○

〈작위와 부작위의 구별〉
1. **평가적 관찰법(규범적 척도에 의해 해결하려는 견해 : 법적비난의 중점설)**
   → 행위의 사회적 의미, 비난의 중점이 어디에 있는지에 따라
2. **자연적 관찰법(자연과학적 척도에 의해 해결하려는 견해 : 에너지투입설)**
   → 일정방향으로의 에너지투입 유무에 따라
3. **작위우선 · 부작위보충설(법조경합 중 보충관계)**
   → 작위범 성립을 먼저 검토한 후, 작위범이 성립되지 않으면 부작위범 성립을 검토

[보라매병원사건]
어떠한 범죄가 적극적 작위에 의하여 이루어질 수 있음은 물론 결과의 발생을 방지하지 아니하는 소극적 부작위에 의하여도 실현될 수 있는 경우에, 행위자가 자신의 신체적 활동이나 물리적 · 화학적 작용을 통하여 적극적으로 타인의 법익 상황을 악화시킴으로써 결국 그 타인의 법익을 침해하기에 이르렀다면, 이는 **작위에 의한 범죄**로 봄이 원칙이고, 작위에 의하여 악화된 법익 상황을 다시 되돌이키지 아니한 점에 주목하여 이를 부작위범으로 볼 것은 아니며, 나아가 악화되기 이전의 법익 상황이, 그 행위자가 과거에 행한 또 다른 작위의 결과에 의하여 유지되고 있었다 하여 이와 달리 볼 이유가 없다(대판 2004.6.24, 2002도995).
[사실관계] 보호자(피해자의 처)가 의학적 권고에도 불구하고 치료를 요하는 환자의 퇴원을 간청하여 담당 전문의와 주치의(레지던트)가 치료중단 및 퇴원을 허용하는 조치를 취하였고, 주치의의 지시를 받은 인턴이 구급차로 피해자의 집까지 데리고 간 다음 인공호흡장치를 제거함으로써 환자를 사망에 이르게 한 경우
→ 의사(담당전문의와 주치의)의 행위는 '치료행위의 중단'이라는 부작위가 아니라, '인공호흡장치를 제거'한 작위로 평가된다는 취지(자연적 관찰법에 따른 에너지투입설의 입장 또는 작위우선설의 입장)

〈인정된 죄책〉
① 배우자(처) : 부작위에 의한 살인 ∵ 민법 제826조 부양의무를 근거, 보호의무 인정
② 전문의, 레지던트 : 작위에 의한 방조범(부작위 ×, 공동정범 ×)
③ 인턴 : 무죄 ∵ 정범의 고의(살인의 고의) ×, 방조의 고의 ×

〈부진정부작위범의 성립요건〉
(1) 부작위범의 일반적 성립요건
   특정한 행위를 하지 아니하는 부작위가 형법적으로 부작위로서의 의미를 가지기 위해서는, ㉠ 보호법익의 주체에게 해당 구성요건적 결과발생의 위험이 있는 상황(**구성요건적 상황**)에서 ㉡ 행위자가 구성요건의 실현을 회피하기 위하여 요구되는 행위(**요구되는 행위**)를 ㉢ 현실적 · 물리적으로 행할 수 있었음(**개별적 행위가능성**)에도 하지 아니하였다고 평가될 수 있어야 한다. 작위의무가 법적으로 인정되더라도 작위의무를 이행하는 것이 사실상 불가능한 상황이었다면, 행위가능성이 없으므로 형법상 부작위라고 볼 수 없어 부작위범이 성립할 수 없다.
(2) 부진정부작위범 특유의 성립요건
   작위형태로 규정된 행위를 부작위로 범하는 경우이므로, ① 법익침해의 결과 발생을 방지할 법적인 **작위의무**를 지고 있는 자가 한 행위여야 하고(보증인지위), ② 그러한 자의 부작위를 작위와 똑같다고 평가할 수 있어야 한다(행위정형의 동가치성).

- **[세월호 사건] ★**

  [부작위] 자연적 의미에서의 부작위는 거동성이 있는 작위와 본질적으로 구별되는 무(無)에 지나지 아니하지만, 위 규정에서 말하는 **부작위**는 법적 기대라는 규범적 가치판단 요소에 의하여 사회적 중요성을 가지는 사람의 행태가 되어 법적 의미에서 작위와 함께 행위의 기본 형태를 이루게 되므로, 특정한 행위를 하지 아니하는 부작위가 형법적으로 부작위로서의 의미를 가지기 위해서는, ① 보호법익의 주체에게 해당 구성요건적 결과발생의 위험이 있는 상황에서 ② 행위자가 구성요건의 실현을 회피하기 위하여 요구되는 행위를 ③ 현실적·물리적으로 행할 수 있었음에도 하지 아니하였다고 평가될 수 있어야 한다.

  [인과관계] 작위의무를 이행하였다면 결과가 발생하지 않았을 것이라는 관계가 인정될 경우에는 작위를 하지 않은 부작위와 사망의 결과 사이에 **인과관계**가 있다.

  [고의] **부진정 부작위범의 고의**는 반드시 구성요건적 결과발생에 대한 목적이나 계획적인 범행 의도가 있어야 하는 것은 아니고 / 법익침해의 결과발생을 방지할 법적 작위의무를 가지고 있는 사람이 의무를 이행함으로써 결과발생을 쉽게 방지할 수 있었음을 예견하고도 결과발생을 용인하고 이를 방관한 채 의무를 이행하지 아니한다는 인식을 하면 족하며, 이러한 작위의무자의 예견 또는 인식 등은 확정적인 경우는 물론 불확정적인 경우이더라도 미필적 고의로 인정될 수 있다(대판 2015.11.12, 2015도6809 全合).

  → 대법원은 ① 선장에게는 부작위에 의한 살인·살인미수죄, ② 1등 항해사에 대하여는 특정범죄가중처벌법 제5조의12 위반죄(업무상 과실치사상＋도주 ∵ 부작위에 의한 살인의 고의 부정) 등, ③ 나머지 선원들에 대하여는 유기치사·치상죄 등을 인정하였다.

- **[모텔화재 중실화사건]**

  모텔 방에 투숙하여 담배를 피운 후 재떨이에 담배를 끄게 되었으나 담뱃불이 완전히 꺼졌는지 여부를 확인하지 않은 채 불이 붙기 쉬운 휴지를 재떨이에 버리고 잠을 잔 과실로 담뱃불이 휴지와 침대시트에 옮겨 붙게 함으로써 화재가 발생한 경우 ① 위 화재가 **중대한 과실 있는 선행행위로 발생한 이상 화재를 소화할 법률상 의무는 있다** 할 것이나, ② 화재 발생 사실을 안 상태에서 모텔을 빠져나오면서도 **모텔 주인이나 다른 투숙객들에게 이를 알리지 아니하였다는 사정만으로는 화재를 용이하게 소화할 수 있었다고 보기 어려우므로**, 부작위에 의한 현주건조물방화치사상죄가 성립한다고 볼 수 없다(대판 2010.1.14, 2009도12109).

〈보증인지위 : 작위의무〉

① 법익침해의 결과 발생을 방지할 법적인 작위의무를 '**보증인의무**'라 하고, 이러한 보증인의무를 지는 자를 '**보증인지위**'에 있다고 한다. 형법은 '위험의 발생을 방지할 의무가 있는 자', '자기의 행위로 인하여 위험발생의 원인을 야기한 자'라고 표현하고 있다(제18조).

② **작위의무**는 법적인 의무이어야 하므로 단순한 도덕상 또는 종교상의 의무는 포함되지 않으나 / 작위의무가 법적인 의무인 한 성문법이건 불문법이건 상관이 없고 또 공법이건 사법이건 불문하므로, 법령, 법률행위, 선행행위로 인한 경우는 물론이고 기타 신의성실의 원칙이나 사회 상규 혹은 조리상 작위의무가 기대되는 경우에도 법적인 작위의무는 있다(대판 1996.9.6, 95도2551).

보증인지위의 체계적 지위(보증인의무와 지위의 관계)

1. **위법성요소설** : 보증인지위와 보증인의무 모두 위법성요소로 보는 견해
   - → 보증인지위와 보증인의무의 착오 모두 위법성착오로 본다.
   - ↔ 구성요건의 징표기능을 부정하여 구성요건해당성이 확대될 우려가 있다는 비판
   - ∵ 작위의무 없는 자의 부작위도 일단 구성요건에 해당하는 행위라고 보기 때문

2. **구성요건요소설** : 보증인지위와 보증인의무 모두 구성요건요소로 보는 견해
   - → 보증인지위와 보증인의무의 착오 모두 구성요건착오로 본다.
   - ↔ 다른 형법상 의무를 위법성요소로 보면서, 부작위범의 작위의무만 구성요건요소로 보는 것은 부당하다는 비판

3. **이분설(多)** : 보증인지위는 구성요건요소, 보증인의무는 위법성요소로 보는 견해
   - → 보증인지위착오 = 구성요건착오(사실의 착오) / 보증인의무착오 = 위법성착오(법률의 착오)
   - 예 다른 사람의 아이인 줄 알고 구조하지 않은 경우 : 보증인지위의 착오
   - → 구성요건착오 : 고의조각, 과실범 성부문제
   - 예 양부이니 구할 의무가 없다고 생각하고 구조하지 않은 경우 : 보증인의무의 착오
   - → 위법성착오 : (엄격책임설 의하면) 착오에 정당한 이유 유무에 따라 책임조각, 고의범

정범과 공범의 구별(부작위에 의해 작위범에 가담한 경우 정범인지 공범인지)

- **학설** : 정범설, 종범설, 개별화설(의무내용설), 동가치성설
- **판례** : 1) 종범설 2) 동가치성설 ↔ 공동정범 : ✕

1. **은행지점장, 직원의 배임행위 방치** : 부작위에 의한 업무상 배임 방조
2. **백화점 직원, 입점점포의 위조상표부착판매 방치** : 부작위에 의한 상표법위반 방조
3. **법원공무원(경매계총무), 사무원의 입찰보증금의 횡령 용인** : 업무상 횡령의 방조

부작위 관련 정리 : "부작위에 의한 교사·간접정범은 성립하지 않는다"

구분	교사	방조	공동정범	간접정범	과실범
부작위에 의한~ by	✕ (∵ 범행을 결의하게 하지 못하므로)	○ (보증인지위 要)	○ 공통의무부여 공통이행가능 [신고의무불이행]	✕ (∵ 의사지배 無)	○ 과실에 의한 부작위범 (망각범)
부작위(범)에 대한~ to	○ (보증인지위 不要)	○ (보증인지위 不要)		○	

Thema 정리 | 인과관계

제17조(인과관계) 어떤 행위라도 죄의 요소되는 위험발생에 연결되지 아니한 때에는 그 결과로 인하여 벌하지
아니한다.　　　　　　　　　　　　　　└ ≒ 결과발생

┌ 의의 : 행위와 결과 사이에 원인과 결과관계가 인정되는지의 문제
│　　　→ **결과범**(과실범 포함)에서 **미수와 기수의 한계기능**, 인과관계 부정시 기수 ×, 미수 ○
│　　　↔ 거동범 : 인과관계 검토 요 ×
│ 학설 ┌ 조건설 : 일정한 행위가 없었더라면 결과가 발생하지 않았을 경우 행위와 결과간의 인과관계를 인정
│　　　│　　　→ 인과관계 인정의 범위가 지나치게 넓다는 비판 **예** 살인범을 낳은 어머니의 행위
│　　　└ 합법칙적 조건설 : 결과가 행위와 합법칙적으로 연결되어 있을 때 인과관계 인정
│　　　　　　→ 인과관계의 존재여부와 결과의 객관적 귀속의 문제를 분리(**객관적 귀속이론**)
└ 판례 : **상당인과관계설** : 사회생활상 일반적인 생활경험에 비추어 어떤 행위에서 그러한 결과가 발생하는
　　　　것이 상당성(相當性)[=개연성]이 있다고 인정되는 경우 인과관계 인정
[봉침사건] (아나필락시쇼크 상해사건) 인과관계 부정 ∵ 설명의무를 다하였더라도 수술을 거부하지 않았을 것이므로
[담배꽁초를 버린 공동의 과실이 경합되어 공장에 화재가 발생한 경우 각자 실화죄의 책임을 부담하는지
문제된 사안]

[담배꽁초를 버린 공동의 과실이 경합되어 공장에 화재가 발생한 경우 각자 실화죄의 책임을 부담하는지 문제된
사안]
[1] 형법이 금지하고 있는 법익침해의 결과발생을 방지할 법적인 작위의무를 지고 있는 자가 그 의무를 이행함
　　으로써 결과발생을 쉽게 방지할 수 있는데도 결과발생을 용인하고 방관한 채 의무를 이행하지 아니한
　　것이 범죄의 실행행위로 평가될 만한 것이라면 부작위범으로 처벌할 수 있다.
[2] **실화죄에 있어서 공동의 과실이 경합되어 화재가 발생한 경우** 적어도 각 과실이 화재의 발생에 대하여
　　하나의 조건이 된 이상은 그 공동적 원인을 제공한 사람들은 **각자 실화죄의 책임**을 면할 수 없다(대판
　　2023.3.9, 2022도16120).
[사실관계] 피고인들이 분리수거장 방향으로 담배꽁초를 던져 버리고 현장을 떠난 후 화재가 발생한 경우, 피고인
들 각자 본인 및 상대방이 버린 담배꽁초 불씨가 살아 있는지를 확인하고 이를 완전히 제거하는 등 화재를 미리
방지할 주의의무가 있음에도 이를 게을리한 채 만연히 현장을 떠난 과실이 인정되고 이러한 피고인들 각자의
과실이 경합하여 위 화재를 일으켰으므로, 피고인들 각자의 실화죄 책임을 인정할 수 있다.
〈정리〉→ 제19조의 동시범은 인과관계가 불명인 경우에 적용되는 법조문이라는 취지
① 인과관계 인정여부 : 피고인들의 각 주의의무 위반과 위 화재의 발생 사이에 인과관계가 인정된다는 취지
　　이와 다른 전제에서 '원인행위가 불명이어서 피고인들은 실화죄의 미수로 불가벌에 해당하거나 적어도 피고인들 중　일방은 실화죄가
　　인정될 수 없다'는 주장은 받아들이기 어렵다고 판단함.
② 공동정범인지 동시범인지 여부 : 함께 담배를 피웠을 뿐 공동의 목표가 있다고 보기 어려워 공동정범의 법리는 적용될 수 없고,
　　각자 실화죄의 죄책을 진다는 의미

〈중간행위(피해자 또는 제3자의 행위)개입의 경우 인과관계 인정여부〉

┌ 피해자, 제3자의 **과실행위(통상 예견가능**한 경우) ⇨ 인과관계 ○ [콜라·김밥사건] [~피하려다]
└ 피해자, 제3자의 **고의·중과실행위(통상 예견불가능**한 경우) ⇨ 인과관계 × [강간피해자 음독자살사건]

Thema 정리   구성요건적 고의

제13조(고의) 죄의 성립요소인 사실을 인식하지 못한 행위는 벌하지 아니한다. 다만, 법률에 특별한 규정이 있는 경우에는 예외로 한다.

- 의의 : 죄의 성립요소인 사실(=객관적 구성요건요소)을 인식 ┌ 지적요소(인식) → recognition, 知
  └ 의적요소(의사) → will, 意
- 종류 ┌ 확정적 고의 : 결과발생을 인식·예견 + 의욕 (= 의도, 목적, 희망)
  └ **미필적 고의** : 결과발생 불확정적 but 결과발생가능성 인식 + **용인** 예 죽어도 할 수 없지
  └ = 결과발생가능성의 인식이 불확정적인 경우
  ↔ 인식 있는 과실 : 결과발생가능성 인식 + 용인 × 예 죽지는 않을 거야
- **고의의 인식대상** : 객관적 구성요건요소 ↔ 이외엔 인식대상 ×
- **고의를 부인하는 경우** : 객관적 증명 ×, 간접사실·정황사실 증명, 범행전후의 객관적 사정을 종합 판단

〈의의〉

범의란 (구성요건적) 고의를 말한다. 고의란 구성요건의 객관적 요소인 사실(예 주체, 객체, 행위 등)을 인식하고, 구성요건의 실현을 의욕 내지 용인하는 행위자의 심리상태(예 '죽여야겠다' 내지 '죽어도 상관없다')를 말한다. 따라서 고의의 구성요소로는 ① 지적 요소(인식)와 ② 의지적 요소(의사)의 두 가지가 있다. 고의가 없는 행위는 처벌하지 않는 것이 원칙이고, 과실범처벌규정이 있는 경우에만 과실범으로 처벌할 수 있다(제13조 단서).

[울대가격살인사건]

살인죄에 있어서의 **범의(고의)**는 반드시 살해의 목적이나 계획적인 살해의 의도가 있어야만 인정되는 것은 아니고 / 자기의 행위로 인하여 타인의 사망의 결과를 발생시킬 만한 가능 또는 위험이 있음을 인식하거나 예견하면 족한 것이고 그 인식 또는 예견은 확정적인 것은 물론 불확정적인 것이라도 **이른바 미필적 고의로도** 인정되는 것인데, 피고인이 **살인의 범의를 자백하지 아니하고 상해 또는 폭행의 범의만이 있었을 뿐이라고 다투고 있는 경우**에 피고인에게 범행 당시 살인의 범의가 있었는지 여부는 피고인이 범행에 이르게 된 경위, 범행의 동기, 준비된 흉기의 유무·종류·용법, 공격의 부위와 반복성, 사망의 결과발생가능성 정도, 범행 후에 있어서의 결과회피행동의 유무 등 **범행 전후의 객관적인 사정을 종합하여 판단할 수밖에 없다**(대판 2000.8.18, 2000도2231).

〈고의의 인식대상〉

	구성요건	위법성	책임	처벌조건	소추조건
객관적 구성요건요소	○	×	×	×	×
주관적 구성요건요소	고의 목적 : ×				

Thema 정리 　사실의 착오

제15조(사실의 착오) ① 특별히 무거운 죄가 되는 사실을 인식하지 못한 행위는 무거운 죄로 벌하지 아니한다.

- 의의 : 인식사실과 발생사실의 불일치(구성요건적 착오) ⇨ 발생사실에 대한 고의가 없는 경우
  - ↔ 불능미수(반전된 사실의 착오)
- 해결 ┬ **기본적 구성요건과 가중·감경적 구성요건간의 착오 : 제15조 제1항**에 의하여 해결
  - └ 그 외의 착오 : 학설·판례에 의하여 해결

사실의 착오와 구별개념

착오	인식사실 ≠ 발생사실	효과
원래 사실의 착오	• 범죄사실 × → 범죄사실 ○ • 곰인 줄 알고 쏘았으나 사람이 맞은 경우 • 존재하는 사실을 인식하지 못한 경우 (존재하지 않는다고 오인한 경우) = 양해가 없음에도 있다고 생각한 경우	• 제13조 적용, 고의조각 • 과실범 성립여부 문제
협의의 사실의 착오 (구성요건적 착오)	• 범죄사실 ○ → 범죄사실 ○ • 甲을 살해하려 하였으나 乙을 살해한 경우	• **기본 vs. 가중감경 : 제15조 제1항 적용** • 이외 : 학설 ┬ 착오 중요 × : 고의 전용 ○ 　　　　　 └ 착오 중요 ○ : 고의 전용 ×
반전된 사실의 착오	• 범죄사실 ○ → 범죄사실 × • 사람인 줄 알고 쏘았으나 곰 또는 시체인 경우 • 존재하지 않는 사실을 존재한다고 오인한 경우 = 양해가 있음에도 없다고 생각한 경우	• 위험성 ○ : 불능미수(제27조) • 위험성 × : 불가벌적 불능범

※ 기본 vs. 가중·감경적 구성요건 간의 착오

　① 보통살인·상해의 고의로 존속살해·상해를 범한 경우 : §15 ① 직접 적용

　　"특별히 중한 죄가 되는 사실을 인식하지 못한 행위는 중한 죄로 벌하지 아니한다"

　　　예 이웃집사람이라고 오인하고, 자기의 조모(아버지, 장모)를 살해한 경우 = 보통살인죄로 처벌

　　　예 자신의 아버지를 친구로 오인하고 상해를 가한 경우 = 단순상해죄로 처벌

　② 촉탁·승낙살인의 고의로 보통살인죄를 범한 경우 : 촉탁·승낙살인죄로 처벌(다수설)

<table>
<tr><td colspan="2">사실의 착오에 관한 학설 정리</td><td></td><td></td><td></td></tr>
<tr><td colspan="2">구분</td><td>구체적 부합설</td><td>법정적 부합설(판례)</td><td>추상적 부합설</td></tr>
<tr><td rowspan="2">구체적
사실의
착오</td><td>객체의
착오</td><td rowspan="2">인식사실의 미수와 발생사실
의 과실의 상상적 경합
※ 구체적 부합설만 결론 다름</td><td colspan="2" rowspan="2">(인식사실에 대한 무죄)
발생사실에 대한 고의기수
∵ 고의 전용 ○</td></tr>
<tr><td>방법의
착오</td></tr>
<tr><td rowspan="2">추상적
사실의
착오</td><td>객체의
착오</td><td rowspan="2">인식사실의 (불능)미수와
발생사실의 과실의 상상적 경합
∵ 고의 전용 ×</td><td colspan="2" rowspan="2">• 경죄 고의, 중죄 결과 → 경죄 기
  수와 중죄 과실의 상상적 경합
• 중죄 고의, 경죄 결과 → 중죄 미
  수(경죄 기수와 상상적 경합)
※ 추상적 부합설만 결론 다름</td></tr>
<tr><td>방법의
착오</td></tr>
</table>

〈주의〉 폭행미수, 과실폭행, 과실손괴 → 처벌규정 없음 ↔ 손괴미수는 처벌규정

예 A를 살해하려고 총을 쏘았는데 자동차유리창만 깨진 경우 : 살인미수죄만 성립

※ 구체적 구합설에 대한 비판 :

사람을 살해할 의사로 사람을 살해했음에도 불구하고 살인미수라고 하는 것은 일반인의 법감정에 반한다는 비판

관련 판례 사실의 착오

1) **[장녀살해사건]** 甲이 A를 살해할 의사로 **농약**을 숭늉그릇에 투입하여 A의 집안에 놓아두었는데, 이러한 사정을 모르는 B(A의 장녀)가 이를 마시고 사망한 경우라도 장녀를 살해할 의사는 없었다 하더라도 사람을 살해할 의사로서 이와 같은 행위를 하였고 그 행위에 의하여 살해라는 결과가 발생한 이상 피고인의 행위와 살해하는 결과와의 사이에는 인과관계 있다 할 것이므로 **장녀**에 대하여 **살인죄**가 성립한다(대판 1968.8.23, 68도884).

2) **[병장살해사건]** 피고인이 하사 甲을 살해할 목적으로 발사한 총탄이 이를 제지하려고 피고인 앞으로 뛰어들던 병장 乙에게 명중되어 乙이 사망한 경우 **乙에 대한 살인죄**가 성립한다(대판 1975.4.22, 75도727).

3) **[조카살해사건]** 甲이 살의(殺意)를 가지고 형수 A를 향해 힘껏 소나무 몽둥이를 휘둘렀으나 A의 등에 업힌 조카 B의 머리 부분을 가격하여 현장에서 사망케 한 경우 소위 타격의 착오가 있는 경우라 할지라도 행위자의 살인의 범의성립에 방해가 되지 아니한다(대판 1984.1.24, 83도2813). → 조카 B에 대한 살인죄 ○

4) **[포장마차주인 상해사건]** 甲이 乙 등 3명과 싸우다가 힘이 달리자 식칼을 가지고 이들 3명을 상대로 휘두르다가 이를 말리면서 식칼을 **뺏**으려던 피해자 丙(포장마차주인)에게 상해를 입혔다면 甲에게 상해의 범의가 인정되며 상해를 입은 사람이 **목적한 사람이 아닌 다른 사람**이라 하여 과실상해죄에 해당한다고 할 수 없다(대판 1987.10.26, 87도1745). → 丙에 대한 상해죄 ○

※ 판례 1) ~ 4) 모두 구체적 사실의 착오 중 방법의 착오 사례

Thema 정리   인과관계의 착오

```
┌ 의의 : 인식사실 = 발생사실 but 인과과정이 상이한 경우 예 다리·교각사건
├ 통설 ┬ 인과과정이 본질적으로 다르지 않은 경우 : 발생사실에 대한 고의 기수 ∵ 착오 중요 ×
│      └ 인과과정이 본질적으로 다른 경우 : 인식사실의 고의미수와 발생사실의 과실의 경합범
└ 판례 ┬ 개괄적 고의 사례 : [처희롱보복사건, 웅덩이질식사사건] 살인죄
        └ 개괄적 과실 사례 : [낙산비치호텔사건(베란다추락사사건)] 상해치사죄
```

〈개괄적 고의 · 개괄적 과실〉

① 〈개괄적 고의 사례〉란 행위자가 일정한 고의를 가지고 제1행위를 하였고 제1행위에 의해 이미 결과가 발생했다고 믿었으나 실제로는 연속된 제2행위에 의해 의도된 결과가 실현된 경우를 말한다.

② 〈개괄적 과실 사례〉란 행위자가 일정한 고의를 가지고 제1행위를 하였고 제1행위에 의해 중한 결과가 발생했다고 믿었으나 실제로는 연속된 제2행위에 의해 중한 결과가 실현된 경우를 말한다.

- **[이른바 개괄적 고의 사례]** [처희롱보복사건, 웅덩이질식사사건] 3)

피해자가 피고인들의 살해의 의도로 행한 구타행위에 의하여 직접 사망한 것이 아니라 죄적을 인멸할 목적으로 행한 매장행위에 의하여 사망하게 되었다 하더라도 전 과정을 개괄적으로 보면 피해자의 살해라는 처음에 예견된 사실이 결국은 실현된 것으로서 피고인들은 **살인죄**의 죄책을 면할 수 없다(대판 1988.6.28, 88도650).

[사실관계] 저능아인 자신의 처에게 젖을 달라고 희롱하자 돌멩이로 머리 등을 수차례 내리쳐 피해자가 정신을 잃고 축 늘어지자 죽은 것으로 오인하고 증거를 인멸할 목적으로 피해자를 개울가로 끌고 가 웅덩이를 파고 매장하였는데 그 결과 피해자가 질식사한 경우

※ ① 살인죄의 성부 : 살인미수와 과실치사의 상상적 경합 ×, 개괄적 고의 인정되므로 살인죄 ○
   ② 사체은닉죄의 불능미수의 성부 : 위험성 ○, 사체은닉죄의 불능미수 ○
   ③ 증거인멸죄의 성부 : 자기○○에 해당, 구성요건해당성이 없으므로 증거인멸죄 ×
   ∴ 살인죄·사체은닉죄 불능미수의 실체적 경합

- **[이른바 개괄적 과실 사례]** [낙산비치호텔사건]

피고인이 피해자에게 우측 흉골골절 및 늑골골절상과 이로 인한 우측 심장벽좌상과 심낭내출혈 등의 상해를 가함으로써, 피해자가 바닥에 쓰러진 채 정신을 잃고 빈사상태에 빠지자, 피해자가 사망한 것으로 오인하고, 피고인의 행위를 은폐하고 피해자가 자살한 것처럼 가장하기 위하여 피해자를 베란다로 옮긴 후 베란다 밑 약 13m 아래의 바닥으로 떨어뜨려 피해자로 하여금 현장에서 좌측 측두부 분쇄함몰골절에 의한 뇌손상 및 뇌출혈 등으로 사망에 이르게 하였다면, 피고인의 행위는 포괄하여 **단일의 상해치사죄**에 해당한다고 한 사례(대판 1994.11.4, 94도2361)

→ 〈개괄적 과실 사례〉란 행위자가 일정한 고의를 가지고 제1행위를 하였고 제1행위에 의해 중한 결과가 발생했다고 믿었으나 실제로는 연속된 제2행위에 의해 중한 결과가 실현된 경우를 말한다.

---

3) 2020년 변호사시험

Thema 정리 과실범

제14조(과실) 정상적으로 기울여야 할 주의(注意)를 게을리하여 죄의 성립요소인 사실을 인식하지 못한 행위는 법률에 특별한 규정이 있는 경우에만 처벌한다.

- 의의 : 주의의무위반 → 결과발생 예견가능성 & 회피가능성 ○ but 결과발생예견 ×, 회피 ×
  - 예 일부러 ×, 실수로 ○
- 종류 : 일반과실과 **업무상 과실**, 경과실과 중과실
  - └ 계속·반복적 사무 → 영리목적여부, 면허여부, 적법여부 불문 ↔ 일시적 : ×
- 성립요건
  - ① 고의 × = 범죄사실의 불인식
  - ② 객관적 주의의무(= 결과예견의무 + 결과회피의무) 위반
    - └ 주의의무판단기준 : 일반인의 주의능력 기준(객관설, 평균인표준설, 판례)
    - = 행위자의 능력 고려 × ↔ 행위자의 특별한 지식·경험 고려 ○ **"능불지고"**
  - ③ 결과발생(결과범)
  - ④ 인과관계 요

- 객관적 주의의무 제한원리
  - 허용된 위험
  - 신뢰의 원칙
    - 도로교통
      - 적용 ○ : 자동차 vs. 자동차, 자동차 vs. 자전거
      - 적용 × : 자동차 vs. 보행자 ↔ 적용 ○ : 고속도로, 횡단보도적색, 육교밑 등
    - 의료행위 등 분업관계
      - 적용 ○ : 수평적 분업관계 예 의사 vs. 의사
      - 적용 × : 수직적 분업관계 예 의사 vs. 간호사
  - ↔ 신뢰의 원칙의 적용한계
    - ① 상대방의 규칙위반을 알고 있거나 알 수 있었던 경우(이미 인식 또는 예상되는 경우)
    - ② 상대방의 규칙준수를 신뢰할 수 없는 경우
    - ③ 행위자가 교통규칙을 스스로 위반한 경우
      - ↔ 사고와 직접적으로 관계없는 경우 : 신뢰의 원칙 적용 ○, 과실 ×

- 처벌 : 원칙 처벌 ×, 예외적 처벌 ○ → 과실범처벌규정 9가지 밖에 없음!
- 관련문제
  - 미수 : 처벌 × → 현행 형법상 미수처벌규정 없음!
  - 공범(교사·방조·공동정범) : 교사 ×, 방조 ×, 공동정범 ○
  - 부작위범(망각범) : ○

〈객관적 주의의무 위반(과실)〉
(1) 주의의무위반
    행위자가 사회생활상 요구되는 주의의무를 게을리하여, 예견가능하고 회피가능한 결과를 야기한 경우를
    의미한다. 따라서 주의의무는 ① 결과예견의무와 ② 결과회피의무를 내용으로 한다.
(2) 주의의무의 판단기준
    주의의무 위반여부는 일반인의 주의능력을 기준으로 판단한다(객관설, 평균인표준설, 통설·판례). 이
    경우 행위자의 능력을 고려하지 않으나, 행위자의 특별한 지식·경험은 고려한다.

〈객관적 주의의무의 제한 : 신뢰보호의 원칙〉
신뢰의 원칙이란 행위자가 스스로 주의의무를 다하면서 타인도 주의의무를 다할 것으로 신뢰한 것이 상당한
경우에는 타인의 주의의무 위반에 의하여 결과가 발생한 경우에도 행위자는 과실책임을 지지 않는다는 원칙을
말한다. **허용된 위험의 법리**가 특수한 경우에 적용된 것으로서 **과실범의 객관적 주의의무를 제한하는 기능**을
한다.

〈의료사고〉
의료사고에 있어서 의사의 **과실**을 인정하기 위해서는 의사가 결과발생을 예견할 수 있었음에도 불구하고
그 결과발생을 예견하지 못하였고 그 결과 발생을 회피할 수 있었음에도 불구하고 그 결과발생을 회피하지
못한 과실이 검토되어야 한다.

과실 관련 정리

구분	교사	방조	공동정범	부작위
과실에 의한 ~	× (∵ 이중의 고의 필요)	× (∵ 이중의 고의 필요)	○ (∵ 행위공동설) [성수대교붕괴사건]	○ (망각범)
과실(범)에 대한 ~	× → 간접정범 성립	× → 간접정범 성립		
편면적 ~	× (∵ 범행을 결의하게 하지 못하므로)	○	×	

※ 편면적 방조범만 성립될 수 있다!(∵ 정범과 종범 사이에 공동실행의사가 필요하지 않으므로)
　　↔ 편면적 공동정범 ×, 편면적 교사범 ×

Thema 정리   결과적 가중범

제15조(사실의 착오) ② 결과 때문에 형이 무거워지는 죄의 경우에 그 결과의 발생을 예견할 수 없었을 때에는 무거운 죄로 벌하지 아니한다.

의의 : 기본범죄 고의 + 중한 결과 과실(예견가능성) 예 상해치사

종류
- 진정 결과적가중범 : 고의 + 과실
- **부진정 결과적가중범** : 고의 + 과실, 고의
  - ① 인정여부 : O (∵처벌 불균형) 예 사람을 살해하려고 현주건조물에 방화·사망케 한 경우 [은봉암사건]
  - ② 종류
    - ~치사 : **현주건조물방화치사·일수치사** ⇨ 2가지
      - └ 사형·무기·7년 이상 징역 > 살인죄 : 사형·무기·5년 이상 징역
    - ~치상 : **특수공무집행방해치상**, 현주건조물방화치상
      - └ 3년 이상 징역 > 특수상해죄 : 1년 이상 ~ 10년 이하 징역
    - 중~ : **중상해·중유기·중손괴·중권리행사방해죄** ↔ 중체포·감금죄
      - └ 1년 이상 ~ 10년 이하 징역 > 상해죄 : 7년 이하 징역
  - ③ 죄수문제 : 고의범 < **부진정결과적가중범** < 고의범
    살인죄 < 현주건조물방화치사 < **존속살해·강도살인죄** → 무기징역
    흡수(∵특별관계)   상상적 경합 └ 사형·무기·7년 이상 징역 + 자격정지병과
    [특수공무집행방해치상사건]4) / **[존속살해죄·강도살인죄와 현주건조물방화치사죄의 관계]**

성립요건
- ① 고의의 기본행위 ↔ 기본범죄가 과실인 경우 : ×
- ② 중한 결과 발생
- ③ 인과관계·객관적 귀속(직접성)
- ④ 중한 결과의 예견가능성(과실)

처벌 : 중한 죄로 처벌 × ↔ 벌하지 아니한다 : ×

관련문제
- 미수 — **기본범죄 미수, 중한 결과 발생** ⇨ 결과적 가중범의 **기수** 예 강간치상
  [성폭력범죄의 처벌 등에 관한 특례법 위반(강간등치상)죄의 미수범 인정 여부가 문제된 사건]
  〈진정결과적가중범의 미수〉 중한결과발생시 기본범죄의 미수·기수 불문 기수 = 결합범의 법리
  cf. 결과적 가중범의 미수처벌규정 : 강도치사상죄, 성폭법상 특수강간치사상죄 / 현주건조물일수치사상 등
    → 판례는 고의범인 강도상해죄, 강간상해죄에만 적용되는 것이라고 해석
  중한 결과가 미수인 경우 ⇨ 기본범죄만 성립, 미수 부정(다수설)
- 공범 — 공동정범 : O (∵과실범의 공동정범 인정) 예 상해치사죄의 공동정범
  교사범 : O → 교사자에게 중한 결과에 대한 예견가능성이 있는 때 예 상해치사죄의 교사범

---

4) 2019년 법무사시험

<부진정결과적가중범의 인정여부>

부진정결과적가중범이란 고의의 기본범죄에 의하여 과실로 중한 결과가 발생한 경우뿐만 아니라, 고의로 중한 결과를 발생하게 한 경우를 말한다. 진정결과적가중범만 인정하면 과실로 중한 결과를 발생시킨 경우가 고의로 중한 결과를 발생시킨 경우보다 형벌이 높아 처벌의 불균형이 발생할 수 있으므로 인정하는 것이 판례의 입장이다.

- [은봉암 사건] ★
  형법 제164조 후단이 규정하는 현주건조물방화치사상죄는 그 전단이 규정하는 죄에 대한 일종의 가중처벌 규정으로서 과실이 있는 경우뿐만 아니라, 고의가 있는 경우에도 포함된다고 볼 것이므로, 현주건조물 내에 있는 사람을 강타하여 실신케 한 후 동건조물에 방화하여 소사케 한 피고인을 현주건조물에의 방화죄와 살인죄의 상상적 경합으로 의율할 것은 아니다(대판 1983.1.18, 82도2341).
  [사실관계] 甲은 乙을 살해하기 위하여 乙의 집으로 갔으나, 乙은 집에 없고 乙의 처 丙이 자신을 알아보자 丙을 야구방망이로 강타하여 실신시킨 후 이불을 뒤집어 씌우고 석유를 뿌려 방화함으로써 乙의 집을 전소케 하고 丙을 사망케 한 경우
  → 현주건조물방화치사죄 ○ (∵ 사형, 무기 또는 7년 이상의 징역의 무거운 법정형을 정하고 있기 때문)
- **특수공무집행방해치상죄**는 원래 결과적가중범이기는 하지만, 이는 중한 결과에 대하여 예견가능성이 있었음에 불구하고 예견하지 못한 경우에 벌하는 진정결과적가중범이 아니라 그 결과에 대한 예견가능성이 있었음에도 불구하고 예견하지 못한 경우뿐만 아니라 고의가 있는 경우까지도 포함하는 **부진정결과적가중범**이다(대판 1995.1.20, 94도2842).[5]

<부진정결과적가중범의 죄수문제>

원칙적으로 부진정결과적가중범만 성립하나, 중한 결과에 대한 고의범의 형이 부진정결과적가중범의 형보다 중한 경우 중한 형을 확보할 필요 때문에 상상적 경합관계에 있다고 본다(판례).

---

5) 2010년 법원행정고등고시(50점) 甲은 2010.10.20. 22:00경 혈중알콜농도 0.180%의 정도로 술에 취하여 정상적인 운전이 곤란한 상태에서 쏘나타 승용차를 운전하던 중, A 등 경찰관들로부터 음주운전 단속을 당하게 되자 이를 피하기 위하여 도주하다가 경찰관 A가 순찰차로 추격하여 위 승용차를 따라잡은 후 순찰차에서 내려 위 승용차의 진로를 막으면서 甲에게 위 승용차에서 하차할 것을 요구하였으나 이에 불응하면서 위 승용차를 운전하여 A가 서 있는 방향으로 진행하여 위 승용차로 A를 들이받아 A에게 약 3주간의 치료를 요하는 상해를 입게 하고, 계속하여 도주하다가 전방주시를 태만히 한 과실로 마침 도로가를 걸어가고 있던 B를 뒤늦게 발견하고 급정차하였으나 미치지 못하고 위 승용차로 B를 들이받아 B에게 4주간의 치료를 요하는 상해를 입게 하였다. 甲의 죄책(죄명, 적용법조 및 죄수관계)을 논하시오.

- 기본범죄를 통하여 고의로 중한 결과를 발생하게 한 경우에 가중 처벌하는 부진정결과적가중범에서, 고의로 중한 결과를 발생하게 한 행위가 별도의 구성요건에 해당하고 그 〈고의범에 대하여 결과적가중범에 정한 형보다 더 무겁게 처벌하는 규정이 있는 경우〉에는 그 고의범과 결과적가중범이 **상상적 경합**관계에 있지만, / 위와 같이 〈고의범에 대하여 더 무겁게 처벌하는 규정이 없는 경우〉에는 결과적가중범이 고의범에 대하여 **특별관계**에 있으므로 **결과적가중범만** 성립하고 이와 법조경합의 관계에 있는 고의범에 대하여는 별도로 죄를 구성하지 않는다(대판 2008.11.27, 2008도7311).

관련 판례 부진정결과적가중범의 죄수관계

1) [특수공무집행방해치상사건] 직무를 집행하는 공무원에 대하여 위험한 물건을 휴대하여 고의로 상해를 가한 경우에는 **특수공무집행방해치상죄만** 성립할 뿐, 이와는 별도로 폭력행위 등 처벌에 관한 법률 위반(집단·흉기 등 상해)죄를 구성하지 않는다(대판 2008.11.27, 2008도7311).

   [사실관계] 피고인이 승용차를 운전하던 중 음주단속을 피하기 위하여 위험한 물건인 승용차로 단속 경찰관을 들이받아 경찰관의 공무집행을 방해하고 경찰관에게 상해를 입게 한 경우 [6]

   ∵ 폭력행위 등 처벌에 관한 법률 제2조(집단·흉기 등 상해)의 법정형(= 3년 이상의 징역)은, 특수공무집행방해치상죄의 법정형(= 3년 이상의 징역)과 동일하기 때문

   → 최근 신설된 형법상 특수상해죄(제258조의2)의 법정형은 1년 이상 10년 이하이므로 형법이 적용되는 경우에도 고의범에 대하여 더 무겁게 처벌하는 규정이 없는 경우에 해당하여 특수공무집행방해죄만 성립한다.

2) [존속살해죄와 현주건조물방화치사죄의 관계] [7] 사람을 살해할 목적으로 현주건조물에 방화하여 사망에 이르게 한 경우에는 **현주건조물방화치사죄**로 의율하여야 하고 이와 더불어 살인죄와의 상상적 경합범으로 의율할 것은 아니며, / 다만 **존속살인죄와 현주건조물방화치사죄**는 **상상적 경합범**관계에 있으므로, **법정형이 중한 존속살인죄로 의율**함이 타당하다(대판 1996.4.26, 96도485).

   [사실관계] 자기의 존속을 살해할 목적으로 존속이 현존하는 건조물에 방화하여 사망에 이르게 한 경우 존속살해죄와 현주건조물방화치사죄의 상상적 경합범이 성립한다.

3) [강도살인죄와 현주건조물방화치사죄의 관계] 피고인들이 피해자들의 재물을 강취한 후 그들을 살해할 목적으로 현주건조물에 방화하여 사망에 이르게 한 경우, 피고인들의 행위는 **강도살인죄와 현주건조물방화치사죄**에 모두 해당하고 그 두 죄는 **상상적 경합범**관계에 있다(대판 1998.12.8, 98도3416).

   [사실관계] 甲이 乙의 재물을 강취한 뒤 乙을 살해할 의사로 乙의 집에 방화하여 乙을 살해한 경우

※ 〈정리〉 부진정결과적가중범에서 판례가 상상적 경합으로 본 경우(∵ 고의범의 형 > 결과적가중범의 형)
- 존속살해죄와 현주건조물방화치사 : 존속살해죄 = 7년 이상 징역 & 자격정지 병과 > 현주건조물방화치사 = 7년 이상 징역
- 강도살인죄와 현주건조물방화치사 : 강도살인죄 = 무기징역 > 현주건조물방화치사 = 7년 이상 징역

---

6) 2019년 법무사시험(15점) 甲은 경찰관 乙의 하차요구에 불응하고 승용차를 운전하여 乙이 서 있는 방향으로 진행하면서 乙의 오른쪽 무릎을 위 차량 앞범퍼로 들이받아 乙에게 약 4주간의 치료를 요하는 우측 슬관절 파열 등의 상해를 가하였다. 이에 검사는 甲을 특수공무집행방해치상죄(형법 제144조 제2항)와 특수상해죄(형법 제258조의2 제1항)의 상상적 경합으로 기소하였다. 甲의 죄책을 논하시오.

7) 2025년 변호사시험 甲은 평소 사이가 매우 좋지 않은 자신의 아버지 A를 죽여야겠다고 마음먹고, 후배 乙에게 A의 집에 불을 질러 A를 살해해 달라고 사주하였다. 이를 승낙한 乙은 A가 자고 있는 집에 휘발유를 뿌리고 불을 질렀으나 집 천장까지 불길이 붙자 놀라서 도망하였고, A는 출동한 소방대에 구조되어 다친 곳은 없었다. 甲과 乙의 죄책은? (30점)

<진정결과적가중범의 미수>
① 중한 결과가 미수인 경우 과실범의 미수는 인정되지 않으므로 기본범죄만 성립한다.
② 기본범죄가 미수이더라도 중한 결과가 발생하면 기수이다.

• 강간이 미수에 그친 경우라도 그 수단이 된 폭행에 의하여 피해자가 상해를 입었으면 **강간치상죄**가 성립하는 것이며, 미수에 그친 것이 피고인이 자의로 실행에 착수한 행위를 중지한 경우이든 실행에 착수하여 행위를 종료하지 못한 경우이든 가리지 않는다(대판 1988.11.8, 88도1628).
[동지판례] 위험한 물건인 전자충격기를 사용하여 강간을 시도하다가 미수에 그치고, 피해자에게 약 2주간의 치료를 요하는 안면부 좌상 등의 상해를 입힌 경우, 성폭력범죄의 처벌 및 피해자보호 등에 관한 법률에 의한 특수강간치상죄가 성립한다(대판 2008.4.24, 2007도10058).

진정결과적가중범의 미수

1. 문제점

진정결과적가중범에서 기본범죄를 범하였으나 중한 결과가 발생하지 않았을 때는 결과적가중범 자체가 성립하지 않는다. **기본범죄가 미수에 그치고 중한 결과가 발생한 경우** 결과적가중범의 미수를 인정할 것인지 여부가 문제된다.

2. 학설

강도치사상죄, 해상강도치사상죄 등 미수처벌규정이 있고, 결과불법에 차이가 있는 경우 과중한 형벌을 제한할 수 있으므로 진정결과적가중범의 미수를 인정할 있다는 **긍정설**과 중한 결과가 발생한 경우 기본범죄의 미수·기수를 불문하고 결과적가중범의 기수로 보아야 하고, 미수처벌규정은 강도상해와 같은 고의결합범에만 적용된다고 보는 **부정설(통설)**의 대립이 있다.

3. 판례

대법원은 종래 강간이 미수에 그친 경우라도 그 수단이 된 폭행에 의하여 피해자가 상해를 입었으면 **강간치상죄**가 성립하는 것이다(대판 1988.11.8, 88도1628)라고 하여 **부정설**의 태도이었고, 최근 전원합의체 판결에서 미수처벌규정은 고의범인 강간상해죄의 경우에만 적용되는 것이므로 강간치상죄의 미수범 성립을 부정하는 현재 법리는 타당하므로 유지되어야 한다고 종래의 입장을 재확인하였다(대판 2025.3.20, 2023도10405 全合).

4. 검토

강도상해 등 **고의결합범**의 경우 중한 결과가 발생하면 기본범죄의 미수·기수를 불문하고 기수범으로 보는 법리처럼 결과적가중범의 경우에도 중한 결과가 발생한 이상 결과불법이 인정된다 보아야 한다. 또한 기본 범죄의 실행에 착수한 사람이 실행행위를 완료하지 않았더라도, 이로 인하여 형이 무거워지는 요인이 되는 결과를 발생시켰다면 기본 범죄에 내재된 위험이 현실화되었다는 점에서 이를 결과적 가중범의 기수범으로 처벌하는 것이 책임원칙에 부합하므로 부정설이 타당하다.

- **[성폭력범죄의 처벌 등에 관한 특례법 위반(강간등치상)죄의 미수범 인정 여부가 문제된 사건]** ★
판례의 법리에 따르면, 성폭력처벌법 제4조 제1항에서 정한 특수강간의 죄를 범한 경우뿐만 아니라 특수강간의 실행에 착수하였으나 미수에 그친 경우라고 하더라도, 이로 인하여 피해자가 상해를 입었으면 특수강간치상죄가 성립한다. 후자의 경우 **특수강간치상죄의 기수범**이 성립할 뿐, 성폭력처벌법 제15조가 다시 적용되어 특수강간치상죄의 미수범이 성립하는 것은 아니다. 성폭력처벌법 제15조에서 정한 제8조 제1항에 대한 미수범 처벌규정은 제8조 제1항에 특수강간치상죄와 함께 규정된 특수강간상해죄의 미수범, 즉 특수강간의 죄를 범하거나 미수에 그친 사람이 상해의 고의를 가지고 피해자에게 상해를 가하려다가 미수에 그친 경우에 적용될 뿐, 제8조 제1항에서 정한 특수강간치상죄에는 적용된다고 볼 수 없기 때문이다. **특수강간치상죄의 미수범 성립을 부정하는 현재 법리**는 타당하므로 유지되어야 한다(대판 2025.3.20, 2023도10405 全合).

  [판결이유] 가. 특수강간치상죄를 정한 성폭력처벌법 제8조 제1항은 특수강간죄의 기수범(성폭력처벌법 제4조 제1항)뿐만 아니라 미수범(성폭력처벌법 제15조, 제4조 제1항)도 범행주체로 포함하고 있다. 특수강간미수죄를 범한 사람은 성폭력처벌법 제8조 제1항에서 정한 특수강간치상죄의 구성요건 중 **범행주체에 관한 요건을 충족**하였으므로, 특수강간의 실행행위가 완료되지 않았더라도 그로 인해 피해자가 상해를 입었다면 특수강간치상죄의 객관적 구성요건요소를 모두 충족하고, 별도로 미수범(성폭력처벌법 제15조, 제8조 제1항) 성립 여부는 문제될 여지가 없다.

  나. 형법과 형사 특별법에 규정되어 있는 결과적 가중범 중 특수강간치상죄와 같이 별도의 미수범 처벌규정을 두고 있는 것은 '형이 무거워지는 요인이 되는 결과가 과실로 생긴 결과적 가중범'과 '고의로 그 결과를 일으킨 결합범'을 하나의 조문에서 규정하고 있는 입법형식에서만 찾아볼 수 있다. 이는 입법자가 결과적 가중범에는 성질상 미수범 규정이 적용될 수 없다는 전제에서 간결하고 효율적으로 조문을 구성한 결과로 볼 수 있을 뿐, 결과적 가중범의 미수범을 인정하기 위한 입법형식이라고 할 수 없다. 결과적 가중범은 기본 범죄에 내재된 전형적 위험성이 발현되었다는 점에서 가중처벌의 근거를 찾을 수 있다. 기본 범죄의 실행에 착수한 사람이 실행행위를 완료하지 않았더라도, 이로 인하여 형이 무거워지는 요인이 되는 결과를 발생시켰다면 기본 범죄에 내재된 위험이 현실화되었다는 점에서 이를 결과적 가중범의 기수범으로 처벌하는 것이 책임원칙에 부합하는 당연한 결론이다.

  다. 결과적 가중범의 미수범을 개념상 인정하면서도, 결과적 가중범에 대한 별도의 미수범 처벌규정이 있는 경우에는 그에 따라 미수범으로 처벌하고, 미수범 처벌규정이 없는 경우에는 기본 범죄의 기수 여부와 관계없이 형이 무거워지는 요인이 되는 결과가 생긴 이상 결과적 가중범의 기수범이 성립한다고 보게 되면 처벌의 불균형이 발생할 수 있다.

[사실관계] 피고인들은 **합동**하여 향정신성의약품인 **졸피뎀** 불상량을 넣은 숙취해소 음료를 피해자에게 마시게 한 뒤 항거불능 상태가 된 피해자를 강간하려 하였으나 그 뜻을 이루지 못하고 미수에 그치고 피해자로 하여금 졸피뎀으로 인하여 **일시적인 수면 또는 의식불명 상태**에 이르게 하는 등의 상해를 입게 하였다는 사실로 성폭력처벌법 제8조 제1항, 구 성폭력처벌법 제15조, 제4조 제1항, 형법 제297조에 정한 특수강간치상죄 등으로 기소된 사안에서, 대법원은 위와 같은 이유로 특수강간치상죄의 미수범 성립을 부정하는 현재 법리를 그대로 유지하면서, 피고인들이 특수강간의 실행에 착수하였으나 미수에 그친 경우라고 하더라도 이로 인하여 피해자가 상해를 입었으면 특수강간치상죄가 성립한다고 보았다.
→ 성폭력처벌법상 특수강간치상죄의 미수범 ×, 기수범 성립 ○

<table>
<tr><td colspan="3">위법성과 불법 비교</td></tr>
<tr><th>구분</th><th>위법성</th><th>불법</th></tr>
<tr><td>개념</td><td>행위가 법질서 전체와 모순·배치된다는 성질(관계개념)</td><td>구성요건에 해당하고 위법하다고 평가된 행위(위법성이 조각되지 않는 행위) 자체(실체개념)</td></tr>
<tr><td>차이점</td><td>법질서의 단일성 : 위법성의 유·무라는 단일하고 동일한 판단(양적·질적 차이 부정)</td><td>개별 법률에 따라 개별적 판단 : 양적·질적 차이 존재, 경중 비교 가능</td></tr>
<tr><td>예</td><td colspan="2">과실손괴의 경우 : 위법성 인정, 형법상으로는 적법하나, 민법상으로는 불법</td></tr>
</table>

<table>
<tr><td colspan="2">불법의 본질</td></tr>
<tr><td>결과반가치</td><td>• 행위가 초래한 외부적 상황·사태에 대하여 내려지는 부정적 가치판단
• 행위가 초래한 법익침해(기수범의 결과반가치) 내지 법익침해의 위험성(미수범의 결과반가치)을 말함</td></tr>
<tr><td>행위반가치</td><td>• 행위에 대해서 사회윤리적 견지에서 내려지는 부정적 가치판단
• 일정한 의사에 따른 행위를 의미하므로 의사반가치라고도 함
1) 고의, 과실, 목적 등 주관적 요소와 2) 행위태양(예 위험한 물건의 휴대), 신분, 정범성의 표지(예 보증인지위) 등 객관적 요소를 그 내용으로 함</td></tr>
</table>

※ 〈비교〉 심정반가치(책임고의)
행위자가 위법한 행위를 통하여 법질서에 대하여 법적대적 태도를 드러내거나 법무관심의 태도를 드러내는 경우에 내려지는 부정적 가치판단 → 합일태적 범죄체계론에 의하여 책임의 내용인 고의의 의미

위법성조각사유의 구성요소와 존재·결여의 효과

구성요건	위법성조각사유	존재의 효과	결여의 효과
객관적 구성요건요소	객관적 정당화상황 = 위법성조각사유의 전제사실 = 허용구성요건 예 강도가 침입한 사실	결과반가치 상쇄	**오상방위사례** **= 위법성조각사유전제사실의 착오** 예 우체부를 강도로 오인하고 방위의사로 구타하여 상해를 입힌 경우 : 행위반가치 ×, 결과반가치 ○ → 고의조각 or 책임조각 ↔ 위법성조각(판례)
주관적 구성요건요소 (고의, 과실)	주관적 정당화요소 예 방위의사	행위반가치 상쇄	**우연방위사례** **= 주관적정당화요소를 결여한 경우** 예 살해의사로 총을 쏘았는데 상대방이 먼저 총을 쏘려 했던 경우 : 행위반가치 ○, 결과반가치 × 예 손괴의사로 유리창을 파손하였는데 연탄가스에 중독되어가던 사람이 깨어난 경우(우연피난사례) → 위법성조각 or 불능미수 or 기수범(∵ 결과반가치○)

※ 피해자의 승낙에 대한 착오
- 피해자의 승낙이 존재하지 않음에도 존재한다고 오인한 경우 = 위법성조각사유전제사실의 착오(오상승낙)
  - ↔ 살인의 승낙이 존재하지 않음에도 존재한다고 오인한 경우
    = 촉탁·승낙살인의 고의로 보통살인죄를 범한 경우 : 촉탁·승낙살인죄로 처벌(다수설) ∵ § 15 ①
- 피해자의 승낙이 존재함에도 불구하고 알지 못하고 행위한 경우 = 주관적 정당화요소를 결여한 경우(우연승낙)

주관적 정당화요소의 요부와 주관적 정당화요소를 결한 경우의 효과와의 관계

구분	주관적 정당화요소의 요부	주관적 정당화요소를 결한 경우의 효과
고전적 범죄체계론 신고전적 범죄체계론	• 불요설 • 객관적 위법성론 • 결과반가치론	• **위법성조각설**(무죄설)
목적적 행위론	• 필요설 • 소극적 구성요건표지이론 • 일원적 인적불법론 • 행위반가치론	• **기수범설** (∵ 구성요건적 결과가 발생한 이상 기수범의 결과반가치를 부정할 수 없기 때문)
합일태적 범죄체계론	• **필요설** = 판례 • 이원적 인적불법론	• **불능미수범설** = 다수설 (∵ 결과반가치 상쇄, 행위반가치 존재)

〈주관적 정당화요소를 결여한 경우 _ 우연방위(우연피난, 우연승낙 등)〉

(1) 정당방위·긴급피난·피해자의 승낙 등 위법성조각사유의 객관적 정당화상황은 존재하지만 주관적 정당화요소를 결여한 경우를 우연방위·우연피난·우연승낙이라고 한다.

> **예** 甲은 평소 미워하던 乙과 우연히 마주치자 상해의 의사로 乙의 얼굴을 주먹으로 강타하여 코피가 나게 하였는데, 마침 그때 乙은 甲을 살해하려고 칼로 甲을 공격하려던 순간이었음이 밝혀진 경우(우연방위)

> **예** 손괴의사로 유리창을 파손하였는데 연탄가스에 중독되어가던 사람이 깨어난 경우(우연피난)

(2) 이에 대하여는 위법성조각설(무죄설), 기수범설, 불능미수범설(다수설)이 대립하고 있다.

① **위법성조각설**(무죄설)은 위법성조각사유에는 주관적 정당화요소가 필요 없다는 입장(불요설)에서 객관적 정당화상황의 존재로 인해 결과반가치가 인정되지 않으므로 위법성이 조각되어 무죄라는 견해이다.

② **기수범설**은 구성요건적 결과가 발생한 이상 결과반가치가 인정되므로 기수를 인정해야 한다는 입장이다. 이에 대하여는 객관적 정당화상황이 존재함에도 존재하지 않는 경우와 동일하게 평가하는 것은 문제라는 비판이 있다.

③ **불능미수범설**(다수설)은 행위반가치는 인정되나 객관적 정당화상황의 존재로 인해 결과반가치가 인정되지 않으므로 불능미수 규정을 유추적용하자는 견해이다.

Thema 정리 · 위법성조각사유 비교

제21조(정당방위) ① 현재의 부당한 침해로부터 자기 또는 타인의 법익(法益)을 방위하기 위하여 한 행위는 상당한 이유가 있는 경우에는 벌하지 아니한다.
② 방위행위가 그 정도를 초과한 경우에는 정황(情況)에 따라 그 형을 감경하거나 면제할 수 있다.
③ 제2항의 경우에 야간이나 그 밖의 불안한 상태에서 공포를 느끼거나 경악(驚愕)하거나 흥분하거나 당황하였기 때문에 그 행위를 하였을 때에는 벌하지 아니한다.

제22조(긴급피난) ① 자기 또는 타인의 법익에 대한 현재의 위난을 피하기 위한 행위는 상당한 이유가 있는 때에는 벌하지 아니한다.
② 위난을 피하지 못할 책임이 있는 자에 대하여는 전항의 규정을 적용하지 아니한다.
③ 전조 제2항과 제3항의 규정은 본조에 준용한다.

제23조(자구행위) ① 법률에서 정한 절차에 따라서는 청구권을 보전(保全)할 수 없는 경우에 그 청구권의 실행이 불가능해지거나 현저히 곤란해지는 상황을 피하기 위하여 한 행위는 상당한 이유가 있는 때에는 벌하지 아니한다.
② 제1항의 행위가 그 정도를 초과한 경우에는 정황에 따라 그 형을 감경하거나 면제할 수 있다.

정당방위 부정(不正) vs. 정(正)	긴급피난 정(正) vs. 정(正)	자구행위
• 자기 또는 타인의 법익에 대한 현재의 부당한 침해 └ 정당방위상황(객관적 정당화상황)	• 자기 또는 타인의 법익에 대한 현재의 위난	• 자기의 청구권 ○ • 법정절차에 의한 청구권 보전불능 & 청구권의 실행불능 및 곤란
• 방위의사	• 피난의사	• 자구의사
• 상당한 이유 • ┌ **보충성, 균형성** : × 　└ 상당성, 수단의 적합성 : ○ 　(상대적 최소침해의 원칙)	• 상당한 이유 • **보충성, 균형성** : ○ 　∵ 제3자에 대한 피난 가능	• 상당한 이유
• 과잉방위(제21조 제2항) 　∵ 책임감경·조각 • 면책적 과잉방위(제21조 제3항) 　∵ 기대가능성 ×, 책임조각	• 과잉피난 　(제22조 제3항, 제21조 제2항) • 면책적 과잉피난 　(제22조 제3항, 제21조 제3항)	• 과잉자구행위(제23조 제2항) 　↔ 면책적 자구행위 : ×

Thema 정리 | 정당방위

① 정당방위란 자기 또는 타인의 법익에 대한 현재의 부당한 침해를 방위하기 위한 상당한 이유가 있는 행위를 말한다. 예 강도범을 구타하는 행위 현재의 부당한 침해를 방위하기 위한 행위이므로 '부정(不正) 대 정(正)의 관계'에 있다.
② 자기뿐만 아니라 타인의 법익을 위하여도 정당방위를 할 수 있다(제3자를 위한 정당방위).
③ '현재의 침해'란 법익에 대한 침해가 급박한 상태에 있거나, 침해가 행해지고 있거나 침해가 기수에 이른 이후에도 계속되고 있는 경우를 말한다. 과거의 침해나 장래에 발생할 침해에 대하여는 원칙적으로 정당방위를 할 수 없다.

Thema 정리 | 피해자의 승낙

제24조(피해자의 승낙) 처분할 수 있는 자의 승낙에 의하여 그 법익을 훼손한 행위는 법률에 특별한 규정이 없는 한 벌하지 아니한다.

피해자의 동의와 법적 효과	
범죄성립에 영향이 없는 경우	피구금자간음죄, 미성년자의제강간·강제추행죄, 아동혹사죄
감경적 구성요건에 해당하는 경우	• **보통살인** → 촉탁·승낙살인죄 • 부동의 **낙태** → 동의낙태죄 • 타인소유일반건조물·일반물건방화죄 → 자기소유일반건조물·일반물건방화죄
위법성이 조각되는 경우	제24조 피해자의 승낙 → 주로 상해죄에서 문제
구성요건해당성이 조각되는 경우	강간·강제추행죄, 주거침입죄(학설), 비밀침해·업무상비밀누설죄, 절도죄, 횡령죄, 손괴죄(학설 ↔ **판례 : 피해자의 승낙**), 문서죄 등

✪ 위법성을 조각하는 피해자의 승낙과 구성요건해당성을 조각하는 양해를 구별하는 입장에 따르면, 양해가 없음에도 불구하고 있다고 생각하고 행위한 경우 사실의 착오(구성요건적 착오)에 해당하여 고의가 조각되고, 과실범 성립만이 문제되고, / 양해가 있음에도 불구하고 없다고 생각하고 행위한 경우 그 결과발생이 불가능하므로 반전된 사실의 착오(불능미수)가 문제된다.

양해와 승낙의 구별
- **양해** : 당해 구성요건의 행위개념 자체가 이미 피해자의 의사에 반하는 것을 내용으로 하는 경우, 개인의 의사가
  중요한 법익 → 구성요건해당성 조각, 자연적 의사능력으로 충분, 하자 있는 양해도 원칙적 유효
  [동거녀지갑사건] ∵ 묵시적 양해 [밍크45마리사건] ∵ 하자 있는 양해도 유효하므로 절도죄 구성요건해당성 ×
  ↔ 다만, 주거침입죄의 경우 하자 있는 양해는 무효라고 봄
      ∵ 양해가 규범적 사회적 의미가 있는 경우 판단능력이 필요한 경우이므로
- **승낙** : 개인적 법익에 있어 법익의 주체가 법익을 처분할 수 있는 경우라도 그 법익이 피해자 개인에
  대해서뿐만 아니라 공동체를 위해서도 중요한 의미를 가지는 경우
  → 위법성 조각, 판단능력을 요함, 하자 있는 승낙은 무효 [자궁적출사건]

〈문서죄와 피해자의 승낙〉

1. 명의인의 동의는 구성요건해당성을 조각하는 양해라고 본 경우

사문서의 위·변조죄는 작성권한 없는 자가 타인 명의를 모용하여 문서를 작성하는 것을 말하는 것이므로
사문서를 작성·수정함에 있어 그 명의자의 명시적이거나 묵시적인 승낙이 있었다면 사문서의 위·변조죄
에 해당하지 않는다(대판 2003.5.30, 2002도235).
공문서인 기안문서의 작성권한자가 직접 이에 서명하지 않고 피고인에게 지시하여 자기의 서명을 흉내내
어 기안문서의 결재란에 대신 서명케 한 경우라면 피고인의 기안문서 작성행위는 작성권자의 지시 또는
승낙에 의한 것으로서 공문서위조죄의 구성요건해당성이 조각된다(대판 1983.5.24, 82도1426).

2. 추정적 승낙을 인정한 경우

종친회 결의서의 피위조명의자 중 피고인의 형제 2명이 승낙한 사안에서 피고인의 아들들이나 위 형제들의
아들들에 대하여 추정적 승낙을 인정할 여지가 있다고 한 사례(대판 1993.3.9, 92도3101).
❂ 제24조 피해자의 승낙을 적용법규로 판시
   행위 당시 명의자의 현실적인 승낙은 없었지만 행위 당시의 모든 객관적 사정을 종합하여 명의자가
   행위 당시 그 사실을 알았다면 당연히 승낙했을 것이라고 추정되는 경우(강사 주 : 추정적 승낙) 역시
   사문서의 위·변조죄가 성립하지 않는다(대판 2003.5.30, 2002도235).

〈추정적 승낙〉

추정적 승낙이란 피해자의 명시적·묵시적 승낙(현실적 승낙)은 없었지만 피해자가 행위 당시 그 사실을
알았다면 당연히 승낙했을 것이라고 추정되는 경우를 말한다.

• 행위 당시 명의자의 현실적인 승낙은 없었지만 **행위 당시**의 모든 객관적 사정을 종합하여 명의자가 행위
  당시 그 사실을 알았다면 **당연히 승낙했을 것이라고 추정되는 경우** 역시 사문서의 위·변조죄가 성립하지
  않는다고 할 것이나, / 명의자의 명시적인 승낙이나 동의가 없다는 것을 알고 있으면서도 명의자가 문서작성
  사실을 알았다면 **승낙하였을 것이라고 기대하거나 예측한 것**만으로는 그 승낙이 추정된다고 단정할 수
  없다(대판 2011.9.29, 2010도14587).

Thema 정리 | 정당행위

제20조(정당행위) 법령에 의한 행위 또는 업무로 인한 행위 기타 사회상규에 위배되지 아니하는 행위는 벌하지 아니한다.

- 의의 : 사회통념(건전한 도의감·윤리감정)에 비추어 허용될 수 있는 상당성 있는 행위
  - → 일반적·보충적 위법성조각사유
- 요건 : ① 목적의 정당성, ② 수단·방법의 상당성, ③ 법익균형성, ④ **긴급성**, ⑤ **보충성**
  - **[업무방해죄에서 정당행위에 의한 위법성조각 여부가 문제된 사건](도계업무방해사건)**
- 종류
  - 법령에 의한 행위 ┬ 공무원의 직무집행행위
    - ├ 징계행위
    - ├ 사인의 현행범 체포(형소법 제212조)
    - └ 노동쟁의행위(노동조합 및 노동관계조정법)
      - **[쟁의행위로서의 파업]** 언제나 업무방해죄 구성요건충족 ×, 전격적인 경우 위력에 해당
      - ┬ 목적의 정당성 : 근로조건향상 ○ ↔ 경영사항(정리해고, 구조조정) ×
      - ├ 수단·방법의 상당성 : 평화적 방법 ○ ↔ 폭력행사 ×
      - │　　　　　　　　　　　병존적 점거 ○ ↔ 전면적 점거 ×
      - └ 절차의 정당성 : **찬반투표절차**(본질적 절차) ○ ↔ 서면신고절차 : 본질적 절차 ×
  - 업무로 인한 행위 : 의사, 변호사, 성직자, 신문기자 등의 행위
  - 사회상규에 위배되지 않는 행위 : **예** 소극적 저항행위 ↔ 무면허의료행위
    - └ 사회상규 = 초법규적 기준

〈정당행위의 의의〉

정당행위란 사회상규에 위배되지 아니하여 위법성이 조각되는 행위를 말한다. 여기서 '사회상규에 위배되지 아니하는 행위'라 함은 법질서 전체의 정신이나 그 배후에 놓여 있는 사회윤리 내지 사회통념에 비추어 용인될 수 있는 행위를 말한다.

〈정당행위의 요건(사회상규위배여부의 판단기준)〉

어떠한 행위가 정당한 행위로서 위법성이 조각되는 것인가는 구체적 경우에 따라 합목적적, 합리적으로 가려져야 할 것이며 또 행위의 적법여부는 국가질서를 벗어나서 이를 가릴 수는 없는 것인바, 정당행위를 인정하려면 ① 그 행위의 동기나 **목적의 정당성**, ② 행위의 **수단이나 방법의 상당성**, ③ 보호이익과 침해이익과의 **법익균형성**, ④ **긴급성**, ⑤ 그 행위 외에 다른 수단이나 방법이 없다는 **보충성** 등의 요건을 갖추어야 한다(대판 1987.1.20, 86도1809).

Thema 정리   책임능력[8]

제9조(형사미성년자) 14세 되지 아니한 자의 행위는 벌하지 아니한다.

제10조(심신장애자) ① 심신장애로 인하여 사물을 변별할 능력이 없거나 의사를 결정할 능력이 없는 자의 행위는 벌하지 아니한다.
② 심신장애로 인하여 전항의 능력이 미약한 자의 행위는 형을 감경할 수 있다.
③ 위험의 발생을 예견하고 자의로 심신장애를 야기한 자의 행위에는 전2항의 규정을 적용하지 아니한다.

제11조(청각 및 언어 장애인) 듣거나 말하는 데 모두 장애가 있는 사람의 행위에 대해서는 형을 감경한다.

- 의의 : 행위자의 사물변별능력과 의사결정능력 ≒ 고의 = 인식(지적 요소) + 의사(의적 요소)
- 판단기준
  - 생물학적 방법 : 연령, 정신병 등 → 제9조(형사미성년자), 제11조(청각 및 언어 장애인)
  - 심리학적 방법 : 사물변별능력 + 의사결정능력
  - 혼합적 방법 : 생물학적 요소 + 사물변별능력과 의사결정능력 → 제10조(심신장애자)
- 책임무능력자
  - **형사미성년자**(제9조) : 만14세 미만, 절대적 책임무능력 ↔ 소년법상 소년(만19세 미만자)
  - **심신상실자**(제10조 제1항)
    - → 정신적 장애 있더라도 범행 당시 정상적인 사물변별능력이나 의사결정능력 있는 경우 심신장애 ×
- 한정책임능력자
  - **심신미약자**(제10조 제2항) : **임의적 감경**
  - **청각 및 언어장애인**(제11조) : **필요적 감경**
    - → 〈**심신장애여부 · 정도 판단**〉
      - ① 법률적 판단 ↔ 사실적 · 의학적 판단 : ×
      - ② 감정여부 재량 ↔ 단 의심이 드는 경우 필수
      - ③ 감정결과에 기속 ×, 재량 ○
    - → 〈**심신장애 인정여부 : 충동조절장애 등 성격적 결함**〉
      - **예** 도벽 · 생리도벽, 소아기호증, 성주물성애증
      - 원칙 : 심신장애 × / 예외 : ① 매우 심각, ② 다른 사유와 경합 = 심신장애 ○
- **원인으로부터 자유로운 행위**(제10조 제3항) → **책임능력자 취급**(제10조 제1항 · 제2항 적용 ×)
  - 고의 원자행 : 사람을 살해하려고 용기를 얻기 위해 술을 마시고 만취한 상태에서 살해한 경우
    [사람을 살해하기로 공모한 후 대마초를 흡연하고 범행한 사건]
  - 과실 원자행 : 운전해야 한다는 것을 망각하고 음주하여 만취상태에서 운전하다가 행인을 치어 사망케 한 경우
    [음주운전을 할 의사를 가지고 음주만취한 후 운전을 결행하여 교통사고를 일으킨 사건]

---

8) 2025년 법무사시험

Thema 정리　원인에 있어서 자유로운 행위에 관한 학설

학설	내용	비판
원인설정 행위설 일치설 구성요건 모델	• 자기의 책임 없는 상태를 도구로 이용한다는 점에서 간접정범과 유사하다 보는 견해 • 원인설정행위 자체를 실행행위(구성요건적 행위)로 보고, 간접정범의 이론을 원용하여 원인설정행위에서 가벌성의 근거를 찾는 견해 • 행위와 책임의 동시존재의 원칙 유지	• 실행행위(구성요건적 행위)의 정형성을 무시하게 되어 가벌성의 확장 위험 → 죄형법정주의의 보장적 기능에 부합 × 예 살인의 고의를 갖고 음주하다가 명정상태에 빠져 그대로 잠들어버린 경우에도 살인미수죄가 성립한다고 보아야 한다는 비판 • 예비행위와의 구별 곤란
반무의식 상태설 실행행위설	• 범죄의 실행행위는 심신장애상태하의 행위이므로, 여기에 가벌성의 근거가 있다고 보는 견해(심층심리학적 예외모델) • 실행행위시 반무의식적상태라는 주관적 요소 인정	• 반무의식적 상태하의 행위를 실행행위로 본다면 책임능력이 지나치게 광범위해질 우려 • 대부분의 경우에 책임능력이 인정되어 법적 안정성을 해하는 결과를 초래
불가분적 연관설 예외설 책임모델 (다수설)	• 실행행위는 심신장애상태하의 행위로 보고, 원인설정행위와 실행행위의 불가분적 연관을 가벌성의 근거라 보는 견해 • 행위와 책임의 동시존재의 원칙의 예외 인정(논리적 예외모델)	• 책임주의의 요구를 무시함으로써 법치국가적 제한을 넘어섬 • 행위·책임동시존재원칙을 유지할 수 없다는 비판

※ 사람을 살해할 목적으로 용기를 얻기 위해 술을 마시고 만취한 상태에서 타인을 살해한 경우

구분	원인설정행위(심신장애야기행위) (예 술마시는 행위)		심신장애상태하에서의 행위 (예 술취한 상태에서의 살해행위)
일치설	● = ▲		
반무의식상태설			● = ▲
예외설	●	(불가분적 연관)	▲

※ ● = 가벌성의 근거, ▲ = 실행의 착수시기

• 형법 제10조 제3항은 "위험의 발생을 예견하고 자의로 심신장애를 야기한 자의 행위에는 전2항의 규정을 적용하지 아니한다"고 규정하고 있는바, 이 규정은 고의에 의한 원인에 있어서의 자유로운 행위만이 아니라 **과실에 의한 원인에 있어서의 자유로운 행위**까지도 포함하는 것으로서 위험의 발생을 예견할 수 있었는데도 자의로 심신장애를 야기한 경우도 그 적용 대상이 된다(대판 1992.7.28, 92도999).
[사실관계] 피고인이 음주운전을 할 의사를 가지고 **음주만취** 후 운전을 결행하여 교통사고를 일으켰다면 피고인은 음주시에 교통사고를 일으킬 위험성을 예견하였는데도 자의로 심신장애를 야기한 경우에 해당하므로 위 법조항에 의하여 심신장애로 인한 감경 등을 할 수 없다.
 → 음주운전(도로교통법위반)은 고의에 의한 원인에 있어 자유로운 행위에 해당하고,
　　교통사고(특가법위반 → 형법상 업무상과실치사상죄)는 과실에 의한 원인에 있어 자유로운 행위에 해당한다.

Thema 정리 위법성인식과 법률의 착오 · 위법성조각사유전제사실의 착오

제16조(법률의 착오) 자기의 행위가 법령에 의하여 죄가 되지 아니하는 것으로 오인한 행위는 그 오인에 정당한 이유가 있는 때에 한하여 벌하지 아니한다.

법률의 착오와 구별개념

착오	인식 ≠ 발생	효과
법률의 착오 (위법성 · 금지의 착오)	• 죄 × → 죄 ○ • 위법 × → 위법 ○ • 금지 × → 금지 ○ ※ 처벌되는 행위를 처벌되지 않는다고 오 인한 경우	제16조 적용 → 그 오인에 정당한 이유가 있는 경우 처벌 × (원칙 = 처벌 ○, 예외적 처벌 ×)
반전된 법률의 착오 (반전된 금지의 착오, 환각범)	• 죄 ○ → 죄 × • 위법 ○ → 위법 × • 금지 ○ → 금지 × ※ 처벌되지 않는 행위를 처벌된다고 오인한 경우(적극적 착오) 예 동성애, 근친상간	처벌 × (∵ 처벌규정이 없으므로)

위법성인식과 법률의 착오 · 위법성조각사유전제사실의 착오

구성요건	위법성	
객관적 구성요건요소 (죄의 성립요소인 사실)	위법성 	→ 인식 × = 법률의 착오(위법성의 착오, 금지의 착오) 예 직접적 착오(포섭의 착오, 효력의 착오)
	위법성조각사유 예 정당방위	→ 인식 × = 법률의 착오 예 간접적 착오(위법성조각사유 존재 · 허용한계 착오)
	객관적 정당화상황 = 위법성조각사유의 전제사실 = 허용구성요건 예 강도가 침입한 사실	→ 인식 × = 오상방위사례 = 위법성조각사유전제사실의 착오 예 우체부를 강도로 오인하고 방위의사로 구타하여 상해를 입힌 경우 : 행위반가치 ×, 결과반가치 ○ → 고의조각 or 책임조각 ↔ 오인에 정당한 이유가 있는 경우 위법성조각(판례)
↓ 인식 × = 사실의 착오 (구성요건적 착오)	주관적 정당화요소 예 방위의사	→ × = 우연방위사례 = 주관적정당화요소를 결여한 경우 예 살해의사로 총을 쏘았는데 상대방이 먼저 총을 쏘려 했던 경우 : 행위반가치 ○, 결과반가치 × 예 손괴의사로 유리창을 파손하였는데 연탄가스에 중독되 어가던 사람이 깨어난 경우(우연피난사례) → 위법성 조각 or 불능미수 or 기수범(∵ 결과반가치 ○)

〈법률의 착오의 의의〉
법률의 착오(위법성의 착오, 금지의 착오)란 자신의 행위가 금지되어 있음, 즉 위법하다는 것을 인식하지 못하는 것을 말한다. 즉 행위자가 행위시에 구성요건적 사실은 인식하였으나 착오로 인하여 자신의 행위가 금지규범에 위반하여 위법함을 알지 못한 경우를 말한다.

- 제16조에서 "자기가 행한 행위가 법령에 의하여 죄가 되지 아니한 것으로 오인한 행위는 그 오인에 정당한 이유가 있는 때에 한하여 벌하지 아니한다."라고 규정하고 있는 것은 단순한 법률의 부지를 말하는 것이 아니고 / 일반적으로 범죄가 되는 경우이지만 자기의 특수한 경우에는 법령에 의하여 허용된 행위로서 죄가 되지 아니한다고 그릇 인식하고 그와 같이 그릇 인식함에 정당한 이유가 있는 경우에는 벌하지 않는다는 취지이다(대판 2005.9.29, 2005도4592).

〈법률의 착오의 효과〉
(1) 법률의 착오에 정당한 이유가 있으면 벌하지 아니한다. 즉 자기의 행위가 법령에 의하여 죄가 되지 아니하는 것으로 오인한 행위는 그 오인에 정당한 이유가 있는 때에 한하여 벌하지 아니한다(제16조).
(2) 자기의 행위와 관련된 금지규범을 알지 못한 경우 단순한 법률의 부지는 제16조의 법률의 착오가 아니라는 것이 판례의 입장이다.

[법률의 착오와 정당한 이유의 판단기준]
형법 제16조에서 자기가 행한 행위가 법령에 의하여 죄가 되지 아니한 것으로 오인한 행위는 그 오인에 정당한 이유가 있는 때에 한하여 벌하지 아니한다고 규정하고 있는 것은 일반적으로 범죄가 되는 경우이지만 자기의 특수한 경우에는 법령에 의하여 허용된 행위로서 죄가 되지 아니한다고 그릇 인식하고 그와 같이 그릇 인식함에 정당한 이유가 있는 경우에는 벌하지 아니한다는 취지이고, 이러한 **정당한 이유가 있는지 여부**는 행위자에게 ① 자기 행위의 위법의 가능성에 대해 **심사숙고**하거나 ② **조회**할 수 있는 계기가 있어 자신의 지적능력을 다하여 이를 회피하기 위한 진지한 노력을 다하였더라면 스스로의 행위에 대하여 위법성을 인식할 수 있는 가능성이 있었음에도 이를 다하지 못한 결과 자기 행위의 위법성을 인식하지 못한 것인지 여부에 따라 판단하여야 할 것이고, 이러한 **위법성의 인식에 필요한 노력의 정도**는 ① 구체적인 행위정황과 ② 행위자 개인의 인식능력 그리고 ③ 행위자가 속한 사회집단에 따라 달리 평가되어야 한다(대판 2017.3.15, 2014도12773).

[위법성조각사유의 전제사실에 대한 착오가 문제된 사건](택시승차거부 공무집행방해사건) → 법률의 착오 문제

형법 제16조에서 자기가 행한 행위가 법령에 의하여 죄가 되지 아니한 것으로 오인한 행위는 그 오인에 정당한 이유가 있는 때에 한하여 벌하지 아니한다고 규정하고 있으므로 **공무집행방해죄에서 공무집행의 적법성에 관한 피고인의 잘못된 법적 평가로 인하여 자신의 행위가 금지되지 않는다고 오인한 경우에는 그 오인에 정당한 이유가 있는지를 살펴보아야** 한다. 이때 피고인의 오인에 정당한 이유가 있는지 여부는 구체적인 행위 정황, 오인에 이르게 된 계기나 원인, 행위자 개인의 인식 능력, 행위자가 속한 사회집단에서 일반적으로 기대되는 오인 회피 노력의 정도와 회피 가능성 등을 고려할 때 피고인이 이러한 오인을 회피할 가능성이 있는지에 따라 판단하여야 한다(대판 2024.7.25, 2023도16951).

[사실관계] 택시기사가 승차를 거부한다고 주장하던 피고인이 방문신고를 받고 현장에 나온 경찰관 A에게 소리치고 욕설하면서 몸을 밀쳤다는 공무집행방해로 기소된 사안 9)에서, **원심은,** 경찰관 A의 행위는 피고인이 경찰관 B에게 유형력을 행사할 수 있겠다고 판단하여 이를 제지한 것이므로 위법하다고 할 수 없으나, 피고인은 경찰관들에게 고성으로 항의만 하였을 뿐 유형력을 행사할 의도가 없었는데도 경찰관 A가 자신의 몸을 밀치자 이를 위법하다고 오인하여 저항한 것이므로, **위법성조각사유의 전제사실에 대한 착오**에 해당하고 그 오인에 정당한 사유가 있다는 이유로, 이 사건 공소사실을 **무죄**로 판단한 제1심판결을 그대로 유지하였으나, / **대법원**은, 위와 같은 법리를 설시하면서, ① 피고인이 술에 취하여 항의를 계속하다가 갑자기 경찰관 B에게 고성을 지르고 몸을 들이밀면서 다가간 상황에서, 경찰관 A가 피고인을 급하게 밀쳐내는 방법으로 피고인과 경찰관 B를 분리한 조치는 경찰관 직무집행법 제6조에서 정하는 '범죄의 예방과 제지'에 관한 **적법한 공무**에 해당하고, ② 피고인이 **경찰관 A를 밀친 행위로 나아가게 된 전제사실 자체에 관하여는** 피고인의 인식에 어떠한 착오도 존재하지 않고, 다만 경찰관 A의 직무집행 적법성에 대한 주관적인 평가가 잘못되었을 여지가 있을 뿐이므로 위법성조각사유의 전제사실에 대한 착오가 있었다고 보기 어려우며, ③ (피고인은 택시 승차거부와 관련한 경찰관들의 반복된 설명에도 불구하고 근거 없는 항의를 계속하다가, 위와 같은 경위로 경찰관 A가 경찰관 B를 보호하기 위하여 피고인의 행동을 제지하자 곧바로 경찰관 A에게 욕설하면서 경찰관 A의 몸을 여러 차례 밀었다. 이러한 피고인의 행위는 당시 피고인이 술에 취하였던 점이나 그 상태에서 근거 없는 항의를 계속하면서 스스로 흥분하게 된 점과도 무관하지 않아 보인다. 이처럼 **피고인이 스스로 오인의 계기를 제공하지 않았거나** 이러한 상황에서 **일반적으로 기대되는 정도의 오인 회피 노력을 기울였다면 이 사건에 이르지 않았을 것으로 보인다**.) 피고인에게 자신을 제지한 경찰관 A의 행위가 위법하다고 오인할 만한 정당한 이유가 있다고 할 수도 없다고 보아, 이와 달리 판단한 원심을 파기·환송하였다(대판 2024.7.25, 2023도16951).

※ 〈정리〉

① 甲이 경찰관 A의 직무집행이 위법하다고 오인한 것은 위법성조각사유전제사실의 착오 ×, 법률의 착오(제16조) ○

∵ 경찰관 A를 밀친 행위로 나아가게 된 전제사실 자체에 관하여는 피고인의 인식에 어떠한 착오도 존재하지 않고 다만 경찰관 A의 직무집행 적법성에 대한 주관적인 평가가 잘못되었을 뿐이므로

② 그 오인에 제16조의 정당한 이유가 인정되지 않으므로, 공무집행방해죄가 성립한다는 취지

---

9) 甲은 2022.6.25. 00:00경 서울 용산구에 있는 ○○○파출소 앞 도로에서, '손님이 마음대로 타서 안 내린다'라는 취지의 방문신고를 하였다. 신고를 받고 현장에 나온 경찰관들은 승차거부행위가 있었다고 볼만한 자료가 없는 반면 해당 택시에 이미 다른 탑승 예약이 되어 있었던 사실을 확인한 후, 피고인에게 이를 설명하고 120 신고절차를 안내하였다. 甲은 경찰관으로부터 '승차거부와 관련하여서는 120번으로 민원을 접수하면 된다'라는 설명을 듣고도 사건을 접수해 달라고 술에 취하여 항의를 계속하다가, 갑자기 "아이 씨 좀 다르잖아"라고 크게 소리치며 경찰관 B순경에게 몸을 들이밀면서 다가갔다. 이에 경찰관 A경위가 甲을 급하게 밀어내는 방법으로 甲을 B순경과 분리시켰다. 甲은 A경위로부터 제지받자 이를 위법하다고 생각하고 화가 나, "왜 미는데 씹할"이라고 욕설하면서 손으로 경찰관 A 경위의 몸을 4회 밀쳤다.

위법성인식의 체계적 지위 및 위법성·위법성조각사유전제사실의 착오에 대한 학설

구분		위법성인식의 체계적 지위	위법성착오의 효과	위법성조각사유 전제사실의 착오의 성격과 효과	착오로 행위한 자를 이용한 배후자의 책임
고의설	엄격고의설	책임의 요소인 고의의 내용, 현실적 인식	책임요소인 고의조각 과실범	책임요소인 고의조각, 과실범	간접정범 ○, 공범 ×
	제한고의설	고의의 내용, 위법성인식가능성			
소극적 구성요건표지이론		소극적 구성요건	총체적 불법고의조각 과실범	구성요건적 착오, 제13조 직접적용 구성요건적 고의조각 과실범	간접정범 ○, 공범 ×
엄격책임설		고의와 독립한 책임요소		금지착오, **고의 ○**, 정당한 이유 있으면 **책임조각**, 제16조	간접정범 ○, **공범 ○**
제한적 책임설	(사실의 착오) 유추적용설		고의 인정 ○(고의범), 정당한 이유 있으면 **책임조각** (위전착은 견해대립)	**구성요건적 고의조각** (∵ 행위반가치 ×) 과실범	간접정범 ○, 공범 ×
	법효과 제한적 책임설			구성요건적 고의 ○ **책임고의조각** (∵ 심정반가치 ×) 과실범	간접정범 ○, **공범 ○**

※ **위법성조각사유전제사실의 착오 정리**

1. **고의범이 성립하는 학설** : 엄격책임설(과실범성립의 여지가 없음) → 가장 중한 처벌 예 상해죄
   ↔ 이외 학설 : 과실범 문제로 처리! 예 과실치상죄
2. **공범(교사범)이 성립가능한 학설** : 엄격책임설, 법효과제한적 책임설
   예 남동생·누나사건(누나를 좋아해서 쫓아오는 A를 괴롭히기 위하여 누나에게 흉악범이 쫓아온다고 말하여 태권도 선수인 누나가
   흉악범이 쫓아오는 줄 알고 돌려차기로 A에게 상해를 입힌 경우
3. **판례의 태도**
   1) [여우고개사건] 그 오인에 정당한 이유가 있어 위법성이 없다.
   2) [명예훼손죄의 위법성조각사유(§ 310)의 진실성에 대한 착오]
      예 허위사실을 진실이라 믿고 공익을 위해 보도한 경우
      진실한 것으로 믿었고 또 그렇게 믿을 만한 상당한 이유가 있는 경우에는 위법성이 없다.
   3) [위법성조각사유 전제사실의 착오에 관한 사건] 정당한 이유 인정 ○, 위법성이 없어 무죄

위법성인식의 체계적 지위 및 위법성의 착오에 대한 학설 내용·비판 정리		
고의설	엄격 고의설	위법성인식을 **고의의 내용**으로 보는 견해, 위법성인식이 없으면 **고의 인정** ✕ → 책임요소인 고의가 인정되려면 위법성인식까지 있어야 한다는 견해 → 법률의 착오와 사실의 착오의 구별이 없어지고 양자를 같은 기준에 의하여 처리하게 됨(∵ 둘 다 고의조각) → 위법성조각사유의 전제사실에 대한 착오가 있는 경우(오상방위) 위법성인식이 없으므로 고의가 조각되고, 과실범 규정이 있는 경우 과실범으로 처벌할 수 있을 뿐임 ↔ 확신범, 상습범은 고의범을 인정하기 어렵다는 비판 ↔ 과실범을 처벌하지 않거나 과실범은 법률에 특별한 규정이 있는 때에만 예외적으로 처벌되고, 과실범의 형벌이 고의범에 비해 현저히 낮기 때문에 **처벌의 공백**이 생길 수 있다는 비판
	제한 고의설	책임요소인 고의가 인정되려면 **위법성인식가능성**이 있어야 하고, 이때 고의범이 된다. ↔ 과실로 구성요건을 인식하지 못한 경우 과실범을 인정하면서, 과실로 위법성을 인식하지 못한 경우에는 고의범을 인정한다는 모순이라는 비판
소극적 구성요건 표지이론		**위법성조각사유(전제사실)의 부존재**도 구성요건요소이므로 고의의 인식대상이고, 이에 대한 인식이 없으면 구성요건적 고의가 조각된다는 견해 → 위법성조각사유의 전제사실에 대한 착오(오상방위)가 있는 경우 **사실의 착오(구성요 건적 착오)**에 해당하므로 형법 **제13조를 직접적용**하여 해결함으로써 고의범의 성립이 부정되고 과실이 있는 경우 **과실범**으로 처벌 ∵ 위법성조각사유의 부존재 인식 ✕ ↔ 위법성조각사유의 독자적 기능을 무시한다는 비판(구성요건해당성이 없는 행위와 구성요건에는 해당하나 위법성이 조각되는 행위 사이에 존재하는 가치 차이를 무시)
엄격책임설		위법성인식을 **고의와 독립된 책임요소**라고 보는 견해(목적적 행위론) 위법성인식이 없는 경우, 즉 법률의 착오의 법적 효과는 고의와 관계없이 즉, 고의는 언제나 인정되고, 착오의 **회피가능성(정당한 이유)**에 의하여 좌우됨 ┌ 정당한 이유 ✕ = 고의기수범 성립 └ 정당한 이유 ○ = 고의는 인정되나, **책임조각** ↔ 위법성인식이 없는 자를 고의범으로 처벌하는 것은 일반인의 법감정에 반한다는 비판 ↔ 위법성조각사유의 전제사실에 대한 착오(오상방위)가 있는 경우 금지착오로 해석하나, 이에 대해서는 착오에 이르게 된 상황의 특수성을 무시하였다는 비판
제한적 책임설	유추 적용설	위법성조각사유 전제사실의 착오(오상방위)에 대하여만 구성요건적 착오(사실의 착오)를 유추적용하자는 견해(고의가 조각되고 다만 행위자에게 과실이 있으면 **과실범**으로 처벌된다고 보는 견해) → **구성요건적 고의 조각**(∵ 불법구성요건에 대한 실현의사를 결여하였으므로 행위반가치 결여)
	법효과 제한적 책임설	위법성조각사유전제사실의 착오(오상방위)에 대하여 **효과만 구성요건착오**와 동일하게 취급하자는 견해(**과실범으로 처벌하자는 견해**) → 고의의 이중적 기능을 전제로 **구성요건적 고의 ○, 책임고의 조각**(∵ 법에 충실하려고 하였지만 부주의로 상황을 착오하였으므로 심정반가치 결여) → 〈위법성조각사유의 전제사실의 착오(오상방위)에 빠진 자를 교사하여 죄를 범하게

한 경우〉 그 교사자를 교사범으로 처벌 O(∵ 책임고의가 조각되면 제한적 종속형식
에 의할 경우 이에 대한 공범성립이 가능하기 때문)
↔ 구성요건단계에서는 고의의 행위불법을 인정하면서, 책임단계에서는 과실의 불법·
책임을 인정하는 것은 모순이라는 비판

〈위법성조각사유 전제사실의 착오〉

위법성조각사유 전제사실의 착오(객관적 정당화 상황의 착오, 허용구성요건의 착오)란 위법성조각사유의
전제되는 사실, 즉 객관적 정당화 상황이 없음에도 있다고 오인하고 주관적 정당화요소를 가지고 행위를
한 경우를 말한다.

예 밤중에 우체부를 강도로 오인하여 방위의사로 구타한 경우(오상방위)

위 예에서 강도를 구타한다고 생각하고 행위하였으므로 위법성의 인식이 없어 법률의 착오문제이기도 하고,
우체부를 강도로 오인하였다는 점에서는 인식사실과 발생사실이 다른 사실의 착오문제이기도 하다. 사실의
착오로 취급하여 고의를 조각하고 과실범문제로 처리할지 법률의 착오로 취급하여 책임조각문제로 처리할지
견해가 대립한다.

관련 판례 위법성조각사유의 전제사실의 착오에 대한 판례 → 오인에 정당한 이유가 있는 경우 "위법성이 없다."

1) **[여우고개사건] 당번병이 그 임무범위 내에 속하는 일로 오인하고 한 무단이탈 행위와 위법성** : 소속 중대장의
당번병이 근무시간 중은 물론 근무시간 후에도 밤늦게까지 수시로 영외에 있는 중대장의 관사에 머물면서
집안일을 도와주고 그 자녀들을 보살피며 중대장 또는 그 처의 심부름을 관사를 떠나서까지 시키는 일을
해오던 중 사건당일 중대장의 지시에 따라 관사를 지키고 있던 중 중대장과 함께 외출나간 그 처로부터
24 : 00경 비가 오고 밤이 늦어 혼자 귀가할 수 없으니 관사로부터 1.5킬로미터 가량 떨어진 지점까지
우산을 들고 마중을 나오라는 연락을 받고 당번병으로서 당연히 해야 할 일로 생각하고 그 지점까지 나가 동인을
마중하여 그 다음날 01 : 00경 귀가하였다면 위와 같은 당번병의 관사이탈 행위는 중대장의 직접적인 허가를
받지 아니 하였다 하더라도 당번병으로서의 그 임무범위 내에 속하는 일로 오인하고 한 행위로서 **그 오인에 정당한
이유가 있어 위법성이 없다**고 볼 것이다(대판 1986.10.28, 86도1406). → 이른바 오상정당행위에 해당하는 사례

2) **[명예훼손죄의 위법성조각사유(제310조)의 진실성의 착오]** (허위사실을 진실이라 믿고 공익을 위하여 신문으
로 보도한 경우) 적시된 사실이 공공의 이익에 관한 것이면 진실한 것이라는 증명이 없다 할지라도 행위자가
진실한 것으로 믿었고 또 그렇게 믿을 만한 상당한 이유가 있는 경우에는 **위법성이 없다**(대판 1996.8.23,
94도3191).

3) **[위법성조각사유 전제사실의 착오에 관한 사건](복싱클럽 몸싸움사건)** ★
피해자 A는 관장 乙이 운영하는 복싱클럽에 회원등록을 하였던 자로서 등록을 취소하는 문제로 乙로부터
질책을 들은 다음 약 1시간이 지난 후 다시 복싱클럽을 찾아와 乙에게 항의하는 과정에서 乙이 A의 멱살을
잡아당기거나 바닥에 넘어뜨린 후 목을 조르는 등 乙과 A가 뒤엉켜 몸싸움을 벌였는데, 코치인 甲이 이를
지켜보던 중 A가 왼손을 주머니에 넣어 불상의 물건을 꺼내 움켜쥐자 A의 왼손 주먹을 강제로 펴게 함으로써
A에게 약 4주간의 치료가 필요한 손가락 골절상을 입혔다는 상해의 공소사실로 기소된 사안에서, / ①
관장 乙과 피해자 A는 외형상 신체적 차이가 크지 않았고, 피해자는 제압된 상태였더라도 상당한 정도의
물리력을 행사할 수 있는 능력이 있었으며, 그 직전까지도 몸싸움을 하는 등 급박한 상황이 계속되고 있었고,

피해자가 위 관장에 대한 항의 내지 보복의 감정을 가진 상태에서 계획적·의도적으로 다시 찾아옴에 따라 **몸싸움**이 발생한 점, ② 甲은 일관되게 **'피해자가 호신용 작은 칼 같은 흉기를 꺼내는 것으로 오인하여 이를 확인하려고 하였다.'**는 취지로 진술하였고, 피해자도 수사과정에서 '피고인이 상해를 입힐 의도가 있었다고 생각하지는 않는다. 내가 쥐고 있던 물건이 무엇인지 확인하기 위해서였다고 생각한다.'라고 진술하였으며, 피해자가 가진 '휴대용 녹음기'와 피고인이 착각하였다고 주장하는 '호신용 작은 칼'은 크기·길이 등 외형상 큰 차이가 없어 이를 쥔 상태의 주먹이나 손 모양만으로는 양자를 구별하는 것이 쉽지 않고, 피해자의 주먹이나 손 모양만으로 그가 움켜쥔 물건이 무엇인지조차 알기 어려웠던 점, ③ 피해자가 진술한 바와 같이 당시 왼손으로 휴대용 녹음기를 움켜쥔 상태에서 이를 활용함에 별다른 장애가 없었으므로 몸싸움을 하느라 신체적으로 뒤엉킨 상황에서 피해자가 실제로 위험한 물건을 꺼내어 움켜쥐고 있었다면, 그 자체로 위 관장의 생명·신체에 관한 급박한 침해나 위험이 초래될 우려가 매우 높은 상황이었던 점, ④ 형법 **제20조의 사회상규에 의한 정당행위를 인정하기 위한 요건들 중 행위의 '긴급성'과 '보충성'은 다른 실효성 있는 적법한 수단이 없는 경우**를 의미하지 '일체의 법률적인 적법한 수단이 존재하지 않을 것'을 의미하지는 않는다는 판례 법리에 비추어, 피고인의 행위는 적어도 주관적으로는 그 정당성에 대한 인식하에 이루어진 것이라고 보기에 충분한 점 등을 종합하면, 피고인이 당시 죄가 되지 않는 것으로 오인한 것에 대해 '정당한 이유'를 부정하여 공소사실을 유죄로 인정한 원심판결에는 위법성조각사유의 전제사실에 관한 착오, 정당한 이유의 존부에 관한 법리오해의 잘못이 있다고 한 사례(대판 2023.11.02, 2023도10768).

[사실관계] A는 관장 乙이 운영하는 복싱클럽에 회원등록을 하였던 자로서 등록을 취소하는 문제로 乙로부터 질책을 들은 다음 약 1시간이 지난 후 다시 복싱클럽을 찾아와 乙에게 항의하는 과정에서 乙이 A의 멱살을 잡아당기거나 바닥에 넘어뜨린 후 목을 조르는 등 乙과 A가 뒤엉켜 몸싸움을 벌였는데, 코치인 甲이 이를 지켜보던 중 A가 왼손을 주머니에 넣어 불상의 물건을 꺼내 움켜쥐자, **호신용 작은 칼 같은 흉기를 꺼내는 것으로 오인하여 이를 확인하고 빼앗기 위하여** A의 왼손 주먹을 강제로 펴게 함으로써 A에게 약 4주간의 치료가 필요한 손가락 골절상을 입혔다. 그러나 A가 쥐고 있던 물건은 흉기가 아니라 녹음기였고, A가 가진 '휴대용 녹음기'와 甲이 착각하였다고 주장하는 '호신용 작은 칼'은 크기·길이 등 외형상 큰 차이가 없어 이를 쥔 상태의 주먹이나 손 모양만으로는 양자를 구별하는 것이 쉽지 않고, 피해자의 주먹이나 손 모양만으로 그가 움켜쥔 물건이 무엇인지조차 알기 어려웠다.

※ 甲의 착오는 乙의 생명·신체에 대한 현재의 부당한 침해(정당방위의 객관적 정당화상황)가 존재하지 않음에도 존재한다고 오인하고 乙의 생명·신체를 방위하려는 의사(정당방위의 주관적 정당화요소)로 행위한 경우이므로 '오상방위' 즉 위법성조각사유 전제사실의 착오사례에 해당한다.

→ 정당한 이유 인정 ○, 위법성이 없어 무죄

Thema 정리　강요된 행위

제12조(강요된 행위) 저항할 수 없는 폭력이나 자기 또는 친족(↔ **타인 :** ×)의 생명, 신체(↔ **명예 등 :** ×)에 대한 위해를 방어할 방법이 없는 협박에 의하여 강요된 행위는 벌하지 아니한다.

- 형법 제12조 소정의 저항할 수 없는 폭력은, **심리적인 의미**에 있어서 육체적으로 어떤 행위를 절대적으로 하지 아니할 수 없게 하는 경우와 **윤리적 의미**에 있어서 강압된 경우를 말하고, 협박이란 자기 또는 친족의 생명, 신체에 대한 위해를 달리 막을 방법이 없는 협박을 말하며, 강요라 함은 피강요자의 자유스런 의사결정을 하지 못하게 하면서 특정한 행위를 하게 하는 것을 말한다(대판 1983.12.13, 83도2276 ; 대판 2007.6.29, 2007도3306).
↔ 절대적·물리적인 유형력의 행사 ×(∵ 절대적 폭력에 의한 행위는 형법상 행위 ×)

〈효과〉
(1) 피강요자의 경우 강요된 행위에 해당하면 적법행위에 대한 기대가능성이 없으므로 책임이 조각되어 벌하지 아니한다(제12조).
(2) 강요자의 경우 **강요죄**와 **강요한 범죄의 간접정범**의 상상적 경합이 성립한다.

Thema 정리 범죄실현의 단계

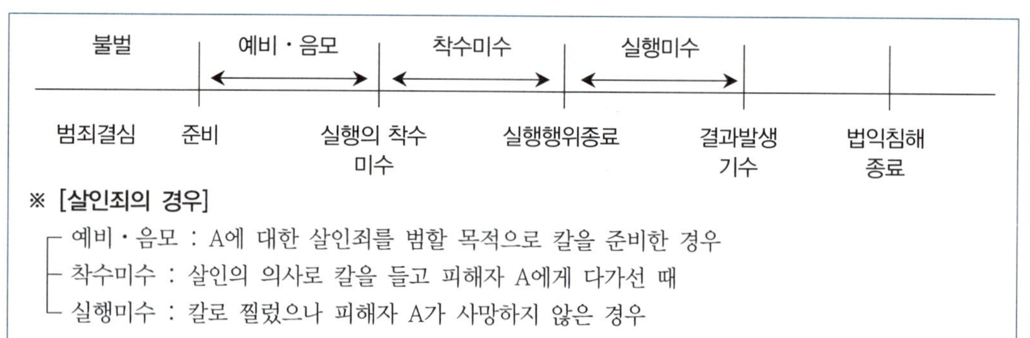

※ [살인죄의 경우]
- 예비·음모 : A에 대한 살인죄를 범할 목적으로 칼을 준비한 경우
- 착수미수 : 살인의 의사로 칼을 들고 피해자 A에게 다가선 때
- 실행미수 : 칼로 찔렀으나 피해자 A가 사망하지 않은 경우

1. **범죄결심(범행결의)** : 언제나 불벌
2. **예비·음모** : 실행착수이전의 준비단계 → 처벌규정이 있을 때만 처벌
3. **미수** : 실행에 착수하였으나, 범죄를 완성하지 못한 경우 → 처벌규정이 있을 때만 처벌
4. **기수** : 실행에 착수하여 모든 구성요건을 완전히 실현한 경우(구성요건의 형식적 실현)
   → 형법상 범죄의 기본형태로 원칙적인 처벌대상이 되는 형태
5. **종료** : 기수 이후 보호법익에 대한 침해가 실질적으로 끝난 단계
   → 대부분의 범죄는 기수가 되면 종료되나, 계속범의 경우 기수 이후에도 법익침해가 계속되는 경우가
   있음

예 감금죄의 경우 피해자를 감금하여 어느 정도 시간이 지나면 기수가 되나, 피해자를 감금하고 있는 동안
법익침해가 계속되고 풀어주어야 범죄가 종료

Thema 정리 기수와 종료의 구별

1. **구별기준** : 기수는 구성요건의 형식을 기준으로 판단하나, 종료는 행위자의 의사 또는 외부적 사정이라는
   사실상의 기준으로 보호법익 침해여부를 판단
2. **구별실익**
   1) 공소시효의 기산점은 기수시가 아니라 종료시
   2) 기수 이후 종료 이전까지 공동정범과 종범의 성립이 가능 ↔ 교사범은 불가
   3) 기수 이후 종료 이전까지는 침해의 현재성이 인정되므로 정당방위가 가능
   4) 기수 이후 종료 이전까지 형을 가중하는 사유가 실현된 경우 가중적 구성요건의 적용이 가능
      예 감금치사 등
   5) 죄수결정에 있어 종료시까지 범행이 일죄로 판단됨

Thema 정리 · 미수범의 유형과 처벌

결과발생 가능	자의성 ✕	장애미수(제25조)	임의적 감경
	자의성 ○	중지미수(제26조)	필요적 감면
결과발생 불가능	위험성 ○	불능미수(제27조)	임의적 감면
	위험성 ✕	불능범	불가벌

Thema 정리 · 장애미수

제25조(미수범) ① 범죄의 실행에 착수하여 행위를 종료하지 못하였거나 결과가 발생하지 아니한 때에는 미수범으로 처벌한다.
② 미수범의 형은 기수범보다 감경할 수 있다.

─ 의의 : 제25조
 성립요건 ─ 주관적 요건: 기수범과 동일, 고의 = 기수의 고의 ○ ↔ **미수의 고의** : ✕ 예 함정수사
　　　　 └ 객관적 요건 ─ **실행의 착수 : 밀접행위설**(판례) "법익침해에 밀접한 행위가 있을 때"
　　　　　　　　　　　　　　　　　　　　　　　　　 "구성요건실현의 현실적 위험이 있을 때"
　　　　　　　 └ 범죄의 미완성 ─ 착수미수 : 행위종료 ✕
　　　　　　　　 (결과발생✕) └ 실행미수 : 행위종료 ○, 결과발생 ✕
　　　　　　　　　 ↔ 결과발생 ○ but 인과관계가 인정되지 않는 경우에도 미수로 처벌
─ 처벌 : 임의적 감경 → 기수범과 동일하게 처벌 가능
─ 관련문제 ─ 과실범의 미수 : ✕
　　　　 ─ 거동범의 미수 : ✕
　　　　 └ 부작위범의 미수 ─ 진정부작위범의 미수 : ✕ (∵ 거동범)
　　　　　　　　　　　　 └ 부진정부작위범의 미수 : ○ (∵ 결과범)

<실행의 착수>
미수범이 성립하려면 **실행의 착수**가 있고(예비·음모와의 구별), 범죄가 완성되지 않아야 한다(기수와의 구별). 여기서 실행의 착수란 범죄의 시작 또는 개시를 말한다. 실행의 착수시기에 대하여 판례는 보호법익에 대한 밀접한 위험이 있을 때 또는 법익침해에 밀접한 행위가 있을 때(**밀접행위설**)라고 보거나 구성요건의 실현에 이르는 현실적 위험성을 포함하는 행위를 개시한 때라고 한다.

예 절도죄의 경우 절취할 재물을 물색하는 행위를 한 때, 주거침입죄의 경우 주거침입의 고의로 문의 손잡이를 잡아당기는 행위를 한 때

- 절도죄의 실행의 착수시기는 **재물에 대한 타인의 사실상의 지배를 침해하는데 밀접한 행위가 개시된 때**라 할 것이다(대판 1986.12.23, 86도2256).
- 주거침입죄의 실행의 착수는 주거자, 관리자, 점유자 등의 의사에 반하여 주거나 관리하는 건조물 등에 들어가는 행위, 즉 구성요건의 일부를 실현하는 행위까지 요구하는 것은 아니고 범죄**구성요건의 실현에 이르는 현실적 위험성을 포함하는 행위를 개시**하는 것으로 족하다(대판 2003.10.24, 2003도4417 ; 대판 2006.9.14, 2006도2824).

Thema 정리 중지미수

제26조(중지범) 범인이 실행에 착수한 행위를 자의(自意)로 중지하거나 그 행위로 인한 결과의 발생을 자의로 방지한 경우에는 형을 감경하거나 면제한다.

```
─ 의의 : 제26조
  성립요건 ┬ 주관적 요건 ┬ 기수범과 동일
          │            └ 자의성 ┬ 일반사회통념상 장애 ×(자율적 동기) : 중지미수
          │                     │              [친해지면 응해주겠다사건]
          │                     └ 일반사회통념상 장애 ○(타율적 동기) : 장애미수
          │                        예 범행발각이 두려워, 많은 피나 불길을 보고 겁이 나서
          │                       → 자의성 판단 : 행위자가 주관적으로 인식한 사정을 기초로 판단
          └ 객관적 요건 ┬ 실행의 착수
                       └ 범죄의 미완성 ┬ 착수미수 : 실행행위 중지
                         (결과발생×)  └ 실행미수 : 결과발생 방지 → 결과발생시 기수
─ 처벌 : 필요적 감면
─ 관련문제 ┬ 예비의 중지 : ×
          └ 공범의 중지미수 : ① 전원 실행행위의 중지, ② 모든 결과발생의 방지
             ⇨ 효과 : 개별적 → 자의에 의한 중지자만 중지미수, 다른 가담자는 장애미수
                [천광상회 사건](공범 함께 체포한 사건)
```

〈자의성〉
자의성이란 자기의 자유로운 의사에 기한 것을 말한다. 자의성이 인정되는지 여부에 따라 장애미수와 중지미수가 구별된다. 판례는 외부적 장애사유 또는 타율적 동기에 따른 중지는 자의성을 부정하여 장애미수라 하고, 자율적 동기에 의한 중지만 자의성을 인정하여 중지미수라 본다.
예 발각시 처벌에 대한 두려움이나 겁이 나서 중지한 경우 : 장애미수 ○

〈공범과 중지미수〉
① 공범의 경우 중지미수는 자신의 중지만으로는 성립할 수 없고 다른 가담자의 범행까지도 중지시켜야 중지미수가 성립한다. 예를 들어 정범이 자의로 실행을 중지하거나 결과발생을 방지한 경우 정범만 중지미수가 되고, 교사범과 종범은 장애미수가 된다.
② 공동정범에서 중지미수가 성립하기 위해서는 그중 일부의 자가 다른 공동정범 전원의 실행을 중지시키거나 모든 결과의 발생을 방지하여야 한다. 이 경우 자의에 의한 중지자만 중지미수가 되고, 다른 가담자는 장애미수에 해당한다.
③ 따라서 일반 사회통념상 범죄를 완수함에 장애가 되는 사정이 없음에도 공모자 중의 1인이 자의로 범죄의 실행행위를 중지한 경우라도, 그 후 다른 공모자의 실행으로 인해 범죄의 결과가 발생하면 중지미수가 성립하지 않고, 기수가 된다.

Thema 정리　불능미수

제27조(불능범) 실행의 수단 또는 대상의 착오(↔ 주체의 착오)로 인하여 결과의 발생이 불가능하더라도 위험성이 있는 때에는 처벌한다. 단, 형을 감경 또는 면제할 수 있다.

- 의의 : 제27조, 행위반가치 ○, 결과반가치 × ≒ 우연방위
- 성립요건 ┬ 주관적 요건 : 기수범과 동일
  　　　　└ 객관적 요건 ┬ 실행의 착수
  　　　　　　　　　　├ **결과발생의 불가능** ∵ 수단·대상의 착오 **예**설탕·시체 ↔ 주체의 착오 : × **예**신분범
  　　　　　　　　　　└ **위험성 ○ : 결과발생의 가능성 ○** [준강간죄의 불능미수사건(만취했다고 오인한 사건)] [준강간죄의 장애미수 공소사실에 관한 심리결과 준강간죄의 불능미수 범죄사실이 인정되는 경우 직권심판의무가 인정되는지 여부가 문제된 사건]
  　　　　　　　　　　　① 장애미수 ×, ② 불능미수 ○
- 위험성 판단기준에 관한 학설
  ┬ 구 객관설(판례) : 절대적 불능 = 불능범 **예**설탕·시체 / 상대적 불능 = 불능미수 **예**치사량미달의 독약
  ├ 구체적 위험설 : 행위 당시 **행위자**가 인식한 사정과 **일반인**이 인식할 수 있었던 사정을 기초, 일반인이 판단
  │　　　　　　→ 행위자와 일반인의 인식이 불일치하는 경우 **일반인**이 인식할 수 있었던 사정을 기초로 함
  │　　　　　　　→ 시체를 산 자로 알고 살해한 경우(일반인이 시체임을 안 경우) = 불능범
  ├ 추상적 위험설 : 행위 당시 **행위자**가 인식한 사정을 기초, **일반인**의 판단
  │　(판례)　　　→ 일반인 = **과학적 일반인**(그 분야의 전문가)를 의미
  │　　　　　　　→ 시체를 산 자로 알고 살해한 경우(일반인이 시체임을 안 경우) = 불능미수
  └ 주관설 : 범의가 표현된 이상 위험성을 인정, 불능미수 성립 / 불능범은 미신범 이외엔 인정 ×
  　　↔ **위험성** × : 불가벌적 불능범 "소사임빙"
  　　① [소송비용편취사건], ② [사망한 자 상대 제소사건], ③ [임차인명의변경 배당요구사건], ④ [빙초산 히로뽕제조사건]
- 처벌 : 임의적 감면

Thema 정리 | 준강간죄의 불능미수사건

	준강간죄의 객체	불능미수(제27조)의 대상의 착오 해당여부	위험성 판단 요부
다수의견	심신상실 또는 항거불능상태에 있는 사람	○ → 제27조 적용 ○ ∵ 대상의 착오	**위험성 판단 필요** 위험성 ○ → 불능미수
반대의견	**사람** → 심신상실 또는 항거불능상태를 이용하여 = 구성요건의 특별한 행위양태	× → 제27조 적용 × ∵ 행위상황의 착오	**위험성 판단 필요 ×** → 준강간 × (무죄, 불능범) ∵ 심신상실상태 × 구성요건 해당 ×

(1) 의의

① 불능미수란 행위자가 범죄의사를 가지고 범죄의 실행에 착수하였으나 행위의 수단이나 대상에 대한 착오를 인하여 처음부터 결과발생이 불가능한 경우로서, 다만 위험성은 인정되어 미수범으로 처벌되는 경우를 의미한다.

② 장애미수 또는 중지미수는 범죄의 실행에 착수할 당시 실행행위를 놓고 판단하였을 때 행위자가 의도한 범죄의 기수가 성립할 가능성이 있었으므로 처음부터 기수가 될 가능성이 객관적으로 배제되는 불능미수와 구별된다.

(2) 성립요건

① 불능미수 또한 미수범이므로 미수범 공통의 요건이 필요하다. 기수의 고의 등 주관적 구성요건을 갖추고, 실행의 착수가 있어야 한다. 이외에도 불능미수 특유의 요건으로서 결과의 발생이 불가능할 것과 위험성이 있을 것을 요한다.

② 수단 또는 대상의 착오로 말미암아 결과의 발생이 불가능하여야 한다. 즉 '**결과 발생의 불가능**'은 실행의 수단 또는 대상의 원시적 불가능성으로 인하여 범죄가 기수에 이를 수 없는 것을 의미한다.

③ **위험성**이란 결과발생의 가능성이 있다고 평가되는 것을 의미한다. 위험성이 있는지에 따라 불가벌적 불능범과 가벌적 불능미수로 구별된다.

판례는 위험성의 판단과 관련하여 ① 객관적으로 결과발생의 위험성이 있는 경우라고 하거나(구객관설), ② 피고인이 행위 당시에 인식한 사정을 놓고 객관적으로 일반인의 판단으로 보아 결과발생의 가능성이 있느냐를 판단하기도 한다(추상적 위험설).

- **[준강간죄의 불능미수사건(만취했다고 오인한 사건)]** 10) ★
  1) 형법 제27조에서 규정하고 있는 불능미수는 행위자에게 범죄의사가 있고 실행의 착수라고 볼 수 있는 행위가 있지만 실행의 수단이나 대상의 착오로 처음부터 구성요건이 충족될 가능성이 없는 경우이다. 다만 결과적으로 구성요건의 충족은 불가능하지만, 그 행위의 위험성이 있으면 불능미수로 처벌한다. 불능미수는 행위자가 실제로 존재하지 않는 사실을 존재한다고 오인하였다는 측면에서 존재하는 사실을 인식하지 못한 사실의 착오와 다르다.
  2) '**결과 발생의 불가능**'은 실행의 수단 또는 대상의 원시적 불가능성으로 인하여 범죄가 기수에 이를 수 없는 것을 의미한다고 보아야 한다.
  3) 불능범과 구별되는 불능미수의 성립요건인 '**위험성**'은 **피고인**이 행위 당시에 인식한 사정을 놓고 **일반인**이 객관적으로 판단하여 **결과 발생의 가능성이 있는지 여부**를 따져야 한다(대판 2019.3.28, 2018도 16002 全合). ▶ 추상적 위험설

  [사실관계] 피고인이 피해자가 심신상실 또는 항거불능의 상태에 있다고 인식(만취했다고 오인)하고 그러한 상태를 이용하여 간음할 의사로 피해자를 간음하였으나 피해자가 실제로는 심신상실 또는 항거불능의 상태에 있지 않은 경우, 준강간죄의 불능미수가 성립한다고 한 사례

---

10) 2020년 법원행정고등고시, 2022년 변호사시험(15점) 丙은 자신의 집에서 C와 함께 술을 마시던 중, 술에 취해 누워 있는 C의 하의를 벗긴 후 C를 1회 간음하였다. 당시 丙은 C가 만취하여 심신상실 상태에 있다고 생각하고 이를 이용한 것이었는데, 실제로 C는 반항이 불가능할 정도로 술에 취하지는 않았다. 丙의 죄책은?

제28조(음모, 예비) 범죄의 음모 또는 예비행위가 실행의 착수에 이르지 아니한 때에는 법률에 특별한 규정이 없는 한 벌하지 아니한다.

```
┌ 의의 : 기본범죄 준비행위 ⇨ 독립된 구성요건 ×, 수정된 구성요건 ○ ∴ 실행행위성 ○
├ 성립요건 ┬ 주관적 요건 ┬ 예비(자체)의 고의 ↔ 기본범죄의 고의 ×
│          │             └ 기본범죄를 범할 목적 : 목적범 [준강도예비사건]
│          └ 객관적 요건 ┬ 기본범죄의 실현을 위한 외적 준비행위 [살인예비사건]
│                        └ 실행의 착수 × → 미수과와 구별기준
├ 처벌: "강(강)약보존위" 예 강도죄, 강간죄, 약취유인죄, 보통살인죄, 존속살해죄, 위계 등에 의한 살인죄 등
│
└ 관련문제 ┬ 예비의 중지 : × (∵ 실행의 착수 ×)
           ├ 예비의 *방조11) : × but 정범이 실행의 착수에 나아가면, 기본범죄의 방조 ○
           └ 예비의 공동정범 : ○ (∵ 예비의 실행행위의 공동) 예 살인에 사용할 총의 공동구매
```

〈예비의 중지〉

예비의 중지란 예비행위를 마친 후 자의적으로 실행의 착수에 나아가지 않는 경우를 말한다. 예비·음모의 행위를 처벌하는 경우에 있어서 예비행위를 자의로 중지했을 때라도 실행의 착수가 없으므로 중지범(중지미수)에 관한 규정을 준용할 수 없다.

대법원은 중지범은 범죄의 실행에 착수한 후 자의로 그 행위를 중지한 때를 말하는 것이고 실행의 착수가 있기 전인 예비음모의 행위를 처벌하는 경우에 있어서 중지범의 관념은 이를 인정할 수 없다(대판 1999.4.9, 99도424)고 하고 있다.

예비의 중지

1. 문제점

실행의 착수 후에도 중지하면 형의 필요적 감면이 되므로 **실행의 착수 이전단계인 예비에도 중지를 인정하여 중지미수규정을 유추적용할 수 있을지**가 문제된다. 예비의 중지에 중지미수의 규정을 준용하지 않은 경우에는 예비행위 이후에 자의로 중지한 경우에는 처벌되지만, 실행착수 이후에 중지한 경우에는 불처벌까지 될 수 있어 처벌상의 불합리가 나타날 수도 있기 때문이다.

2. 학설

  1) 긍정설 : 예비의 중지도 언제나 중지미수의 규정을 유추적용하자는 견해이다. 형의 감면시 기준형은 예비·음모의 형이라고 본다.

---

11) 2017년 법무사시험(10점)

2) **부정설** : 실행에 착수하지 않은 이상, 예비죄의 중지범을 인정할 여지가 없다는 견해이다.

3) **절충설** : 예비의 중지가 자수에 이르렀을 때에만 예비죄의 자수에 대한 필요적 감면 규정(제90조 제1항 단서)을 유추적용하여 불균형을 수정하자는 견해와 **예비의 형이 중지미수보다 중할 때에만** 형의 균형상 중지미수의 규정을 유추적용한다는 견해(**다수설**)가 있다. 다수설에 따르면 형의 감면시 기준형은 기수의 법정형이라고 한다.

3. 판례

중지범은 범죄의 실행에 착수한 후 자의로 그 행위를 중지한 때를 말하는 것이고 실행의 착수가 있기 전인 예비음모의 행위를 처벌하는 경우에 있어서 중지범의 관념은 이를 인정할 수 없다(대판 1999.4.9, 99도424)고 하여 **부정설**의 태도를 유지하고 있다.

4. 검토

예비는 실행의 착수 이전 단계의 개념이고, 미수는 실행의 착수 이후 단계의 개념이므로 개념상 구별하여야 한다는 점에서 **부정설**이 타당하다.

〈예비의 공범〉

(1) 예비죄의 공동정범

예비죄를 독립범죄가 아니라 기본범죄의 수정된 구성요건이고 발현형태에 불과하다고 보더라도 예비죄 자체의 실행행위성을 인정할 수는 있으므로 예비죄의 공동정범을 인정할 수 있다(통설·판례).

(2) 예비죄의 교사범

예비죄의 교사범이란 범죄를 교사하여 정범이 이를 승낙하였으나 예비에 그친 경우를 말한다. 우리 형법은 이러한 경우를 예비·음모에 준하여 처벌하는 규정을 두고 있다(**기도된 교사** 중 **효과 없는 교사**, 제31조 제2항).

(3) 예비죄의 종범

예비의 종범이란 범죄를 방조하였으나 정범이 예비에 그친 경우를 말한다. 판례는 정범의 행위가 예비단계에 그친 경우 이를 방조한 행위에 대하여 예비의 종범의 성립을 부정하고 있다.

예비의 종범

1. 문제점

범죄를 방조하였으나 정범이 예비에 그친 경우 그 예비죄에 대한 방조범이 성립할 수 있는지 견해가 대립한다.

2. 학설

1) **긍정설** : 공범독립성설은 방조행위 자체가 공범의 실행행위라고 보므로 방조(종범)의 미수로 처벌된다고 보고 있고, 공범종속성설 중에서도 정범이 예비로 처벌되는 이상 공범종속성에 따라 예비의 종범이 성립된다고 본다고 보는 견해가 있다.

2) **부정설** : 공범종속설 중 다수설은 정범이 기본적 구성요건의 실행행위에 착수하지 않았으므로 예비의 종범이 성립될 수 없다고 본다. 예비의 방조까지 처벌하면 처벌이 부당하게 확대되고, 형법이 기도된 교사를 처벌하면서 기도된 방조에 관한 규정을 두지 않은 취지에 반하기 때문이다.

3. 판례

형법 제32조 제1항 소정 타인의 범죄란 정범이 범죄의 실현에 착수한 경우를 말하는 것이므로 종범이 처벌되기 위하여는 정범의 실행의 착수가 있는 경우에만 가능하고 형법 전체의 정신에 비추어 정범이 실행의 착수에 이르지 아니한 예비의 단계에 그친 경우에는 이에 가공하는 행위가 **예비의 공동정범이 되는 경우를 제외**하고는 종범의 성립을 부정하고 있다고 보는 것이 타당하다(대판 1976.5.25, 75도1549)고 하여 **부정설**의 태도이다.

4. 검토

예비의 방조범을 처벌하면 처벌의 범위가 부당하게 확대될 위험이 있으므로, 죄형법정주의 원칙과 형법이 기도된 방조에 관한 규정을 두지 않은 취지를 고려하면 **부정설**이 타당하다.

Thema 정리 | 공범 개관 : 다수인의 범죄가담형태

정범형태	간접정범 §34	공범	임의적 공범 광의의 공범 (총칙상 공범)	공동정범	
	공동정범 §30			협의의 공범	교사범
	동시범 §19, §263				방조범(종범)
	합동범		필요적 공범	집합범	
공범형태	교사범 §31			대향범	
	종범 §32			(합동범)	

집합범	동일한 법정형이 규정된 경우	소요죄, 다중불해산죄
	상이한 법정형이 규정된 경우	내란죄
대향범	동일한 법정형이 규정된 경우	도박죄, 아동혹사죄, 인신매매죄, (자기낙태죄와 동의낙태죄)
	상이한 법정형이 규정된 경우	증뢰죄(뇌물공여죄)와 수뢰죄(뇌물수수죄), 배임증재죄와 배임수재죄, 도주죄와 도주원조죄, 자기낙태죄와 업무상동의낙태죄 ① 범죄 성립과 처벌은 같이 × 따로 ○ ② → 내부참가자 사이에는 총칙상 공범규정 적용 × ③ ↔ 외부가담자에 대하여는 총칙상 공범규정 적용 ○
	일방만이 처벌되는 경우 (편면적 대향범)	음화판매죄, 범인은닉죄, 촉탁·승낙살인죄, 자살교사·방조죄, 업무상·공무상·세무사법상·정보통신망법상 비밀누설죄 ※ 〈처벌되지 않는 내부참가자〉 ① 총칙상 공범규정 적용 ×, 처벌 × ② = 처벌되지 않는 내부참가자의 행위에 관여한 자도 처벌 × ③ ↔ 다만 처벌되는 내부참가자의 행위에 관여한 자 : 처벌 ○

〈대향범 중 일방만 처벌하는 경우〉
① 필요적 공범이란 구성요건상 반드시 2인 이상의 참가해서만 실행할 수 있는 범죄를 말하고, 이에 대하여는 형법 각칙에 따라 규정되어 있어 총칙에 대하여 우선 적용되므로 형법 총칙의 공범(임의적 공범)규정은 필요적 공범에 대하여는 원칙적으로 적용되지 않는다.
② 대향범 중 일방만 처벌하는 경우 처벌받지 않는 내부참가자(**불가벌적 대향자**)에 대하여 형법총칙상 공범규정을 적용하여 처벌받는 일방에 대한 공범으로 처벌할 수 있는지가 문제된다.12)
처벌받지 않는 상대방이라도 교사범 또는 방조범은 성립할 수 있으므로 **공범으로 처벌할 수 있다는 견해**와 형법각칙상 정범으로 처벌되지 않고 있으므로 **공범으로도 처벌할 수 없다는 견해**가 대립한다.13)
③ 판례는 대향범 중 일방만 처벌되는 경우에도 처벌되지 않는 내부참가자에게는 총칙상 공범규정(공동정범, 교사범, 종범)이 적용되지 않으므로 처벌되는 상대방에 대한 공범이 성립하지 않는다고 한다. 입법자가 대향범 중 일방을 처벌하지 않는다고 정한 것은 그 행위를 불문에 붙인다는 취지이므로 총칙상 공범규정의 적용을 배제하는 판례의 입장이 타당하다.

관련 판례 대향범 중 일방만 처벌되는 경우 처벌규정 없는 자(= 불벌)

1) 변호사 아닌 자가 변호사를 고용하여 법률사무소를 개설·운영하는 행위에 있어서는 변호사 아닌 자는 변호사를 고용하고 변호사는 변호사 아닌 자에게 고용된다는 서로 대향적인 행위의 존재가 반드시 필요하고, 나아가 변호사 아닌 자에게 고용된 변호사가 고용의 취지에 따라 법률사무소의 개설·운영에 어느 정도 관여할 것도 당연히 예상되는바, 이와 같이 **변호사가 변호사 아닌 자에게 고용되어 법률사무소의 개설·운영에 관여하는 행위**는 위 범죄가 성립하는 데 당연히 예상될 뿐만 아니라 범죄의 성립에 없어서는 아니 되는 것인데도 이를 처벌하는 규정이 없는 이상, 그 입법 취지에 비추어 볼 때 변호사 아닌 자에게 고용되어 법률사무소의 개설·운영에 관여한 변호사의 행위가 일반적인 형법 총칙상의 공모, 교사 또는 방조에 해당된다고 하더라도 변호사를 변호사 아닌 자의 공범으로서 처벌할 수는 없다(대판 2004.10.28, 2004도3994).

2) 형법 **제127조(공무상 비밀누설죄)**는 공무원 또는 공무원이었던 자가 법령에 의한 직무상 비밀을 누설하는 행위만을 처벌하고 있을 뿐 직무상 비밀을 누설받은 상대방을 처벌하는 규정이 없는 점에 비추어, 직무상 비밀을 누설받은 자에 대하여는 공범에 관한 형법총칙 규정이 적용될 수 없다(대판 2009.6.23, 2009도544).
[동지판례] 변호사 사무실 직원인 피고인 갑이 법원공무원인 피고인 을에게 부탁하여, 수사 중인 사건의 체포영장 발부자 53명의 명단을 누설받은 경우, 피고인 을이 직무상 비밀을 누설한 행위와 피고인 갑이 이를 누설받은 행위는 대향범 관계에 있으므로 공범에 관한 형법총칙 규정이 적용될 수 없어 피고인 갑의 행위는 **공무상비밀누설**교사죄에 해당하지 않는다(대판 2011.4.28, 2009도3642).

---

12) 2023년 변호사시험, 2014년 법원사무관승진시험(30점) 甲은 법원공무원이던 乙에게 丙에 대한 체포영장이 발부되었는지 여부에 관한 확인을 요구하여 乙로부터 丙에 대한 체포영장이 발부되어 있다는 사실을 전해 들었다. 그 경우 甲은 공무상비밀누설죄의 교사범의 죄책을 부담하는지에 관해 약술하시오(乙이 전해 준 체포영장 발부사실이 직무상 비밀이라는 점에 대하여는 다툼이 없다고 가정함).
13) 김성돈 제8판 형법총론 p.604

Thema 정리 정범과 공범의 일반이론

- 정범과 공범의 구별
  - ① 정범의 개념 : **제한적 정범개념** → 구성요건해당행위를 직접 행한 자
  - ② 정범과 공범의 구별기준 = **행위지배설** ∵ 제한적 정범개념의 확장 필요
    - ① 직접정범 : **실행지배**
    - ② 간접정범 : **의사지배** → 타인을 도구로 이용
    - ③ 공동정범 : **기능적 행위지배** → 분업적 역할분담
- 공범의 종속성
  - ① 종속성의 유무 : **공범종속성설** = 정범개념의 우위성 ↔ 공범독립성설
  - ② 종속성의 정도 : **제한적 종속형식** (정범 = 구○ + 위○)
    ↔ 극단적 종속형식 (정범 = 구○ + 위○ + 책○)

Thema 정리 　공범의 종속성(공범종속성설과 공범독립성설)

구분	공범종속성설(통설·판례)	공범독립성설
의의	공범은 정범을 예정한 개념이며 범죄의 실행행위가 정범에 의하여 행하여지고 공범은 여기에 가담하는데 불과하므로 공범은 정범의 행위에 종속되어 정범이 성립하는 때에 한하여 성립한다는 견해 → 공범이 성립하려면 **정범의 실행행위**가 있어야 한다는 것	교사범과 종범도 교사 또는 방조행위에 의하여 반사회성이 징표 되면 정범의 성립과는 관계없이 독립하여 성립한다는 견해 → **공범의 교사·방조행위** 자체가 범죄의 실행행위이므로 정범의 실행행위가 없더라도 공범이 성립한다는 것
사상적 배경	객관주의 범죄론	주관주의 범죄론
공범의 본질	타인의 구성요건실현에 가담	공범은 타인의 행위를 이용하여 자기의 범죄를 행하는 단독정범에 지나지 않음
종속성	처벌상의 종속성이 아니라 성립상의 종속성 인정	부정
공범의 미수	• 미수(범)의 공범은 가능하나 공범의 미수는 있을 수 없음(∵ 적어도 정범이 실행에 착수하였을 것을 요하므로) • **기도된 교사(제31조 제2항, 제3항)를 특별규정(예외규정)**으로 이해	• 미수(범)의 공범은 물론 공범의 미수도 인정 • 기도된 교사(제31조 제2항, 제3항)를 독립성설에 근거한 규정으로 본다(당연규정, 원칙규정).
간접정범	**간접정범의 정범성 인정**(∵ 도구인 피이용자의 행위를 정범으로 볼 수 없으므로 그 처벌의 흠결 피하기 위하여)	교사·방조행위가 있는 이상 공범은 성립하므로 이용자는 정범이 아니라 **공범 → 간접정범의 개념 부정**
공범과 신분	신분의 연대성을 규정한 제33조 본문을 당연규정이라 함	신분의 개별성을 규정한 **제33조 단서규정이 원칙규정**이고, **제33조 본문은 예외규정**
자살관여죄	특별규정(자살이 범죄가 되지 아니함에도 불구하고 그 교사자와 방조자를 처벌하므로)	**자살교사방조를 처벌하는 제252조 제2항을 당연규정**으로 파악(공범독립성에 기초한 규정으로 봄)

> • 정범의 성립은 교사범, 방조범의 구성요건의 일부를 형성하고 교사범, 방조범이 성립함에는 먼저 정범의 범죄행위가 인정되는 것이 그 전제요건이 되는 것은 공범의 종속성에 연유하는 당연한 귀결이다(대판 1981.11.24, 81도2422).

 종속성의 정도(공범의 종속형식)

최소종속형식	정범의 실행행위가 구성요건해당성을 구비하기만 하면 공범이 성립될 수 있고, 위법·유책할 것을 요하지 않는다는 종속형식 → 공범의 성립범위를 가장 넓게 인정 ↔ 타인에게 적법행위(예 정당방위)를 교사·방조한 경우에도 공범의 성립가능성을 인정하는 점에서 부당
제한종속형식 (통설·판례)	정범의 실행행위가 **구성요건에 해당하고 위법**하기만 하면 공범이 성립될 수 있고, 책임(유책할 것)을 요하지 않는다는 종속형식 → ※ **책임무능력자를 교사·방조한 경우**에도 공범이 성립될 수 있음
극단종속형식	정범의 실행행위가 **구성요건에 해당하고 위법·유책한 경우**, 즉 세 가지 범죄성립요건을 모두 갖춘 경우에 공범이 성립될 수 있다는 종속형식 → ※ **책임무능력자를 교사·방조한 경우**에는 공범이 성립될 가능성이 없고, 간접정범의 문제로 됨 ↔ 책임개별화원칙을 반영하지 못한다는 비판
확장종속형식	공범이 성립하기 위하여는 정범의 실행행위가 구성요건에 해당하고 위법·유책해야 하며, 더욱 나아가서 정범에 대한 모든 처벌조건까지도 갖추어야 공범이 성립한다는 견해(초극단종속형식, 최극단종속형식) → 공범의 성립범위를 가장 좁게 인정

	구성요건해당성	위법성	책임	처벌조건
최소	○	×	×	×
제한	○	○	×	×
극단	○	○	○	×
확장	○	○	○	○

Thema 정리 | 간접정범

제34조(간접정범, 특수한 교사, 방조에 대한 형의 가중) ① 어느 행위로 인하여 처벌되지 아니하는 자 또는 과실범으로 처벌되는 자를 교사 또는 방조하여 범죄행위의 결과를 발생하게 한 자는 교사 또는 방조의 예에 의하여 처벌한다.
② 자기의 지휘, 감독을 받는 자를 교사 또는 방조하여 전항의 결과를 발생하게 한 자는 교사인 때에는 정범에 정한 형의 장기 또는 다액에 그 2분의 1까지 가중하고 방조인 때에는 정범의 형으로 처벌한다.

```
─ 의의 : 제34조 제1항 ⇨ 특수교사·방조(제34조 제2항) : 가중적 구성요건
─ 본질 : 정범(판례)
─ 성립요건 ┬ 피이용자(도구)의 범위 ┬ 처벌되지 아니하는 자 : 구×(신분×, 목적×), 구○위×, 구○위○책×
           │                        └ 과실범으로 처벌되는 자 (∵ 고의 없는 도구에 불과하므로)
           └ 이용행위 : 교사·방조 ⇨ 사주·이용의 의미 (∵ 의사지배) = 타인의 행위를 적극적 유발·이용
                                      ↔ 타인의 의사를 부당하게 억압할 필요 없음
─ 처벌 ┬ 교사 : 정범과 동일 ⇨ 특수교사 : 장기의 2분의 1까지 가중
       └ 방조 : 정범보다 감경(1/2) ⇨ 특수방조 : 정범의 형
─ 관련문제 ┬ 피이용자의 성질의 착오 = 교사범으로 처벌
           ├ 피이용자의 실행행위의 착오(피이용자의 객체의 착오) = 간접정범 성립, 법정적 부합설
           │                     ↔ 구체적 부합설 : 방법의 착오, 미수와 과실의 상경
           └ 한계 ┬ 자수범 : 위증죄 [선서무능력자에게 위증하도록 한 사건]
                  │          ↔ 강제추행죄 [피해자를 도구로 이용한 강제추행간접정범사건]
                  └ 신분범 ┬ 신분자가 비신분자를 이용한 간접정범 : ○
                           └ 비신분자가 신분자를 이용한 간접정범 : × (∵ 범죄주체 ×, 정범적격 ×)
                              ↔ 허위공문서작성죄 ┬ 보조공무원이 작성권자의 결재 ○ : 간접정범 ○
                                                 └ 보조공무원이 작성권자의 결재 × : 공문서위조죄
```

Thema 정리 — 간접정범의 성립요건 : 피이용자의 범위

1. 구성요건에 해당하지 않는 행위를 이용하는 경우
   (1) **객관적 구성요건에 해당하지 않는 도구** : 피이용자의 자살, 자상을 이용한 경우
   (2) 고의 없는 도구
   (3) 신분 또는 **목적 없는 고의 있는 도구** [비상계엄전국확대내란죄사건]
2. 구성요건에 해당하지만 위법하지 않은 행위를 이용하는 경우
   (1) 국가기관(수사기관, 검찰, 법원)을 이용하는 경우
   (2) 정당방위상황이나 긴급피난을 이용하는 경우 [직권남용감금사건](영장에 의한 감금사건)
3. 구성요건에 해당하는 위법한 행위이지만 책임 없는 피이용자를 이용하는 경우
   (1) **책임무능력자를 이용한 경우**(∵ 제한적 종속형식)
   ┌ 의사지배가 있는 경우 = 간접정범 ○
   └ 의사지배가 없는 경우 = 간접정범 ×, 공범 ○
   (2) **강요된 행위 등 책임 없는 도구를 이용하는 경우**
4. 과실범으로 처벌되는 자

〈자수범〉

자수범이란 타인을 이용하여 범죄를 실현할 수 없고 정범 자신이 직접 구성요건 행위를 실행해야만 성립하는 범죄를 말한다. 따라서 개념상 자수범의 경우 간접정범이 성립될 수 없다. **예** 위증죄의 경우

• [선서무능력자 허위증언사건]

형법 제155조 제1항에서 타인의 형사사건에 관하여 **증거**를 **위조**한다 함은 증거 자체를 위조함을 말하는 것으로서, **선서무능력자**로서 범죄 현장을 목격하지도 못한 사람으로 하여금 형사법정에서 범죄 현장을 목격한 양 허위의 증언을 하도록 하는 것은 위 조항이 규정하는 증거위조죄를 구성하지 아니한다(대판 1998.2.10, 97도2961).

※ 〈정리〉
   ① 증거위조죄 ×(∵ 증언 ≠ 증거)
   ② 위증죄의 교사범 ×(∵ 선서무능력자는 위증죄의 주체 ×)
   ③ 위증죄의 간접정범 ×(∵ 위증죄는 자수범이므로)

• [피해자를 도구로 삼아 피해자의 신체를 이용하여 추행행위를 한 경우 강제추행죄의 간접정범에 해당한다고 판단한 사안] 14)

강제추행죄는 사람의 성적 자유 내지 성적 자기결정의 자유를 보호하기 위한 죄로서 정범 자신이 직접 범죄를 실행하여야 성립하는 **자수범**이라고 볼 수 없으므로, 처벌되지 아니하는 타인을 도구로 삼아 피해자를 강제로 추행하는 간접정범의 형태로도 범할 수 있다. 여기서 강제추행에 관한 간접정범의 의사를 실현하는 도구로서의 타인에는 피해자도 포함될 수 있으므로, 피해자를 도구로 삼아 피해자의 신체를 이용하여 추행행위를 한 경우에도 강제추행죄의 간접정범에 해당할 수 있다(대판 2018.2.8, 2016도17733).

> **[사실관계]** 甲이 A를 협박하여 겁을 먹은 A로 하여금 어쩔 수 없이 나체나 속옷만 입은 상태가 되게 하여 스스로를 촬영하게 하고, 또 성기에 볼펜 등 이물질을 삽입하는 등의 행위를 하게 한 경우 강제추행죄의 간접정범에 해당한다.

간접정범과 착오의 정리		
피이용자의 성질에 대한 착오	이용자가 피이용자에게 **고의, 책임능력이 없는 것으로 알고** 이용했으나 사실은 고의, 책임능력이 있는 경우	의사지배를 인정할 수 없어 간접정범이 되지 않고 **공범**이 성립
	이용자가 피이용자에게 **고의, 책임능력이 있는 것으로 알고** 이용했으나 사실은 고의, 책임능력이 없는 경우	이용자에게 피이용자에 대한 의사지배의 고의가 없으므로 **공범**이 성립
실행행위에 대한 착오	**구체적사실의 착오**	원칙적으로 사실의 착오(구성요건적 착오)의 일반이론에 의해 해결 • 책임무능력자를 사주하여 甲을 살해하려 했으나 책임무능력자가 乙을 살해한 경우에 乙에 대한 살인죄의 간접정범 성립(법정적 부합설) 예 간접정범의 피이용자가 甲을 乙로 오인하여 살해하였을 경우, 법정적 부합설에 따르면 간접정범은 살인의 고의기수범에 해당한다. • 단, 구체적부합설에 의할 경우 피이용자의 착오는 객체의 착오, 방법의 착오를 불문하고 이용자에게는 언제나 방법의 착오가 됨 → 위의 예에서 이용자에게는 甲에 대한 살인미수와 乙에 대한 과실치사죄가 성립
	추상적사실의 착오 — 원칙	사주내용을 초과하여 실행한 경우 초과부분에 대해서는 의사지배가 없으므로 사주한 부분에 대해서만 간접정범 성립 예 甲이 정신병자 乙에게 폭행을 사주한 경우 → 폭행에 의하여 사망의 결과가 발생한 경우 : 폭행죄의 간접정범
	추상적사실의 착오 — 예외	초과부분에 대하여 미필적 고의가 있거나 중한 결과에 대한 예견가능성이 있는 경우에는 전체에 대한 간접정범이나 결과적가중범에 대한 간접정범 성립 가능

---

14) 2021년 변호사시험

Thema 정리 | 공동정범

제30조(공동정범) 2인 이상이 공동하여 죄를 범한 때에는 각자를 그 죄의 정범으로 처벌한다.

```
─ 의의 : 제30조
─ 본질 : 행위공동설(판례) ↔ 범죄공동설 ×
─ 성립요건 ─ 주관적 요건 : 공동가공의 의사      ↔ ─ 편면적 공동정범 : ×
│              서로 이용·자기의사실현        ─ 승계적 공동정범 : ○ ⇨ 가담 이후 범행에 대하여만
│              (순차적·암묵적 공모)                    [연속된 히로뽕제조(포괄일죄)사건]
│              → 시기 : 종료 이전           └ 과실범의 공동정범 : ○ [성수대교붕괴사건]
│  ─ 객관적 요건 : 공동실행행위    ↔ ─ 부작위의 공동정범 : ○
│              (분업적 역할분담)       ─ 공모공동정범 : ○ [뇌물공여확인결재 사건]
│              → 방법에 제한×       └ 공모관계이탈
│              (구성요건행위 아니어도)  ─ 착수이전 ─ 이탈의 표시만으로 공모관계 소멸, 공동정범 ×
│              예 망보는 행위        │          │      → 명시적일 것 요 × [저수지살해사건]
│                                  │          └ 주도적 기여한자 : 실행에 미친 영향력 제거해야
│                                  │              → 이탈 × : [어?사건] [가출청소년성매매사건]
│                                  └ 착수이후 ─ 다른 공범자에 의해 결과발생 : 기수책임
│                                                  [시세조종행위사건] [소말리아해적사건]
│                                             └ 공범과 중지미수 문제
─ 처벌 : 각자 정범 ⇨ 일부실행·전부책임
─ 관련문제 ─ 동시범
          └ 합동범
```

• 형법 제30조의 **공동정범**은 2인 이상이 공동하여 죄를 범하는 것으로서, 공동정범이 성립하기 위하여는 ① 주관적 요건인 공동가공의 의사와 ② 객관적 요건인 공동의사에 의한 기능적 행위지배를 통한 범죄의 실행사실이 필요하다(대판 2001.11.9, 2001도4792).

〈공동정범의 착오〉
① 질적착오 : 공동정범의 경우 공모한 범위 내에서 책임을 지는 것이 원칙이므로, 공동정범 가운데 1인이 공모한 내용과 질적으로 다른 내용의 결과발생을 야기한 경우 다른 공동정범은 그 범행에 대한 책임을 지지 않는다.
② 양적착오 : 공동정범 가운데 1인이 공모한 내용을 초과하거나 미달하여 실행한 경우 공모한 내용과 중첩되는 부분에 대하여만 공동정범의 책임을 진다. 다만 공동정범 가운데 1인이 결과적가중범을 실현한 경우 다른 자들은 중한 결과를 예견할 수 없는 때가 아닌 한 결과적가중범의 공동정범의 죄책을 진다.

- 甲은 丙의 강간사실을 알게 된 것은 이미 실행의 착수가 이루어지고 난 다음이었음이 명백하고 강간사실을 알고 나서도 암묵리에 그것을 용인하여 그로 하여금 강간하도록 할 의사로 강간의 실행범인 丙과 강간 피해자의 머리 등을 잡아준 乙와 함께 일체가 되어 공동피고인들의 행위를 통하여 자기의 의사를 실행하였다고는 볼 수 없다 할 것이고 따라서 결국 강도강간의 공모사실을 인정할 증거가 없다(대판 1988.9.13, 88도1114).
  [사실관계] 강도를 모의한 甲, 乙은 피해자에게 과도를 들이대고 甲이 전화선으로 피해자의 손발을 묶고 乙이 주먹과 발로 피해자를 수차례 때려 반항을 억압하였다. 그 후 甲은 장농을 뒤져 현금을 찾아내느라 정신이 없었는데, 그 사이 乙은 피해자의 머리를 붙잡고 丙은 피해자를 강간하였다.
  → 乙·丙은 강도강간죄의 공동정범, 甲은 특수강도죄(제334조)만 성립

〈과실범의 공동정범〉
2인 이상이 과실로 과실범의 결과를 발생시킨 경우에 과실범의 공동정범을 인정할 것인지 문제된다. 즉 과실행위를 한 각 가담자가 발생한 결과 전부에 대하여 책임을 질 것인지의 문제이다.

- **[행위공동설]**
  형법 제30조에 공동하여 죄를 범한 때의 죄는 고의범이고 과실범이고를 불문한다고 해석하여야 할 것이고 따라서 공동정범의 주관적 요건인 공동의 의사도 고의를 공동으로 가질 의사임을 필요로 하지 않고 고의 행위이고 과실 행위이고 간에 **그 행위를 공동으로 할 의사이면 족하다**고 해석하여야 할 것이므로 2인 이상이 어떠한 과실 행위를 **서로의 의사연락 아래** 하여 범죄되는 결과를 발생케 한 것이라면 여기에 **과실범의 공동정범**이 성립되는 것이다(대판 1962.3.29, 4294형상598).

- **[주원료가 상이한 가습기살균제 제조·판매자들 사이에 과실범의 공동정범이 성립하는지 여부가 문제된 사건]**
  형법 제30조에서 정한 '2인 이상이 공동하여 죄를 범한 때'의 '죄'에는 고의범뿐만 아니라 과실범도 포함되는 것이므로 과실범의 경우에도 공동정범이 성립할 수 있으나, / 의사의 연락이나 주의의무 위반에 대한 공동의 인식이 없었다면 '공동하여' 죄를 범하였다고 볼 수 없으므로, 과실범의 공동정범이 성립한다고 볼 수 없다(대판 2024.12.26, 2024도1856).

〈공모관계 이탈〉15)
공모공동정범에 있어서 공모가 이루어진 후 다른 공모자가 실행에 착수하기 이전에 공모자 중 1인이 이탈한 경우에 이탈자의 공모공동정범의 성립을 인정할 것인지의 문제이다.

(1) 실행의 착수 전 이탈
  ① 다른 공모자가 실행의 착수하기 전에 공모관계에서 이탈한 때에는 공동정범이 성립하지 않는다.
  ② 이탈자가 범행에 주도적으로 기여하지 않은 경우 이탈의 의사표시만으로 공모관계로부터의 이탈이 인정된다.
  ③ 이탈자가 범행에 주도적 기여한 경우(예 주모자의 경우) 공모에 의하여 담당한 기능적 행위지배를 해소하는 것이 필요하므로 적극적으로 실행에 미친 영향력을 제거하기 위한 진지한 노력이 있어야 공모관계로부터의 이탈이 인정된다.

(2) 실행의 착수 후 이탈
  ① 다른 공모자가 이미 실행에 착수한 이후에는 그 공모관계에서 이탈하였다고 하더라도 공동정범의 책임을 면할 수 없다.
  ② 다른 공범자에 의해 그 범죄가 기수에 이른 때에는 공범관계에서 이탈하였더라도 기수로 처벌받는다.
  ③ 다만 중지미수의 성립이 문제될 수 있다. 이는 공범과 중지미수의 문제이므로 공모자 중 1인에게 중지미수가 성립하려면 다른 공모자 전원의 실행행위를 중지시키거나 모든 결과발생을 방지하여야 한다.

• [삼호주얼리호 소말리아해적사건] ★
해적들인 피고인들이 두목의 사전지시에 따라 해군의 구출작전에 대항하여 선원들을 윙브리지로 세워 해군의 위협사격을 받게 함으로써 '인간방패'로 사용한 경우, (이러한 행위가 사전공모에 따른 것이라면) **선원들을 윙브리지로 내몰았을 당시** 총을 버리고 도망갔다고 하더라도 공모관계에서 이탈한 것으로 볼 수 없다(대판 2011.12.22, 2011도12927).
[판결이유] 해적들 사이에는 해군이 다시 구출작전에 나설 경우 선원들을 '인간방패'로 사용하는 것에 관하여 사전 공모가 있었고, 해군의 총격이 있는 상황에서 선원들을 윙브리지로 내몰 경우 선원들이 사망할 수 있다는 점을 당연히 예견하고 나아가 이를 용인하였다고 할 것이므로 살인의 미필적 고의 또한 인정되며, 나아가 **선원들을 윙브리지로 내몰았을 때** 살해행위의 실행에 착수한 것이다. 그리고 위와 같은 행위는 사전 공모에 따른 것으로서 피고인들이 당시 총을 버리고 도망갔다고 하더라도 그것만으로는 공모관계에서 이탈한 것으로 볼 수 없다.
→ 선원들에 대한 해상강도살인미수의 공동정범(∵ 공모관계이탈 ✕),
   이외에도 군인들에 대한 해상강도살인미수의 공동정범(∵ 기능적 행위지배인정)의 성립이 인정됨

---

15) 2014년 법무사시험

Thema 정리 ┃ 동시범

제19조(독립행위의 경합) 동시 또는 이시의 독립행위가 경합한 경우에 그 결과발생의 원인된 행위가 판명되지 아니한 때에는 각 행위를 미수범으로 처벌한다.

제263조(동시범) 독립행위가 경합하여 상해의 결과를 발생하게 한 경우에 있어서 원인된 행위가 판명되지 아니한 때에는 공동정범의 예에 의한다.

┌ 의의 : 객체 동일, **공모** × → 이시의 독립행위 포함, 장소 동일 필요 × ↔ 공모 ○ : 동시범 ×, 공동정범 ○
└ 처벌 ┌ 원인행위 판명 ○ : 그 원인에 따라 처벌(∵ 개별책임의 원칙)
        └ **원인행위 판명** × ↔ 가해행위를 한 것 자체가 불분명한 경우 적용 ×
          ┌ 제19조 : 각자 미수범으로 처벌 (∵ 인과관계 부정)
          └ 제263조 ┌ 거증책임전환 : 검사 ⇨ 피고인(∵ 집단범죄고려)
                  └ 적용범위 : 상해·폭행치상·상해치사·폭행치사 "상폭상폭"
                          └ 학설 : 반대 ∵ 죄형법정주의, 유추해석금지에 反
              ↔ 강도치상, 강간치상, (업무상) 과실치사상죄 : ×(∵ 보호법익 다름)

Thema 정리 상해죄의 동시범특례[16]

(1) 의의

제263조의 동시범의 특례(상해죄의 동시범 특례)란 상해의 동시범에 있어서는 원인행위가 판명되지 아니한 때에도 의사연락이 있었던 것과 같이 공동정범으로 처벌한다는 것이다. 이는 집단범죄에 대한 정책적 고려와 처벌상의 흠결을 방지하기 위한 제19조에 대한 특례규정이다.

(2) 법적 성질(거증책임전환)

피고인에게 자신의 행위로 인하여 상해의 결과가 발생하지 않았음을 증명할 책임을 지우는 규정이라고 보는 것이 다수의 견해이다.

(3) 적용범위

① 상해죄의 동시범 특례규정은 상해죄, 폭행치상죄, **상해치사죄, 폭행치사죄**에 적용된다.[17]

② 상해죄의 동시범 특례규정은 보호법익을 달리하는 강도치상죄, 강간치상죄, (업무상) 과실치사상죄에는 적용되지 않는다.

(4) 처벌

독립행위가 경합하여 상해의 결과를 발생하게 한 경우에 있어서 원인된 행위가 판명되지 아니한 때에는 공동정범의 예에 의한다(제263조). 따라서 공동정범처럼 각자 정범으로 처벌된다(일부실행·전부책임원칙).

---

16) 2005년 법원사무관승진시험, 2019년 법원행정고등고시(25점), 2021년 변호사시험
17) 판례에 대하여 사망의 결과가 발생한 경우에도 적용하는 것은 유추해석금지원칙에 반하므로 상해치사죄, 폭행치사죄에는 적용되지 아니한다고 보아야 한다는 견해가 있다.

Thema 정리 | 합동범

```
┌ 의의 : "2인 이상 합동하여" 예 특수절도, 특수강도, 특수도주, 성폭력범죄처벌법상 특수강간
├ 합동범의 본질 : 다수인의 시간적·장소적 협동(현장설, 판례) → 합동 < 공동 (공동보다 좁은 의미)
├ 합동범의 공동정범 인정여부 : ○ (∵ 공모공동정범)
│        └ 현장설(현장적 공동정범설 포함)에 의할때만 긍정설과 부정설 대립
│ [삐끼주점 특수절도공동정범사건](특수절도공동정범사건)18) 3인 이상 합동절도 공모한 후 2인 이상 현장에서 시간적·
│ 장소적 협동한 경우 공모에 참여하고 실행행위 분담하지 않은 범인도 정범성의 표지를 갖추고 있는 한 공동정범 ○
└ 합동범의 교사범·종범 : ○ → 현장성을 결여한 자도 가능 ○
```

(1) 의의
 ① 합동범이란 구성요건상 '2인 이상이 합동하여' 죄를 범한 경우 형이 가중처벌되는 범죄를 말한다.
 ② 형법상 합동범으로는 특수절도(제331조 제2항), 특수강도(제334조 제2항), 특수도주(제146조)가 있
   고, 성폭력범죄처벌법상 특수강간 등이 있다.

(2) 본질
 합동범은 '2인 이상이 공동하여' 죄를 범하는 공동정범과 유사하나, 합동이란 다수인의 시간적·장소적
 협동(현장성)을 의미한다는 견해(현장설)가 판례의 입장이다. 그러므로 합동은 공동보다 좁은 의미이다.

(3) 합동범의 공동정범
 ① 합동범의 공모에는 참여하였으나 현장에서 실행행위를 직접 분담하지 아니한 다른 범인에 대하여도
   합동범의 공동정범을 인정할 수 있는지 문제된다.
 ② 판례는 공동정범의 일반이론에 비추어 현장에서 범행을 실행한 2인 이상의 범인의 행위를 자기 의사의
   수단으로 하여 범행을 저질렀다고 평가할 수 있는 정범성의 표지를 갖추고 있는 한 합동범의 공동정범
   의 성립을 인정하고 있다. → 종래 부정설의 입장에서 긍정설의 입장으로 변경하였음

(4) 합동범의 교사범·방조범
 합동범에 대한 교사·방조는 현장성을 결여한 자일지라도 가능하다.

합동범의 본질과 공동정범 학설 정리

1. **공모공동정범설** : 합동에는 공모공동정범 포함 → 실행행위분담 불요, 공모 있으면 합동범 성립
2. **가중적 공동정범설** : 합동 = 공동, 공동정범이지만 집단범죄에 대한 대책으로 형을 가중한 것
   → 공동이 있어야 합동범 성립(공동실행의사와 실행행위의 분담 필요), 현장에의 집합 불요
3. **현장설** : 합동 < 공동, 합동이란 현장성을 요함, 즉 다수인의 시간적·장소적 협동을 요함
   → 현장에의 집합을 요, 현장에 가지 않은 자에게는 합동범의 공동정범 성립 ×
4. **현장적 공동정범설** : 합동 < 공동, 현장성을 요하지만 합동범도 공동정범이므로 합동범에서도 공동정범과
   교사·방조범의 구별은 일반원칙에 따름

---

18) 2014년 법무사시험

제31조(교사범) ① 타인을 교사하여 죄를 범하게 한 자는 죄를 실행한 자와 동일한 형으로 처벌한다.
② 교사를 받은 자가 범죄의 실행을 승낙하고 실행의 착수에 이르지 아니한 때에는 교사자와 피교사자를 음모 또는 예비에 준하여 처벌한다.
③ 교사를 받은 자가 범죄의 실행을 승낙하지 아니한 때에도 교사자에 대하여는 전항과 같다.

- 의의 : 제31조 제1항 → 기도된 교사 : 제31조 제2항, 제3항
- 성립요건 ─ 교사자 ─ 고의 : **이중의 고의** ─ 교사의 고의 ↔ 과실에 의한 교사 : ×
  - 정범의 고의 ↔ 미수의 교사 : ×
  - 교사행위 : 일정 범죄실행을 결의할 정도 ○ ↔ 범행일시·장소·방법 특정교사 ×
    - ↔ 부작위에 의한 교사 : ×
  - 피교사자 ─ 범행결의 ─ 인과관계 요 ○, 다른 원인 있어도 교사 성립 [일제드라이버 절도교사사건]
    - 교사 당시 승낙 ×, 이후 교사에 의해 범행결의하면 성립 ○ [낙태교사사건]
    - ↔ 과실범에 대한 교사 : ×, 편면적 교사 : ×
  - 실행행위 ─ 실행의 착수 필요(공범종속성설)
    - 구성요건해당 & 위법한 행위이면 족(제한종속형식)
    - ↔ 기도된 교사(특별규정, 공범종속성설의 예외)
- 처벌 : 정범과 동일
- 관련문제 ─ **교사의 미수** ─ 협의의 교사의 미수 : 미수범의 교사 **예** 정범이 미수인 경우
  - 기도된 교사 ─ 효과 없는 교사(제31조 제2항) : 교사자 & 피교사자, 예비·음모
    - 실패한 교사(제31조 제3항) : 교사자만 예비·음모
  - **교사의 착오** ─ 질적 착오 ─ 본질적 착오 : **교사 책임** × / 교사범죄 예비·음모처벌규정 ○
    - 교사≠실행
    - 중첩부분책임
    - 비본질적 착오 = 양적 초과, 교사범죄에 대한 교사범 ○
    - 양적 착오 ─ 미달(적게 실행) : **실행범위 내** / 교사범죄 예비·음모처벌규정 ○
    - 초과(많이 실행) ─ **교사범위 내**(초과부분은 책임 ×)
      - 중한 결과 또는 결과적 가중범 실현
      - → 교사자, 중한 결과 예견가능성 있어야
      - [허벅지나 종아리를 찔러 병신을 만들어라 사건]
  - **공범관계로부터의 이탈** : 피교사자의 범죄실행 결의 해소 필요 [불륜동영상 공갈교사사건]
    - → 결의 해소 이후 새로운 범죄에 대한 제31조 제1항 책임 ×, 제31조 제2항 책임 ○

┌ 협의의 교사의 미수 = 미수범의 교사, 미수범에 대한 교사 → 정범의 착수 ○
└ **기도된 교사** ⇨ 예비·음모에 준하여 처벌 → 정범의 착수 ×

  ┌ **효과 없는 교사**(제31조 제2항) : 범죄실행 승낙 ○, 실행의 착수 × ⇨ 교사자 & 피교사자
  └ **실패한 교사**(제31조 제3항) : 범죄실행 승낙 × ⇨ 교사자만

↔ 기도된 방조 : 처벌규정 ×

↔ 미수의 교사 : 피교사자의 행위가 처음부터 미수에 그칠 것을 예견하면서 교사한 경우 = 불가벌

Thema 정리 | 교사의 착오 정리

실행행위에 대한 착오 (구체적 사실의 착오) [19]	법정적 부합설	甲이 乙에게 丙을 살해할 것을 교사 → 乙이 착오로 丁 살해		丁에 대한 살인죄의 교사(피교사자의 객체의 착오와 방법의 착오를 불문하고 발생사실에 대한 교사범이라고 보는 견해, **객체의 착오설**)
	구체적 부합설			丙에 대한 살인미수교사와 丁에 대한 과실치사의 상상적 경합(피교사자의 객체의 착오와 방법의 착오는 교사자에게는 방법의 착오라고 보는 견해, **방법의 착오설**) → 다수설
실행행위에 대한 착오 (추상적 사실의 착오)	질적 착오	본질적인 경우		• 교사자는 교사범으로서의 **책임** × • 다만, **교사한 범죄의 예비음모**의 처벌규정이 있는 경우 제31조 제2항에 의해 예비음모로 처벌 예 강도 교사 → 강간 실행 : 강도 예비음모 처벌 예 강간 교사 → 강도 실행 : 강간 예비음모 처벌
		비본질적인 경우		**양적 초과의 경우와 같이** 교사한 범죄에 대한 교사범 성립 예 사기 교사 → 공갈 실행 : 사기죄 교사범 성립
	양적 착오	미달	원칙	교사자는 피교사자가 **실행한 범위 내**에서만 처벌
			예외	**교사한 범죄의 예비음모**의 처벌규정이 있는 경우 예 강도 교사 → 절도 실행 절도교사범(6년 이하 징역)과 강도의 예비음모의 상상적 경합 ∴ 강도의 예비음모로 처벌(7년 이하 징역) 예 살인 교사 → 상해 실행 상해교사범(7년 이하 징역)과 살인 예비음모의 상상적 경합 ∴ 살인의 예비음모로 처벌(10년 이하 징역)
		초과		**교사한 범위 내에서만 처벌, 초과부분에 대해서는 책임이 없다.** 예 절도 교사 → 강도 실행 : 절도죄의 교사범 예 상해 교사 → 살인 실행 : 상해죄의 교사범
			중한 결과를 실현한 경우	중한 결과에 대하여 **과실(예견가능성)**이 있는 경우 결과적 가중범의 교사 성립 예 상해교사 + 사망예견가능 → 살인 실행 : 상해치사의 교사범
피교사자에 대한 착오				피교사자의 책임능력에 대한 인식은 교사자의 고의의 내용에 포함되지 않음
				교사자가 피교사자에게 책임능력이 없는 것으로 알고 이용했으나 사실은 책임능력이 있는 경우나 그 반대의 경우, **언제나 교사범이 성립함**

---

19) 2019년 · 2023년 변호사시험 피교사자의 객체의 착오 사례

　　2021년 변호사시험 교사의 양적 착오 사례

　　2023년 변호사시험 교사의 질적 착오 사례(살인을 교사하였는데 절도를 실행한 경우)

〈교사범과 공범관계로부터의 이탈〉

교사범이 공범관계로부터 이탈하기 위해서는 피교사자가 범죄의 실행행위에 나아가기 전에 교사범에 의하여 형성된 피교사자의 범죄 실행의 결의를 해소하는 것이 필요하다.

• [불륜동영상 공갈교사사건] [20)

교사범을 처벌하는 이유는 교사범이 피교사자로 하여금 범죄 실행을 결의하게 하였다는 데에 있다. 따라서 교사범이 그 공범관계로부터 이탈하기 위해서는 피교사자가 범죄의 실행행위에 나아가기 전에 교사범에 의하여 형성된 피교사자의 범죄 실행의 결의를 해소하는 것이 필요하고, 이때 교사범이 피교사자에게 교사행위를 철회한다는 의사를 표시하고 이에 피교사자도 그 의사에 따르기로 하거나 또는 교사범이 명시적으로 교사행위를 철회함과 아울러 피교사자의 범죄 실행을 방지하기 위한 진지한 노력을 다하여 당초 피교사자가 범죄를 결의하게 된 사정을 제거하는 등 제반 사정에 비추어 객관적·실질적으로 보아 교사범에게 교사의 고의가 계속 존재한다고 보기 어렵고 당초의 교사행위에 의하여 형성된 피교사자의 범죄 실행의 결의가 더 이상 유지되지 않는 것으로 평가할 수 있다면, 설사 그 후 피교사자가 범죄를 저지르더라도 이는 당초의 교사행위에 의한 것이 아니라 새로운 범죄 실행의 결의에 따른 것이므로 교사자는 형법 **제31조 제2항**에 의한 죄책을 부담함은 별론으로 하고 형법 **제31조 제1항**에 의한 교사범으로서의 죄책을 부담하지는 않는다고 할 수 있다(대판 2012.11.15, 2012도7407).

[사실관계] 피고인이 丙에게 전화하여 피해자의 불륜관계를 이용하여 공갈할 것을 교사하였고, 이에 丙이 피해자를 미행하여 피해자가 여자와 함께 호텔에 들어가는 현장을 카메라로 촬영한 후 피고인에게 이를 알렸으나, 피고인은 丙에게 여러 차례 전화하여 그동안의 수고비로 500만원 내지 1,000만원을 줄 테니 촬영한 동영상을 넘기고 피해자를 공갈하는 것을 단념하라고 하여 **범행에 나아가는 것을 만류**하였음에도, 丙은 피고인의 제안을 거절하고 위 동영상을 피해자의 핸드폰에 전송하고 전화나 문자메시지 등으로 1억원을 주지 않으면 위 동영상을 유포하겠다고 피해자에게 겁을 주어 피해자로부터 현금 500만원을 교부받은 경우 **공갈교사죄**가 성립한다.

[판결이유] 전화로 범행을 만류하는 취지의 말을 한 것만으로는 피고인의 교사행위와 공소외인의 실행행위 사이에 인과관계가 단절되었다거나 피고인이 공범관계에서 이탈한 것으로 볼 수 없다.

---

20) 2017년 법원사무관승진시험(20점) 甲은 乙에게 ○○은행 노조위원장인 A의 불륜관계를 이용하여 공갈할 것을 교사하였는데, 그 후 乙이 A를 미행하여 A가 여자와 함께 호텔에 들어가는 현장을 카메라로 촬영한 후 甲에게 이를 알렸다. 甲은 乙에게 여러 차례 전화를 걸어 A를 공갈하는 것을 단념하라고 만류하였지만, 乙은 이를 거절하고 동영상을 이용하여 A를 공갈하였다. 이 경우 甲에게 공갈교사죄가 성립하는지 여부 및 그 이유에 대하여 약술하시오. 2019년 변호사시험 甲이 乙에게 절도를 교사한 후 전화하여 범행 단념을 권유하였으나, 乙은 甲의 제안을 단호히 거절하고 A의 집에 들어가 A의 도자기를 훔친 사례

Thema 정리 | 종범

제32조(종범) ① 타인의 범죄를 방조한 자는 종범으로 처벌한다.
② 종범의 형은 정범의 형보다 감경한다.

```
┌ 의의 : 제32조
├ 성립요건 ┬ 방조자 ┬ 고의 : 이중의 고의 ┬ 방조의 고의 ↔ 과실에 의한 방조 : ×
│          │        │                   └ 정범의 고의(미필적 인식이면 족) ↔ 미수의 방조 : ×
│          │        │                       └ 정범이 실현하는 범죄의 구체적 내용 인식 요하지 않음
│          │        └ 방조행위 ┬ 방법 : 제한 없음 예 범행결의 강화 등 무형적·정신적 방조 포함
│          │                   ├ → 부작위에 의한 방조 : ○(보증인지위, 작위의무 요)
│          │                   └ 시기 : 예비(정범의 실행행위 요) ~ 종료시까지
│          │                       → 정범의 착수 전에도 방조가능하나, 종료 후엔 ×(별도범죄가능)
│          │                           └ 정범이 실행에 착수한 경우
│          │                       예 절도 종료 후 장물죄, 도주 종료 후 범인은닉·도피죄 ○, 도주원조 ×
│          └ 피방조자 ┬ 고의범 ↔ 과실범에 대한 방조 : × ↔ 편면적 방조 : ○
│                     └ 실행행위 ↔ 기도된 방조(효과 없는 방조, 실패한 방조) : ×
│                         → 방조행위와 실행행위 사이에는 인과관계 필요! [다시보기 링크사이트사건]
└ 처벌 : 필요적 감경
```

〈인과관계의 요부 및 정도〉
방조범은 정범에 종속하여 성립하는 범죄이므로 방조행위와 정범의 범죄 실현 사이에는 인과관계가 필요하다. 방조범이 성립하려면 방조행위가 정범의 범죄 실현과 밀접한 관련이 있고 정범으로 하여금 구체적 위험을 실현시키거나 범죄 결과를 발생시킬 기회를 높이는 등으로 정범의 범죄 실현에 현실적인 기여를 하였다고 평가할 수 있어야 한다. / 따라서 정범의 범죄 실현과 밀접한 관련이 없는 행위를 도와준 데 지나지 않는 경우에는 방조범이 성립하지 않는다.

 방조 관련 판례

1) **[위법한 쟁의행위에 조력하는 행위가 업무방해방조죄에 해당하는지 문제된 사건]** ★
   쟁의행위가 업무방해죄에 해당하는 경우 제3자가 그러한 정을 알면서 쟁의행위의 실행을 용이하게 한 경우에는 업무방해방조죄가 성립할 수 있다. / 다만 헌법 제33조 제1항이 규정하고 있는 노동3권을 실질적으로 보장하기 위해서는 근로자나 노동조합이 노동3권을 행사할 때 제3자의 조력을 폭넓게 받을 수 있도록 할 필요가 있고, 나아가 근로자나 노동조합에 조력하는 제3자도 헌법 제21조에 따른 표현의 자유나 헌법 제10조에 내재된 일반적 행동의 자유를 가지고 있으므로, 위법한 쟁의행위에 대한 조력행위가 업무방해방조에 해당하는지 판단할 때는 헌법이 보장하는 위와 같은 기본권이 위축되지 않도록 업무방해방조죄의 성립 범위를 신중하게 판단하여야 한다(대판 2023.6.29, 2017도9835).
   → 철도노조 조합원 2인이 조명탑 대기장소에 올라가 농성을 벌이는 가운데, 그 아래에 천막을 설치하고, 지지 집회를 개최하고 음식물과 책 등 물품을 제공한 피고인들의 행위가 위 조합원들의 업무방해범죄의 실현과 인과관계가 인정되는지 여부(소극)

2) 피고인의 **접근매체 전달·유통행위**는 보이스피싱 사기 범행에 사용된다는 정을 알면서도 정범이 실행에 착수하기 이전부터 장래의 실행행위를 예상하고서 이를 용이하게 하는 유형적·물질적 방조행위이고, 이러한 상태에서 '**전달책' 역할까지 승낙한 행위** 역시 정범의 범행 결의를 강화시키는 무형적·정신적 방조행위이므로, 피고인은 '전달책'으로서 실행행위를 한 시기에 관계없이 피해자들에 대한 **사기죄의 종범**에 해당한다(대판 2022.4.14, 2022도649).
   [참조판례] 구 **금융실명거래 및 비밀보장에 관한 법률** 제6조 제1항 위반죄는 이른바 초과주관적 위법요소로서 '**탈법행위의 목적**'을 범죄성립요건으로 하는 **목적범**이므로, 방조범에게도 정범이 위와 같은 탈법행위를 목적으로 타인 실명 금융거래를 한다는 점에 관한 고의가 있어야 하나, 그 목적의 구체적인 내용까지 인식할 것을 요하는 것은 아니다(대판 2022.10.27, 2020도12563).
   [사실관계] 피고인은 정범인 성명불상자가 이 사건 규정에서 말하는 '탈법행위'에 해당하는 무등록 환전영업을 하기 위하여 타인 명의로 금융거래를 하려고 한다고 인식하였음에도 이러한 범행을 돕기 위하여 자신 명의의 금융계좌 정보를 제공하였고, 정범인 성명불상자는 이를 이용하여 전기통신금융사기 범행을 통한 편취금을 송금받아 탈법행위를 목적으로 타인 실명의 금융거래를 하였다면, 피고인에게는 **구 금융실명법 제6조 제1항 위반죄의 방조범**이 성립하고, 피고인이 정범인 성명불상자가 목적으로 삼은 탈법행위의 구체적인 내용이 어떤 것인지를 정확히 인식하지 못하였다고 하더라도 범죄 성립에는 영향을 미치지 않는다.

3) 제3자뇌물수수죄에서 제3자란 행위자와 공동정범 이외의 사람을 말하고, 교사자나 방조자도 포함될 수 있다. 그러므로 공무원 또는 중재인이 부정한 청탁을 받고 제3자에게 뇌물을 제공하게 하고 제3자가 그러한 공무원 또는 중재인의 범죄행위를 알면서 방조한 경우에는 그에 대한 별도의 처벌규정이 없더라도 방조범에 관한 형법총칙의 규정이 적용되어 **제3자뇌물수수방조죄**가 인정될 수 있다(대판 2017.3.15, 2016도19659).

Thema 정리 | 공범과 신분

제33조(공범과 신분) 신분이 있어야 성립되는 범죄에 신분 없는 사람이 가담한 경우에는 그 신분 없는 사람에게도 제30조부터 제32조까지의 규정을 적용한다. 다만, 신분 때문에 형의 경중이 달라지는 경우에 신분이 없는 사람은 무거운 형으로 벌하지 아니한다.

```
┌ 신분의 의의 : 범죄행위에 관련된 행위자의 일신전속적 특성, 인적관계인 특수한 지위(관계) 또는 상태
├ 신분의 종류 ┌ 진정신분   예 허위공문서작성죄의 작성권한 있는 공무원, 수뢰죄의 공무원이라는 신분 등
│             ├ 부진정신분 예 존속살해죄, 업무상 횡령·배임죄, 상습도박죄, 모해위증죄 등
│             └ 소극적신분 예 의료법위반죄에서의 의사
├ 제33조 해석론 ┌ 제33조 본문과 단서의 관계
│               └ 제33조 정리
└ 소극적 신분
```

(1) 신분의 의의

신분이란 일정한 범죄행위에 관련된 행위자의 일신전속적 특성, 지위(관계) 또는 상태 등 행위자의 속성을 말한다. 예 직계존속, 공무원·의사, 보증인적 지위·업무성·상습성 등

(2) 제33조 본문과 단서의 관계

판례는 제33조 본문의 '신분이 있어야 성립되는 범죄'에는 진정신분범과 부진정신분범이 모두 포함되고, 제33조 단서는 신분자의 '과형의 개별화'에 관한 규정이라고 본다.

형법 제33조 정리

진정신분범 **(구성적 신분)**	비신분자 → 신분자	공범(공동정범, 교사범, 종범) 성립 ○ 예 유기, 횡령·배임, 권리행사방해, 허위공문서작성, 수뢰, 위증
	신분자 → 비신분자	제33조 적용 × → 간접정범(∵ 신분 없는 고의 있는 도구)
부진정신분범 **(가감적 신분)**	비신분자 → 신분자	┌ 통설 : 기본범죄 성립, 기본범죄 처벌 └ 판례 : **가중범죄 성립**(제33조 본문적용), 기본범죄 처벌 예 존속살해죄 공범 성립, 보통살인죄 처벌 예 업무상 횡령·배임죄 성립, 단순횡령·배임죄 처벌
	신분자 → 비신분자	공범 → 성립(죄명) 및 과형(처벌) 모두 개별화! 예 상습도박 → 도박, 모해위증 → 위증 [제33조 단서와 제31조 제1항의 관계] 제33조 단서 > 제31조 제1항
범죄조각적 **신분** **(소극적 신분)**	비신분자 → 신분자	비신분자에게도 범죄 성립 × 예 간호사 → 의사
	신분자 → 비신분자	신분자에게도 범죄 성립 ○(∵ 제33조 본문의 취지) 예 의사 → 간호사

Thema 정리 | 죄수 개관

<pre>
┌ 죄수결정기준 ┬ 의사표준설 예 수뢰죄 등 연속범(포괄일죄) 등
│   ├ 행위표준설 예 강간죄, 공갈죄, 무면허운전죄 등
│   ├ **구성요건표준설** 예 조세범, 마약범 등
│   └ **법익표준설** ┬ 전속적 법익(생명, 신체, 자유, 명예 등) : 법익주체마다 1죄
│   (원칙)   └ 비전속적 법익(재산권 / 사회적 법익) : 관리의 수 / 공공안전의 수
│   → 1죄인가 or 수죄인가 : ① 구성요건적 평가와 ② 보호법익의 측면에서 고찰 판단
│
└ 죄수 ┬ 일죄 ┬ **법조경합** : **1개의 행위**, 외관상 수죄의 구성요건에 해당, 실질적으로 1죄만을 구성
       │   │   ┌ 특별관계 ┬ ① 가중·감경 vs. 기본적 구성요건 : 예 존속살해죄 > 보통살인죄
       │   │   │   └ ② 결합범과 그 내용범죄 : 예 강도죄 > 폭행·협박죄, 절도죄
       │   │   ├ 보충관계 ┬ ① 명시적 보충관계 : 예 간첩죄 등 각종이적죄 > 일반이적죄
       │   │   │   └ ② 묵시적 보충관계
       │   │   │   ┌ 불가벌적 **사전행위**: 예비 < 미수 < 기수
       │   │   │   └ 가벼운 침해방법: 과실 < 고의, 부작위 < 작위
       │   │   └ 흡수관계 ┬ ① 불가벌적 **수반행위**(∵ 전형적·통상적 수반행위)
       │   │   │   예 감금의 수단인 폭행·협박
       │   │   └ ② 불가벌적 **사후행위**(∵ 새로운 법익침해 없으므로)
       │   │   예 절도범인이 절취한 재물을 손괴한 경우
       │   └ **포괄일죄** : **수개의 행위**, **단일계속의 고의로 동일범죄를 반복**하는 경우
       │   ┌ 결합범
       │   ├ **계속범** 예 주거침입죄, 체포·감금죄 등
       │   ├ 접속범
       │   ├ **연속범** 예 수뢰죄
       │   └ 집합법 : 영업범 예 무면허의사의 진료행위 상습범 → 처벌규정 있어야
       └ 수죄 ┬ **상상적 경합**(실질상 수죄, **과형상 1죄**) : **1개의 행위**, 수개의 구성요건을 실현하는 경우
              │   예 감금을 수단으로 하는 강도·강간 [조개트럭감금강간사건]
              │   → 가장 중한 죄에 정한 형으로 처벌(**제40조**), 상하한 모두(전체적 대조주의)
              │   → **연결효과에 의한 상상적 경합** 예 허위공문서작성·동행사죄와 수뢰후부정처사
              ├ **실체적 경합(경합범)** : **수개의 행위**, 수개의 구성요건을 실현하는 경우
              ├ **동시적 경합범**(제37조 전단의 경합범) : 판결이 확정되지 아니한 수개의 죄, 동시심판
              │   → 제38조 제1항 ┬ 흡수 : 가장 중한 죄의 형이 사형, 무기인 때
              │   ├ 가중 : 각죄의 형이 사형, 무기외의 동종의 형인 때
              │   │   → 가장 중한 죄에 정한 장기의 2분의 1까지 가중, 합산 초과 ×
              │   └ 병과 : 각죄의 형이 무기이외의 이종의 형인 때
              └ **사후적 경합범**(제37조 후단의 경합범) :
                금고 이상의 형에 처한 판결이 확정된 죄와 그 판결 확정 전에 범한 죄, 별개의 형 선고
                → 제39조 제1항 : 동시에 판결할 경우와 형평을 고려하여 형을 선고, 형의 **임의적 감면**
                → 금고 이상의 형에 처한 판결이 확정된 죄 : 확정판결이 있었던 사실 자체를 의미
                                          (형선고의 효력 상실여부 불문)
</pre>

제48조(몰수의 대상과 추징) ① 범인 외의 자의 소유에 속하지 아니하거나 범죄 후 범인 외의 자가 사정을 알면서 취득한 다음 각 호의 물건은 전부 또는 일부를 몰수할 수 있다.
1. 범죄행위에 제공하였거나 제공하려고 한 물건
2. 범죄행위로 인하여 생겼거나 취득한 물건
3. 제1호 또는 제2호의 대가로 취득한 물건
② 제1항 각 호의 물건을 몰수할 수 없을 때에는 그 가액(價額)을 추징한다.
③ 문서, 도화(圖畵), 전자기록(電磁記錄) 등 특수매체기록 또는 유가증권의 일부가 몰수의 대상이 된 경우에는 그 부분을 폐기한다.

제49조(몰수의 부가성) 몰수는 타형에 부가하여 과한다. 단, 행위자에게 유죄의 재판을 아니할 때에도 몰수의 요건이 있는 때에는 몰수만을 선고할 수 있다.

의의 ┬ ① 재산형 : 범죄행위와 관련된 재산을 박탈하는 것 → 범죄사실에서 인정되지 아니한 사실 : 몰수 · 추징 ×
　　├ ② 부가형 ┬ 원칙−다른 형에 부가(제49조 본문) ↔ 몰수만 선고유예할 수 있다 : ×
　　│　　　　└ 예외−몰수만 선고할 수 있다(제49조 단서) ↔ 공소시효 완성(면소) : 몰수 ×
　　├ ③ 몰수여부 : 임의적 몰수
　　│　　↔ **필요적** 몰수 : ① 뇌물죄, ② 배임수재죄, ③ 아편 등 또는 아편흡식기
　　├ ④ 대물적 보안처분
　　└ ⑤ 몰수형태 : 이익박탈형, 개별적 몰수 · 추징 : 실질적 취득 · 귀속된 이익 한정
　　　　↔ **징벌적, 연대적** : 전원 · 전부 몰수 · 추징, 마약류, 외국환 · 관세 · 밀항 등, 특경가법 재산국외도피

요건 ┬ 대물적 요건 "제생취대" ↔ 장물매각대금 : × (∵ 피해자환부)
　　├ → 범죄행위에 제공한 물건 : 착수 전, 실행 중, 종료 후 사용한 물건 포함 [**절취물 실은 승용차**]
　　├ → 범죄행위에 제공하려고 한 물건 : 유죄로 인정되는 당해 범죄행위에 제공하려고 한 물건
　　│　　↔ 장차 실행하려 한 범행에 제공하려는 물건 : × [외국환거래법위반사건]
　　└ 대인적 요건 ┬ 범인 이외의 자의 소유 ×
　　　　　　　　├ → 범인소유의 물건, 공범소유의 물건, 무주물, 소유자 불명의 물건
　　　　　　　　├ → 공범 : 필요적 공범 포함, 소추여부 불문
　　　　　　　　└ 범인 이외의 자가 정을 알면서 취득한 물건

방법 ┬ 상대방 : 몰수대상물건 자체의 **소지자**로부터 몰수, **소비자**로부터 추징 **예** 예금 등 처분행위
　　├ 전달 · 사용 ┬ **받은 취지**에 따라 전달한 경우 : 이 부분 **제외**하고 몰수 · 추징
　　│　　　　　└ **독자적 판단**에 따라 사용한 경우 : 이 부분 **포함**하여 몰수 · 추징(∵ 소비)
　　└ **수인이 뇌물을 수수한 경우** ┬ 개별적 추징(실제 분배받은 금품)
　　　　　　　　　　　　　　　└ 알 수 없을 때 : 평등추징

추징 ┬ 몰수대상 물건(**특정**된 물건)을 몰수하기 불능한 때
　　├ ↔ **특정** × : 몰수 ×, 추징 × ① 뇌물약속 승용차대금, ② 뇌물요구 거부, ③ 불상량 마약
　　└ 추징가액을 산정하는 기준시 : **재판선고시**(∵몰수선고받았다면 잃었을 이득상당액) ↔ 몰수불능시 ×
　　　　↔ 재물취득시 지급한 **대가**, 범행과정에서 지출한 **비용** : 공제 × (∵ 취득의 부수비용 · 소비에 불과)

형법 각론

I. 서설

 1. 의의·성격

 2. 보호법익과 보호정도 ★★★

 3. 구성요건체계 ★

II. 구성요건

 1. 객관적 구성요건

  (1) 주체

  (2) 객체

  (3) 행위 ⇨ **실행의 착수시기(미수) 및 기수시기** ★★★

 2. 주관적 구성요건

  (1) 고의 ⇨ 구성요건착오

  (2) 과실

  (3) 목적, 불법영득의사

III. 위법성

 1. 일반적 위법성조각사유 : 정당방위, 긴급피난, 자구행위, 피해자승낙, 정당행위

 2. 특수한 위법성조각사유 : 명예훼손죄의 위법성조각사유(제310조) 등

IV. 책임

 1. 일반적 책임조각사유 : 책임능력, 위법성인식, 심정반가치로서의 고의·과실, 기대가능성

 2. 특수한 책임조각사유

V. 죄수·타죄와의 관계 ★★★

VI. 관련문제 – 공범, 처벌조건 및 소추조건

Thema 정리   구성요건 체계 개관

> 예 **살인죄, 상해·폭행죄의 구성요건 체계**
> - **기본적 구성요건** : 보통살인죄(제250조 제1항), 상해죄, 폭행죄
> - **가중적 구성요건(존속~, 특수~, 상습~ / 목적~)** : 존속살해죄(제250조 제2항), 존속상해죄, 존속폭행죄
> - **+ 결합범 및 결과적 가중범(~치사상, 중~)** : 강도상해죄, 상해치사죄, 폭행치사상죄, 중상해죄
> - **감경적 구성요건** : 촉탁·승낙살인죄(제252조 제1항), 자살교사·방조죄(제252조 제2항)
> - **독립적 구성요건** : 위계·위력에 의한 살인죄(제253조)
> - **미수범 처벌규정** : 제254조 → 제250조, 제252조, 제253조
> - **예비·음모 처벌규정** : 제255조 → 제250조 제1항·제2항, 제253조

Thema 정리   살인의 죄

제250조(살인, 존속살해) ① 사람을 살해한 자는 사형, 무기 또는 5년 이상의 징역에 처한다.
② 자기 또는 배우자의 직계존속을 살해한 자는 사형, 무기 또는 7년 이상의 징역에 처한다.

제251조 삭제 [2023.8.8. 일부개정, 2024.2.9. 시행]

구법 제251조(영아살해) 직계존속이 치욕을 은폐하기 위하거나 양육할 수 없음을 예상하거나 특히 참작할 만한 동기로 인하여 분만 중 또는 분만직후의 영아를 살해한 때에는 10년 이하의 징역에 처한다.

제252조(촉탁, 승낙에 의한 살인 등) ① 사람의 촉탁이나 승낙을 받아 그를 살해한 자는 1년 이상 10년 이하의 징역에 처한다.
② 사람을 교사하거나 방조하여 자살하게 한 자도 제1항의 형에 처한다.

제253조(위계 등에 의한 촉탁살인 등) 전조의 경우에 위계 또는 위력으로써 촉탁 또는 승낙하게 하거나 자살을 결의하게 한 때에는 제250조의 예에 의한다.

제254조(미수범) 제250조, 제252조 및 제253조의 미수범은 처벌한다.

제255조(예비, 음모) 제250조와 제253조의 죄를 범할 목적으로 예비 또는 음모한 자는 10년 이하의 징역에 처한다.

제256조(자격정지의 병과) 제250조, 제252조 또는 제253조의 경우에 유기징역에 처할 때에는 10년 이하의 자격정지를 병과할 수 있다.

┌ 의의 : 제250조　보호법익·보호정도 : 생명, 침해범 / 결과범
├ 객체 : 사람┬ 시기 : **분만이 개시된 때**(진통설 또는 분만개시설)
│　　　　　　 │　[분만중태아 질식사사건] 업무상 과실치사죄 ○ ∵ 분만이 개시되었으므로
│　　　　　　 │　[제왕절개사건] ① 업무상 과실치사죄 : ×, ② 업무상과실치상죄 : ×, ③ 과실낙태죄 : 처벌 ×
│　　　　　　 └ 종기 : 사망한 때(맥박종지설 또는 심장사설 ↔ 뇌사설)
├ 행위 : 살해, 수단·방법 제한 없음, **부작위**에 의하여도 가능21) [세월호 사건]
│ →┬ 실행의 착수시기 : 살인의 고의를 가지고 생명을 위태롭게 하는 행위를 개시한 때
│ 　│　　　　　　　　　 예 사람을 살해할 것을 마음먹고 낫을 들고 접근한 경우
│ 　└ 기수시기 : 사망의 결과 발생한 때
├ 고의┬ 사람을 살해한다는 인식·의사┬ 살해의 목적·계획적 의도
│　　　│　　　　　　　　　　　　　　 └ 미필적 고의 : 사망의 결과에 대한 인식 불확정적, 결과 용인
│　　　└ 고의를 부정하는 경우: 범행 전후의 객관적 사정 종합, 간접·정황사실 증명 [울대가격 살인사건]
├ 죄수 : 피해자의 수(∵ 전속적 법익)
├ 타죄와의 관계┬ 살인에 수반된 상해 또는 의복손괴 : 흡수(∵ 불가벌적 수반행위)
│　　　　　　　 └ 살해 후 사체유기 : 실체적 경합(∵ 불가벌적 사후행위 ×)
│　　　　　　　　 ↔ 인적 드문 장소로 유인 후 살해·도주 : 살인죄 ○, 사체은닉·유기죄 × (∵ 방치)
├ 존속살해죄┬ 존속의 개념 : 법률상 직계존속(민법) → 생부 : 인지 요 ○ / 생모 : 인지 요 ×
│　　　　　　└ 주체 : 직계비속 또는 그 배우자 → 법률상 배우자 : ○, 사실혼 배우자 : ×
├ 촉탁·승낙살인죄
├ 자살교사·방조죄
├ 위계·위력에 의한 살인죄
└ 미수처벌규정 : 전부 / 예비음모처벌규정 : 보존위 ↔ 영촉자 [살인예비사건]

---

21) 2016년 법무사시험(20점) 부작위에 의한 살인죄에 관하여 논하시오.

〈사람의 시기〉
규칙적인 진통을 동반하면서 태아가 태반으로부터 이탈하기 시작한 때 즉 분만이 개시된 때(진통설 또는 분만개시설)이다. 제왕절개수술의 경우 의사의 수술시를 사람의 시기로 보자는 견해(자궁절개시설)이 있으나, 판례는 이를 부정하고 분만개시설을 유지하고 있다.

- [분만 중 태아 질식사사건] 사람의 생명과 신체의 안전을 보호법익으로 하고 있는 형법상의 해석으로서는 사람의 시기는 <u>규칙적인 진통을 동반하면서 태아가 태반으로부터 이탈하기 시작한 때</u> 다시 말하여 **분만이 개시된 때(소위 진통설 또는 분만개시설)**라고 봄이 타당하며 이는 형법 제251조(영아살해)에서 분만 중의 태아도 살인죄의 객체가 된다고 규정하고 있는 점을 미루어 보아도 그 근거를 찾을 수 있는 바이니 **조산원이 분만 중인 태아를 질식사에 이르게 한 경우**에는 **업무상 과실치사죄**가 성립한다(대판 1982.10.12, 81도2621). → 분만이 개시된 경우 태아가 아니라 사람이므로 업무상과실치사죄 처벌 ○

- [제왕절개사건] 제왕절개수술의 경우 '**의학적으로 제왕절개수술이 가능하였고 규범적으로 수술이 필요하였던 시기**'는 판단하는 사람 및 상황에 따라 다를 수 있어 분만개시 시점, 즉 사람의 시기도 불명확하게 되므로 이 시점을 분만의 시기(始期)로 볼 수는 없다(대판 2007.6.29, 2005도3832).
[사실관계] 조산사 甲은 2001.8.11. 00 : 30경 출산을 위해 甲의 조산원에 입원할 당시 A는 임신성 당뇨증상 및 이미 두 번의 제왕절개 출산 경험이 있는 37세의 고령의 임산부이었고, 분만예정일을 14일이나 넘겨 이 사건 태아가 5.2kg까지 성장한 상태이어서 의학적으로 자연분만이 부적절하여 제왕절개 수술이 유일한 출산방법이었음에도 불구하고 조산사는 임부를 산부인과 전문병원으로 전원시켜 제왕절개수술을 받도록 하지 않고, 자연분만을 시도하다가 모체 내에서 태아가 사망에 이르게 하였다.
 ※ ① 업무상과실치사죄 : × ∵ 아직 분만을 개시하지 않은 경우 사람이 아니라 태아이므로
　② 업무상과실치상죄 : × ∵ 태아는 임부의 신체의 일부가 아니어서 임산부에 대한 상해가 아니므로
　③ 과실낙태죄 : 처벌 × ∵ 처벌규정이 없으므로

제257조(상해, 존속상해) ① 사람의 신체를 상해한 자는 7년 이하의 징역, 10년 이하의 자격정지 또는 1천만원 이하의 벌금에 처한다.

② 자기 또는 배우자의 직계존속에 대하여 제1항의 죄를 범한 때에는 10년 이하의 징역 또는 1천500만원 이하의 벌금에 처한다.

③ 전 2항의 미수범은 처벌한다.

제258조(중상해, 존속중상해) ① 사람의 신체를 상해하여 생명에 대한 위험을 발생하게 한 자는 1년 이상 10년 이하의 징역에 처한다.

② 신체의 상해로 인하여 불구 또는 불치나 난치의 질병에 이르게 한 자도 전항의 형과 같다.

③ 자기 또는 배우자의 직계존속에 대하여 전2항의 죄를 범한 때에는 2년 이상 15년 이하의 징역에 처한다.

제258조의2(특수상해) ① 단체 또는 다중의 위력을 보이거나 위험한 물건을 휴대하여 제257조 제1항 또는 제2항의 죄를 범한 때에는 1년 이상 10년 이하의 징역에 처한다.

② 단체 또는 다중의 위력을 보이거나 위험한 물건을 휴대하여 제258조의 죄를 범한 때에는 2년 이상 20년 이하의 징역에 처한다.

③ 제1항의 미수범은 처벌한다.

제259조(상해치사) ① 사람의 신체를 상해하여 사망에 이르게 한 자는 3년 이상의 유기징역에 처한다.

② 자기 또는 배우자의 직계존속에 대하여 전항의 죄를 범한 때에는 무기 또는 5년 이상의 징역에 처한다.

제260조(폭행, 존속폭행) ① 사람의 신체에 대하여 폭행을 가한 자는 2년 이하의 징역, 500만원 이하의 벌금, 구류 또는 과료에 처한다.

② 자기 또는 배우자의 직계존속에 대하여 제1항의 죄를 범한 때에는 5년 이하의 징역 또는 700만원 이하의 벌금에 처한다.

③ 제1항 및 제2항의 죄는 피해자의 명시한 의사에 반하여 공소를 제기할 수 없다.

제261조(특수폭행) 단체 또는 다중의 위력을 보이거나 위험한 물건을 휴대하여 제260조 제1항 또는 제2항의 죄를 범한 때에는 5년 이하의 징역 또는 1천만원 이하의 벌금에 처한다.

제262조(폭행치사상) 제260조와 제261조의 죄를 지어 사람을 사망이나 상해에 이르게 한 경우에는 제257조부터 제259조까지의 예에 따른다.

제263조(동시범) 독립행위가 경합하여 상해의 결과를 발생하게 한 경우에 있어서 원인된 행위가 판명되지 아니한 때에는 공동정범의 예에 의한다.

제264조(상습범) 상습으로 제257조, 제258조, 제258조의2, 제260조 또는 제261조의 죄를 범한 때에는 그 죄에 정한 형의 2분의 1까지 가중한다.

〈상해죄와 폭행죄의 구별〉

구분	상해죄	폭행죄
보호법익	신체의 **건강** → 생리적 기능	신체의 **안전**(건재) → 외관
보호정도 / 범죄의 종류	침해범 / 결과범	추상적 위험범 / 거동범(형식범)
행위	유·무형적 방법	유형적 방법 ↔ 무형적 방법 ×
미수	처벌 ○	처벌 ×
소추조건	×	반의사불벌죄

의의 : 제257조　보호법익・보호정도 : 신체의 건강, 침해범 / 결과범
객체 : 사람의 신체 ↔ 자상 : 처벌 × / 예외 : 병역기피・감면 목적 자상(군형법)
행위 ─ **상해** : 생리적 기능 훼손, 생활기능장애 초래, 육체적 기능, 정신적 기능 포함 예 외상후스트레스장애
　　　　→ 실신 등 외부적으로 상처 없더라도 상해 가능
　　　　↔ 상해 × : 경미, 치료필요 ×, 자연치유 / 태아를 사망에 이르게 하는 행위 = 임산부 상해 ×
　　　├ 객관적・일률적 판단 ×, 피해자의 구체적 상태 기준 판단 ↔ 경미, 치료필요 ×, 자연치유 : 상해 ×
　　　└ 수단・방법의 제한 ×, 무형적 방법으로도 가능 예 공포감을 주어 정신장애 일으키는 경우
고의 : 상해를 가할 의사 ×, 상해의 원인인 폭행에 대한 인식 ○(판례)
죄수 : 피해자의 수(∵ 전속적 법익)
중상해죄 ─ 상해 → 생명에 대한 위험발생, 불구・불치・난치의 질병 = 구체적 위험범, 부진정결과적가중범
　　　　　└ 중상해 ○ : 실명, 안면불구 ↔ 중상해 × : 치아2개, 1~2개월 입원정도 골절상
상해죄 동시범 특례(제263조) : 상해・폭행치상, 상해치사・폭행치사 "**상폭상폭**"
특수상해죄(제258조의2) : ① 단체 또는 다중의 위력을 보이거나 ② 위험한 물건을 휴대하여 → **신설**
상습상해죄 : 각 죄에 정한 형의 2분의 1까지 가중(제264조) → 상・하한 모두 가중

〈상해〉
(1) 상해란 피해자의 신체의 완전성을 훼손하거나 생리적 기능에 장애를 초래하는 것 내지 피해자의 신체의 건강상태가 불량하게 변경되고 생활기능에 장애가 초래되는 것을 말한다(신체의 완전성 침해설, 생리적 기능훼손설). 예 건강을 침해하는 행위
(2) 상해의 수단・방법에는 제한이 없다. 유형적 방법은 물론 무형적 방법으로도 가능하다.
　　예 공포감을 주어 정신장애를 일으키는 경우

• 상해죄의 상해는 피해자의 신체의 완전성을 훼손하거나 생리적 기능에 장애를 초래하는 것을 의미한다. 폭행에 수반된 상처가 극히 경미하여 폭행이 없어도 **일상생활 중 통상 발생할 수 있는 상처나 불편 정도이고, 굳이 치료할 필요 없이 자연적으로 치유되며 일상생활을 하는 데 지장이 없는 경우**에는 상해죄의 상해에 해당된다고 할 수 없다. / 그리고 피해자의 신체의 완전성을 훼손하거나 생리적 기능에 장애를 초래하였는지는 객관적, 일률적으로 판단할 것이 아니라 / 피해자의 연령, 성별, 체격 등 신체, 정신상의 구체적 상태 등을 기준으로 판단하여야 한다(대판 2016.11.25, 2016도15018).

Thema 정리 | 폭행죄

┌ 의의 : 제260조 보호법익·보호정도 : 신체의 안전, **추상적 위험범 / 거동범**
├ 객체 : 사람의 신체
├ 행위 ┬ **폭행** : 사람의 **신체에 대한** 직접적인 **유형력**의 행사, 신체에의 접촉 요 ×
│   ├ 폭행 ○ : 근접하여 때릴 듯이 손·발 휘두르는 행위, 차를 전진시키는 행위,
│   │   청각기관 직접자극 음향
│   └ 폭행 × : 마당에~, 방문을~, 대문을~, 욕설, 전화하면서 **고성**
│   ↔ 특수하게 청각기관 자극 : 폭행 ○
└ 특수폭행죄 ┬ ① 단체 또는 다중의 위력을 보여 : 실재 존재 ○, 현장 존재 필요 ×
            │   └ 상대방의 의사를 제압할 만한 세력을 인식시킬 정도 ○, 현실적제압 ×
            └ ② 위험한 물건을 휴대 ┬ ① 물건의 객관적 성질, ② 사용방법 → 사회통념상 위험성판단
                                   └ **휴대** = ① 소지 + ② 이용 ↔ 피해자 인식 ×, 실제사용 요 ×
                                          └ 몸에 지니는 경우 포함
            [위험한 물건을 '휴대하여' 피해자를 협박하고 상해를 가하였는지 여부가 문제된 사건]

〈폭행〉
(1) 폭행죄의 폭행이란 사람의 신체에 대한 직접적인 유형력을 행사하는 것을 의미하고, 반드시 신체에 대한 접촉함을 요하는 것은 아니다. 📷 신체의 안전을 위협하는 행위
(2) 폭행죄는 거동범(형식범)이므로 사람의 신체에 대한 유형력의 행사만 있으면 바로 기수가 된다.
📷 사람을 향하여 돌을 던졌으나 빗나간 경우

• **폭행죄에서 말하는 폭행**이란 사람의 신체에 대하여 육체적·정신적으로 고통을 주는 유형력을 행사함을 뜻하는 것으로서 반드시 피해자의 신체에 접촉함을 필요로 하는 것은 아니고, 그 불법성은 행위의 목적과 의도, 행위 당시의 정황, 행위의 태양과 종류, 피해자에게 주는 고통의 유무와 정도 등을 종합하여 판단하여야 한다(대판 2016.10.27, 2016도9302).
[**사실관계**] 자신의 차를 가로막는 피해자를 부딪친 것은 아니라고 하더라도, 피해자를 **부딪칠 듯이 차를 조금씩 전진시키는 것을 반복하는 행위** 역시 피해자에 대해 위법한 유형력을 행사한 것이라고 보아야 한다.

형법상 폭행의 개념

최광의	일체의 유형력의 행사 (한 지방의 공공의 평온을 해할 정도) → 사람·물건 등 대상 불문	내란죄, 소요죄, 다중불해산죄
광의	사람에 대한 직·간접의 유형력 행사 → 물건에 대한 것이라도 간접적으로 사람에 대한 것이면 폭행에 해당 ○	**공무집행방해죄**, 특수도주죄, 직무강요죄, **강요죄, 공갈죄**
협의	사람의 신체에 대한 직접적인 유형력의 행사 → 신체에의 접촉을 요하지는 않음	**폭행죄**, 특수공무원폭행죄, **강제추행**
최협의	상대방의 반항을 현저히 곤란하게 할 정도 상대방의 반항을 불가능하게 할 정도	강간죄 강도죄, 준강도죄

〈위험한 물건을 휴대하여〉

① '위험한 물건'이란 그 물건의 객관적 성질이나 사용방법에 따라 사람의 생명·신체에 해를 끼치는 데 사용될 수 있는 물건을 말한다. 본래 성질상 살상을 위하여 제조된 것(성질상 위험한 물건)뿐만 아니라 용법에 따라 살상을 위하여 사용될 수 있는 물건도 포함된다(용도상 위험한 물건).
　예 면도칼, 맥주병, 드라이버, 곡괭이자루, 세멘벽돌, 의자, 당구큐대, 야전삽 등
② 휴대란 손에 들거나 몸에 지니는 소지 이외에 이용하는 것까지 포함한다. 반드시 범행 이전부터 몸에 지니고 있을 필요는 없고, 범행 현장에서 범행에서 사용할 의도 아래 이를 소지하거나 몸에 지니는 경우도 휴대에 해당한다.
③ 위험한 물건을 소지하거나 몸에 지닌 이상 위험한 물건의 휴대하고 있다는 사실을 상대방에게 인식시켜야 하거나 실제 사용할 필요는 없다.

Thema 정리   과실치사상의 죄

제266조(과실치상) ① 과실로 인하여 사람의 신체를 상해에 이르게 한 자는 500만원 이하의 벌금, 구류 또는 과료에 처한다.
② 제1항의 죄는 피해자의 명시한 의사에 반하여 공소를 제기할 수 없다.

제267조(과실치사) 과실로 인하여 사람을 사망에 이르게 한 자는 2년 이하의 금고 또는 700만원 이하의 벌금에 처한다.

제268조(업무상과실 · 중과실 치사상) 업무상과실 또는 중대한 과실로 사람을 사망이나 상해에 이르게 한 자는 5년 이하의 금고 또는 2천만원 이하의 벌금에 처한다.

〈업무의 개념〉

업무상과실치사상죄는 과실치상죄에 대하여 업무자라는 신분으로 인하여 형이 가중되는 **부진정신분범**이다.
(1) 업무상과실치사상죄에 있어서의 '**업무**'란 사람의 사회생활면에 있어서의 하나의 지위로서 **계속적**으로 종사하는 사무를 말한다. 여기의 업무는 원칙적으로 생명 · 신체에 대하여 위험을 초래할 수 있는 업무를 말하고, 사람의 생명 · 신체의 위험을 방지하는 것을 의무내용으로 하는 업무도 포함된다.
  [건물소유자 과실치상사건] 단지 건물을 비정기적 수리 · 일부분을 임대하였다는 사정 ≠ 업무
(2) 사무인 이상 직업이나 영리를 목적으로 하는 영업일 필요는 없고, 주된 사무는 물론 부수적인 사무도 포함된다. 공무이든 사무이든 불문하고, 적법한 업무이든 불법한 업무이든 관계없다.
  예 무면허 의사의 의료행위 중에 환자가 사망한 경우나 무면허로 운전 중 사람을 사망케 한 경우
(3) 업무상 과실치사죄에 있어 '업무'는 업무방해죄의 '업무'와는 달리 형법상 보호할 가치가 있는 업무에 한정되지 않고, 업무방해죄의 '업무'와는 달리 공무도 포함된다.

형법상의 업무 유형

보호의 객체로서의 업무		업무방해죄 (제314조)	• 사람의 생명 · 신체에 위험을 초래할 수 있는 업무에 제한되지 않음 • 형법상 보호할 가치 있는 업무 • 공무는 불포함(판례)
행위의 태양으로서의 업무		아동혹사죄 (제274조)	16세 미만자를 '생명 또는 신체에 위험한 업무'에 사용할 자에게 인도하는 경우
행위주체로서의 업무	과실범에 관한 업무		• 사람의 생명 · 신체에 위험을 초래할 수 있는 업무 • 형법상 보호가치 있는 업무에 제한되지 않음 • 공무 포함
			• 업무상 과실치사상죄(제268조) : **부진정신분범**의 요소 • 업무상 실화죄(제171조) : 부진정신분범의 요소 • 업무상 과실교통방해죄(제189조 제2항) : 부진정신분범의 요소 • 업무상 과실장물취득죄(제364조) : **진정신분범**의 요소

진정신분범의 요소로서의 업무	업무자만이 범죄를 범할 수 있는 경우	
	• 허위진단서작성죄(제233조) • 업무상 비밀누설죄(제317조) • 업무상 과실장물취득죄(제364조)	
부진정신분범의 요소로서의 업무	업무자라는 신분으로 인하여 형이 가중·감경되는 경우	
	• 업무상 동의낙태죄(제270조 제1항) • 업무상 위력 등에 의한 간음죄(제303조) • 업무상 횡령·배임죄(제356조)	

Thema 정리 　낙태의 죄

제269조(낙태) ① 약물 기타 방법으로 낙태한 때에는 1년 이하의 징역 또는 200만원 이하의 벌금에 처한다. [헌법불합치결정]

② 부녀의 촉탁 또는 승낙을 받아 낙태하게 한 자도 제1항의 형과 같다.

③ 제2항의 죄를 범하여 부녀를 상해에 이르게 한 때에는 3년 이하의 징역에 처한다. 사망에 이르게 한 때에는 7년 이하의 징역에 처한다.

제270조(의사 등의 낙태, 부동의낙태) ① 의사, 한의사, 조산사, 약제사 또는 약종상이 부녀의 촉탁 또는 승낙을 받아 낙태하게 한 때에는 2년 이하의 징역에 처한다. [헌법불합치결정]

② 부녀의 촉탁 또는 승낙 없이 낙태하게 한 자는 3년 이하의 징역에 처한다

③ 제1항 또는 제2항의 죄를 범하여 부녀를 상해에 이르게 한 때에는 5년 이하의 징역에 처한다. 사망에 이르게 한 때에는 10년 이하의 징역에 처한다.

Thema 정리 | 유기죄

제271조(유기, 존속유기) ① 나이가 많거나 어림, 질병 그 밖의 사정으로 도움이 필요한 사람을 법률상 또는 계약상 보호할 의무가 있는 자가 유기한 경우에는 3년 이하의 징역 또는 500만원 이하의 벌금에 처한다.
② 자기 또는 배우자의 직계존속에 대하여 제1항의 죄를 지은 경우에는 10년 이하의 징역 또는 1천500만원 이하의 벌금에 처한다.

제275조(유기 등 치사상) ① 제271조 또는 제273조의 죄를 범하여 사람을 상해에 이르게 한 때에는 7년 이하의 징역에 처한다. 사망에 이르게 한 때에는 3년 이상의 유기징역에 처한다.
② 자기 또는 배우자의 직계존속에 대하여 제271조 또는 제273조의 죄를 범하여 상해에 이르게 한 때에는 3년 이상의 유기징역에 처한다. 사망에 이르게 한 때에는 무기 또는 5년 이상의 징역에 처한다.

- 의의 : 제271조 제1항   보호법익·보호정도 : 생명·신체의 안전, 추상적 위험범
- 주체 : 부조의무(보호의무) 있는 자(진정신분범) ↔ 신의칙상, 조리상 보호의무 : ×
  - 법률상 보호의무 : 경찰관, 친권자, 부부간 + 사실혼관계 포함 ○ ↔ 동거·내연관계 : ×
    [내연녀 필로폰복용사건]
  - **계약상 보호의무** ─ 주된 급부의무 : 간호사, 보모
    - **부수의무** : 부조의무 인정가능, 당연 긍정 × [주점내 방치 유기치사사건]
- 객체 : 요부조자(노유, 질병 기타 사정) ↔ 경제적 요부조자(극빈자) : ×
- 행위 : 방법 제한 ×, ① 갖다 버리는 적극적 행위, ② 두고 떠나는 소극적 행위, ③ 부작위(**부진정부작위범**)
  - → 기수시기 : 유기행위시 예 유아·노모를 버린 경우 바로 기수(∵ 추상적 위험범)
- 고의 : 요부조자에 대한 보호책임의 발생원인사실이 존재한다는 것을 인식 & 부조의무를 해태한다는 의식
  - ↔ 고의 × [성류파크호텔 7층사건]
- 타죄와의 관계 ─ 살인·상해죄와는 보충관계 [특정종교신도 수혈거부사건] 살인의 고의 ×, 유기치사 ○
  - 강간치상 후 **방치** : 포괄하여 단일의 강간치상죄만 성립, 유기죄 ×

〈유기죄의 주체〉
현행 형법은 부조를 요하는 자(도움이 필요한 사람)를 보호할 법률상 또는 계약상 의무 있는 자만을 유기죄의 주체로 규정하고 있다(진정신분범). 따라서 유기죄의 보호의무는 법률이나 계약상 의무로 제한되고, 사무관리·관습·조리에 의해서는 인정되지 않는다.

- **[주점 내 방치 유기치사사건]** 유기죄의 '계약상 의무'는 간호사나 보모와 같이 계약에 기한 주된 급부의무가 부조를 제공하는 것인 경우에 반드시 한정되지 아니하며, 계약의 해석상 계약관계의 목적이 달성될 수 있도록 상대방의 신체 또는 생명에 대하여 주의와 배려를 한다는 부수적 의무의 한 내용으로 상대방을 부조하여야 하는 경우를 배제하는 것은 아니라고 할 것이다. / 그러나 부수의무로서의 민사적 부조의무 또는 보호의무가 인정된다고 해서 형법 제271조 소정의 '계약상 의무'가 당연히 긍정된다고는 말할 수 없고, 제반 사정을 고려하여 위 '계약상의 부조의무'의 유무를 신중하게 판단하여야 한다(대판 2011.11.24, 2011도12302). **[사실관계]** 피고인이 자신이 운영하는 주점에 손님으로 와서 수일 동안 식사는 한 끼도 하지 않은 채 계속하여 술을 마시고 만취한 피해자를 주점 내에 그대로 방치하여 **저체온증 등으로 사망**에 이르게 한 경우 피고인에게 계약상 부조의무를 부담하므로 **유기치사죄**가 성립된다.

↔ 죽어도 어쩔 수 없다고 생각한 경우 : 살인의 미필적 고의 ○ → 부작위에 의한 살인죄의 성부 문제

Thema 정리 | 협박죄

제283조(협박, 존속협박) ① 사람을 협박한 자는 3년 이하의 징역, 500만원 이하의 벌금, 구류 또는 과료에 처한다.

② 자기 또는 배우자의 직계존속에 대하여 제1항의 죄를 범한 때에는 5년 이하의 징역 또는 700만원 이하의 벌금에 처한다.

③ 제1항 및 제2항의 죄는 피해자의 명시한 의사에 반하여 공소를 제기할 수 없다.

제284조(특수협박) 단체 또는 다중의 위력을 보이거나 위험한 물건을 휴대하여 전조 제1항, 제2항의 죄를 범한 때에는 7년 이하의 징역 또는 1천만원 이하의 벌금에 처한다.

제285조(상습범) 상습으로 제283조 제1항, 제2항 또는 전조의 죄를 범한 때에는 그 죄에 정한 형의 2분의 1까지 가중한다.

제286조(미수범) 전3조의 미수범은 처벌한다.

의의 : 제283조 보호법익·보호정도 : 의사결정의 자유, **위험범**(판례) [정보보안과 소속 경찰관 협박사건]

객체 : 사람 ↔ **법인** : × [상무이사 협박사건]

행위 : 협박 ─ 해악의 고지 : 사람으로 하여금 공포심을 일으킬 수 있는 정도, 구체적
→ 적어도 발생가능한 것으로 생각될 정도
↔ 경미 : ×, 감정적 욕설·일시적 분노표시 : ×

제3자에 대한 해악의 고지 : ○(피해자와 밀접한 관계 요), **법인 포함** [상무이사 협박사건]
↔ [정당당사 폭파예고사건] (∵경찰관과 정당과는 밀접한 관계 ×)

수단·방법 제한 ×, 거동·태도에 의한 고지 가능 [가위로 목을 찌를 듯이 겨눈 사건]

제3자에 의한 해악의 고지: ○(+지배가능) [국세청세무조사사건]

천재지변·신력·길흉화복에 관한 것도 포함(+지배가능) ↔ [조상천도제사건]

고의 : 해악의 고지 인식·용인 ↔ 실제 실현의도·욕구 요 × [고무놀 협박사건]

기수시기 : 해악의 고지 + 의미인식 ↔ 현실적으로 공포심 일으켰는지 불문 [정보보안과 소속 경찰관 협박사건]
→ 미수범처벌조항 : ① 도달 ×, ② 도달 ○, 지각 × 또는 의미인식 ×

위법성(권리행사수단으로 협박한 경우) ─ 사회통념상 용인할 수 있을 정도 : 위법성 조각 ○
└ 사회통념상 용인할 수 있을 정도 아닌 경우 : 위법성 조각 ×

타죄와의 관계: 감금의 수단인 협박 = 감금죄에 흡수(∵ 불가벌적 수반행위)

<table>
<tr><td colspan="3">형법상 협박의 개념</td></tr>
<tr><td>광의</td><td>상대방에게 해악을 고지하는 일체의 행위 → 상대방이 현실적으로 공포심을 가졌는지는 불문(위험범)</td><td>내란죄, 소요죄, 다중불해산죄, 공무집행방해죄, 특수도주죄, 직무강요죄, 협박죄(판례)</td></tr>
<tr><td>협의</td><td>상대방이 현실로 공포심을 느낄 수 있는 정도의 해악을 고지 → 상대방이 현실적으로 공포심을 느껴야 기수(침해범)</td><td>협박죄(다수설), 강요죄, 공갈죄, 약취죄</td></tr>
<tr><td>최협의</td><td>상대방의 반항을 현저히 곤란하게 할 정도
상대방의 반항을 불가능하게 할 정도</td><td>강간죄
강도죄, 점유강취죄, 준강도죄</td></tr>
<tr><td colspan="3">※ 강요죄, 공갈죄는 광의의 폭행, 협의의 협박인 점에 주의</td></tr>
</table>

〈협박죄의 객체 _ 사람〉
협박죄의 보호법익 및 형법 규정의 체계 등에 비추어 볼 때 **법인**은 의사결정의 자유가 없으므로 협박죄의 객체가 될 수 없다.

〈행위 : 협박〉
제3자에 대한 해악의 고지라도 피해자 본인과 제3자가 밀접한 관계에 있어서 그 해악의 내용이 피해자 본인에게 공포심을 일으킬 만한 것이라면 협박죄가 성립할 수 있다. 여기의 제3자에는 '법인'도 포함된다.

〈기수시기〉
(1) 일반적으로 사람으로 하여금 공포심을 일으킬 수 있는 정도의 해악을 고지함으로써 상대방이 그 의미를 인식한 이상 상대방이 현실적으로 공포심을 일으켰는지 여부와 관계없이 협박죄의 기수이다(∵ 위험범).
(2) 협박죄의 **미수범 처벌조항**은 해악의 고지가 현실적으로 상대방에게 도달하지 아니한 경우나, 도달은 하였으나 상대방이 이를 지각하지 못하였거나 고지된 해악의 의미를 인식하지 못한 경우 등에 적용될 뿐이다.

• [정보보안과 소속 경찰관 협박사건]

[1] **제3자에 의한 해악을 고지한 경우**에는 그에 포함되거나 암시된 제3자와 행위자 사이의 관계 등 행위 전후의 여러 사정을 종합하여 볼 때에 일반적으로 사람으로 하여금 공포심을 일으키게 하기에 충분한 것이어야 하지만, 상대방이 그에 의하여 현실적으로 공포심을 일으킬 것까지 요구하는 것은 아니며, 그와 같은 정도의 해악을 고지함으로써 상대방이 그 의미를 인식한 이상, 상대방이 현실적으로 공포심을 일으켰는지 여부와 관계없이 그로써 구성요건은 충족되어 〈**협박죄의 기수**〉에 이르는 것으로 해석하여야 한다. 결국, 협박죄는 사람의 의사결정의 자유를 보호법익으로 하는 **위험범**이라 봄이 상당하고, 〈**협박죄의 미수범 처벌조항**〉은 ① 해악의 고지가 현실적으로 상대방에게 도달하지 아니한 경우나, ② 도달은 하였으나 상대방이 이를 지각하지 못하였거나 고지된 해악의 의미를 인식하지 못한 경우 등에 적용될 뿐이다.

[2] 정보보안과 소속 경찰관이 자신의 지위를 내세우면서 타인의 민사분쟁에 개입하여 **빨리 채무를 변제하지 않으면 상부에 보고하여 문제를 삼겠다**고 말한 경우, 객관적으로 상대방이 공포심을 일으키기에 충분한 정도의 해악의 고지에 해당하므로 현실적으로 피해자가 공포심을 일으키지 않았다 하더라도 협박죄의 기수에 이르렀다(대판 2007.9.28, 2007도606 숲습).

[사실관계] 乙은 대학설립을 추진하고 있는 丙에게 돈을 빌려주었으나 변제받지 못하여 독촉하는 상황이었다. A 경찰서 정보과 소속 경찰관 甲은 乙의 친구 丁의 부탁으로 乙을 만나 乙이 처한 상황을 듣고 그 자리에서 丙에게 전화하여 "나는 A 경찰서 정보과에 근무하는 형사다. 乙이 집안 동생인데 돈을 언제까지 해 줄 것이냐, 빨리 안 해주면 상부에 보고하여 문제를 삼겠다."고 말하였으나 丙은 현실적으로 공포심을 느끼지는 않았다 하더라도 협박죄의 미수가 아니라 기수의 죄책을 진다.

〈위법성〉

권리행사의 수단으로 협박한 경우 해악의 고지가 정당한 권리의 행사로서 사회통념상 용인되는 경우 위법성이 조각되나, 사회통념에 비추어 용인할 수 있는 정도의 것이 아니라면 위법성이 조각되지 않는다.

• [정보보안과 소속 경찰관 협박사건] **외관상 권리행사나 직무집행으로 보이더라도 실질적으로 권리나 직무권한의 남용이 되어 사회상규에 반하는 때**에는 협박죄가 성립한다고 보아야 할 것인바, 구체적으로는 그 해악의 고지가 정당한 목적을 위한 상당한 수단이라고 볼 수 있으면 위법성이 조각되지만, / 위와 같은 관련성이 인정되지 아니하는 경우에는 그 위법성이 조각되지 아니한다(대판 2007.9.28, 2007도606 숲습).

※ ① 강요죄 : × ∵ 의무 없는 일을 하게 한 것이 아니므로

　② 공갈죄 : × ∵ 재물의 교부나 재산상 이익을 취득한 것이 아니므로

　③ 직권남용권리행사방해죄 : × ∵ 경찰관의 직무권한에 속하는 ×

Thema 정리 | 강요죄

제324조(강요) ① 폭행 또는 협박으로 사람의 권리행사를 방해하거나 의무 없는 일을 하게 한 자는 5년 이하의 징역에 처한다.

② 단체 또는 다중의 위력을 보이거나 위험한 물건을 휴대하여 제1항의 죄를 범한 자는 10년 이하의 징역 또는 5천만원 이하의 벌금에 처한다.

제324조의2(인질강요) 사람을 체포·감금·약취 또는 유인하여 이를 인질로 삼아 제3자에 대하여 권리행사를 방해하거나 의무 없는 일을 하게 한 자는 3년 이상의 유기징역에 처한다.

제324조의3(인질상해·치상) 제324조의2의 죄를 범한 자가 인질을 상해하거나 상해에 이르게 한 때에는 무기 또는 5년 이상의 징역에 처한다.

제324조의4(인질살해·치사) 제324조의2의 죄를 범한 자가 인질을 살해한 때에는 사형 또는 무기징역에 처한다. 사망에 이르게 한 때에는 무기 또는 10년 이상의 징역에 처한다.

제324조의5(미수범) 제324조 내지 제324조의4의 미수범은 처벌한다.

제324조의6(형의 감경) 제324조의2 또는 제324조의3의 죄를 범한 자 및 그 죄의 미수범이 인질을 안전한 장소로 풀어준 때에는 그 형을 감경할 수 있다.

제326조(중권리행사방해) 제324조(강요) 또는 제325조(점유강취)의 죄를 범하여 사람의 생명에 대한 위험을 발생하게 한 자는 10년 이하의 징역에 처한다.

※ 타죄와의 관계 : 강요 < 공갈 < 강도 ∵ 보충관계
※ 해방감경규정(**임의적 감경**) : 인질강요죄, **약취·유인·인신매매죄** ↔ ~ 살해·치사 포함 ✕

Thema 정리 | 체포 · 감금죄

제276조(체포, 감금, 존속체포, 존속감금) ① 사람을 체포 또는 감금한 자는 5년 이하의 징역 또는 700만원 이하의 벌금에 처한다.
② 자기 또는 배우자의 직계존속에 대하여 제1항의 죄를 범한 때에는 10년 이하의 징역 또는 1천500만원 이하의 벌금에 처한다.

제277조(중체포, 중감금, 존속중체포, 존속중감금) ① 사람을 체포 또는 감금하여 가혹한 행위를 가한 자는 7년 이하의 징역에 처한다.
② 자기 또는 배우자의 직계존속에 대하여 전항의 죄를 범한 때에는 2년 이상의 유기징역에 처한다.

제278조(특수체포, 특수감금) 단체 또는 다중의 위력을 보이거나 위험한 물건을 휴대하여 전2조의 죄를 범한 때에는 그 죄에 정한 형의 2분의 1까지 가중한다.

제279조(상습범) 상습으로 제276조 또는 제277조의 죄를 범한 때에는 전조의 예에 의한다.

제280조(미수범) 전4조의 미수범은 처벌한다.

제281조(체포 · 감금 등의 치사상) ① 제276조 내지 제280조의 죄를 범하여 사람을 상해에 이르게 한 때에는 1년 이상의 유기징역에 처한다. 사망에 이르게 한 때에는 3년 이상의 유기징역에 처한다.
② 자기 또는 배우자의 직계존속에 대하여 제276조 내지 제280조의 죄를 범하여 상해에 이르게 한 때에는 2년 이상의 유기징역에 처한다. 사망에 이르게 한 때에는 무기 또는 5년 이상의 징역에 처한다.

제124조(불법체포, 불법감금) ① 재판, 검찰, 경찰 기타 인신구속에 관한 직무를 행하는 자 또는 이를 보조하는 자가 그 직권을 남용하여 사람을 체포 또는 감금한 때에는 7년 이하의 징역과 10년 이하의 자격정지에 처한다.
② 전항의 미수범은 처벌한다.

- 의의 : 제276조 보호법익 · 보호정도 : 행동의 자유(신체활동의 자유), 침해범 / 계속범
- 주체 : 제한 × → 인신구속에 관한 직무를 행하는 자 : 직권남용체포 · 감금죄(제124조)
- 객체 : 행동의 자유 있는 자연인, 정신병자 : ○ ↔ 영아 : ×
- 행위 ┬ 체포 : 신체에 대한 직접적 현실적 구속, 수단 · 방법에 제한 ×
  └ 감금 : 장소적 제한 ┬ 수단 · 방법에 제한 ×, 간접정범형태로도 가능
  ├ 물리적 · 유형적 장애 + 심리적 · 무형적 장애에 의해서도 가능
  └ 행동의 자유 전면적 박탈 필요 ×
  - 실행의 착수시기 : 체포 · 감금의 고의로 신체적 활동의 자유를 현실적으로 침해하는 행위를 개시한 때
  - 기수시기 : 확실히 사람의 신체의 자유를 구속한다고 인정할 수 있을 정도의 시간적 계속이 있어야
  [강간미수범이 피해자를 밀치고 끌어내리려 한 체포미수사건] 신체의 자유에 대한 구속이 일시적이므로 기수 ×
- 죄수 및 타죄와의 관계

〈체포의 의의〉
체포란 사람의 신체에 대하여 직접적이고 현실적 구속을 가하여 신체활동의 자유를 박탈하는 행위를 의미하고, 수단과 방법에는 제한이 없다(대판 2018.2.28, 2017도21249).

〈실행의 착수 및 기수시기〉
① 실행의 착수시기는 체포·감금의 고의로써 타인의 신체적 활동의 자유를 현실적으로 침해하는 행위를 개시한 때이다.
② 체포·감금행위에 확실히 사람의 신체의 자유를 구속한다고 인정할 수 있을 정도의 시간적 계속이 있으면 기수에 이르고, 신체의 자유에 대한 구속이 그와 같은 정도에 이르지 못한 경우에는 미수범이 성립한다. 신체의 자유의 구속 상태가 계속되는 동안에는 범죄가 종료되지 않는다(계속범).

〈협박죄와 체포·감금죄의 객체〉
┌ 협박죄 : 명정자, 수면자, 정신병자 : × (통설, ∵ 공포심을 느낄 정신능력 ×)
└ 체포감금죄 : 명정자, 수면자, 정신병자 : ○ (다수설, ∵ 잠재적 활동의 자유 ○)
　→ 정신병자는 협박죄의 객체는 될 수 없으나, 감금죄의 객체는 될 수 있다.

체포·감금죄의 죄수관계

사람을 체포하여 감금한 경우	감금죄만 성립(∵ 포괄일죄)
체포·감금의 수단으로 행하여진 폭행·협박의 경우	체포·감금죄에 흡수(∵ 불가벌적 수반행위)
강도·강간의 수단으로 체포·감금한 경우	감금죄와 강도죄·강간죄의 상상적 경합 [조개트럭감금강간사건]
감금 중에 범한 강간·강도의 경우	실체적 경합관계(∵ 새로운 고의)
강도·강간 기수 이후 계속 감금한 경우	실체적 경합관계(∵ 별개의 고의)

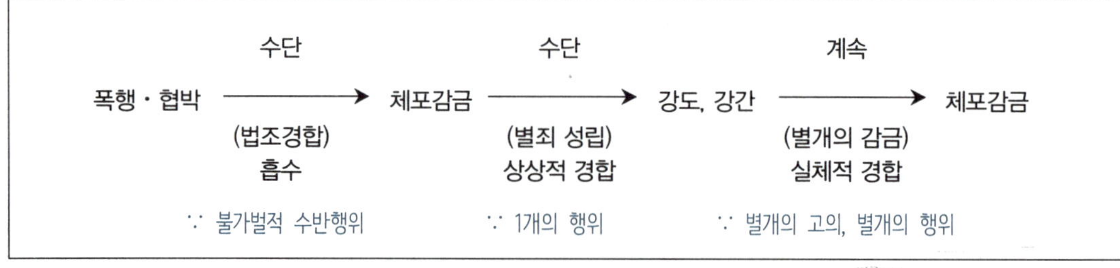

• [조개트럭감금강간사건] [1] 강간죄의 성립에 언제나 직접적으로 또 필요한 수단으로서 감금행위를 수반하는 것은 아니므로 감금행위가 강간미수죄의 수단이 되었다 하여 감금행위는 강간미수죄에 흡수되어 범죄를 구성하지 않는다고 할 수는 없는 것이고, 그때에는 **감금죄와 강간미수죄**는 일개의 행위에 의하여 실현된 경우로서 제40조의 **상상적 경합관계**에 있다. [2] 피고인이 피해자가 자동차에서 내릴 수 없는 상태에 있음을 이용하여 강간하려고 결의하고, 주행 중인 자동차에서 탈출불가능하게 하여 외포케 하고 50킬로미터를 운행하여 여관 앞까지 강제연행한 후 강간하려다 미수에 그친 경우 위 '협박'은 감금죄의 실행의 착수임과 동시에 강간미수죄의 실행의 착수라고 할 것이다. [3] 중한 강간미수죄가 친고죄로서 고소가 취소되었다 하더라도 경한 감금죄(폭력행위 등 처벌에 관한 법률 위반)에 대하여는 아무런 영향을 미치지 않는다(대판 1983.4.26, 83도323).

[사실관계] 1980.7.10. 10 : 22경 화물차동차에 조개를 싣고 충남 홍성군 금마면으로 운행 도중에 피해자 (17세)가 예산읍 신래원리까지 태워달라고 부탁하여 피해자를 운전석 옆에 태우고 가다가 피해자를 강간할 마음이 생겨 목적지로 데려다 주지 아니하고 하차 요구를 거절한 채 계속 운행하면서 같은 달 11. 00 : 50경 강제로 추행을 하고, 01 : 00경에는 강간을 하려다 뜻을 이루지 못한 채 강간할 의사를 버리지 않고 계속하여 피해자를 강제로 그 차에 태워 공주군 산성동 소재 동진장 여관 앞길까지 운행하여 동 여관 방실에서 강간하려 하였으나 피해자가 화장실에 들어가 문을 잠그고 소리 질러 그 목적을 이루지 못하고 미수에 그친 경우

Thema 정리 · 약취 · 유인 및 인신매매의 죄

제287조(미성년자의 약취, 유인) 미성년자를 약취 또는 유인한 사람은 10년 이하의 징역에 처한다.

제288조(추행 등 목적 약취, 유인 등) ① 추행, 간음, 결혼 또는 영리의 목적으로 사람을 약취 또는 유인한 사람은 1년 이상 10년 이하의 유기징역에 처한다.

② 노동력 착취, 성매매와 성적 착취, 장기적출을 목적으로 사람을 약취 또는 유인한 사람은 2년 이상 15년 이하의 징역에 처한다.

③ 국외에 이송할 목적으로 사람을 약취 또는 유인하거나 약취 또는 유인된 사람을 국외에 이송한 사람도 제2항과 동일한 형으로 처벌한다.

제289조(인신매매) ① 사람을 매매한 사람은 7년 이하의 징역에 처한다.

② 추행, 간음, 결혼 또는 영리의 목적으로 사람을 매매한 사람은 1년 이상 10년 이하의 징역에 처한다.

③ 노동력 착취, 성매매와 성적 착취, 장기적출을 목적으로 사람을 매매한 사람은 2년 이상 15년 이하의 징역에 처한다.

④ 국외에 이송할 목적으로 사람을 매매하거나 매매된 사람을 국외로 이송한 사람도 제3항과 동일한 형으로 처벌한다.

제290조(약취, 유인, 매매, 이송 등 상해ㆍ치상) ① 제287조부터 제289조까지의 죄를 범하여 약취, 유인, 매매 또는 이송된 사람을 상해한 때에는 3년 이상 25년 이하의 징역에 처한다.

② 제287조부터 제289조까지의 죄를 범하여 약취, 유인, 매매 또는 이송된 사람을 상해에 이르게 한 때에는 2년 이상 20년 이하의 징역에 처한다.

제291조(약취, 유인, 매매, 이송 등 살인ㆍ치사) ① 제287조부터 제289조까지의 죄를 범하여 약취, 유인, 매매 또는 이송된 사람을 살해한 때에는 사형, 무기 또는 7년 이상의 징역에 처한다.

② 제287조부터 제289조까지의 죄를 범하여 약취, 유인, 매매 또는 이송된 사람을 사망에 이르게 한 때에는 무기 또는 5년 이상의 징역에 처한다.

제292조(약취, 유인, 매매, 이송된 사람의 수수ㆍ은닉 등) ① 제287조부터 제289조까지의 죄로 약취, 유인, 매매 또는 이송된 사람을 수수(授受) 또는 은닉한 사람은 7년 이하의 징역에 처한다.

② 제287조부터 제289조까지의 죄를 범할 목적으로 사람을 모집, 운송, 전달한 사람도 제1항과 동일한 형으로 처벌한다.

제294조(미수범) 제287조부터 제289조까지, 제290조 제1항, 제291조 제1항과 제292조 제1항의 미수범은 처벌한다.

제295조(벌금의 병과) 제288조부터 제291조까지, 제292조 제1항의 죄와 그 미수범에 대하여는 5천만원 이하의 벌금을 병과할 수 있다.

제295조의2(형의 감경) 제287조부터 제290조까지, 제292조와 제294조의 죄를 범한 사람이 약취, 유인, 매매 또는 이송된 사람을 안전한 장소로 풀어준 때에는 그 형을 감경할 수 있다.

제296조(예비, 음모) 제287조부터 제289조까지, 제290조 제1항, 제291조 제1항과 제292조 제1항의 죄를 범할 목적으로 예비 또는 음모한 사람은 3년 이하의 징역에 처한다.

제296조의2(세계주의) 제287조부터 제292조까지 및 제294조는 대한민국 영역 밖에서 죄를 범한 외국인에게도 적용한다.

Thema 정리 | 미성년자약취 · 유인죄

┌ 의의 : 제287조 보호법익 · 보호정도 : ① 미성년자의 자유, ② 보호감독자의 감호권
├ 주체 : 제한 ×, 보호감독자도 가능
├ 객체 : 만19세 미만(민법상 미성년자)
├ 행위 ┬ 약취 ┬ 폭행 · 협박 또는 불법적인 사실상의 힘을 수단, 부작위에 의하여도 가능
│   │   │ **[부작위에 의한 약취사건]** 약취 ○ ∵ 양육친에게 데려다주지 않은 행위 = 불법적 사실상 힘의 행사
│   │   │   └ 행위정형의 동가치성 ○
│   │   │
│   │   │ ↔ **[베트남 국적 여성 귀국사건]** 약취 × ∵ 불법적인 사실상의 힘의 행사 ×
│   │   │   → 국외이송목적약취죄 및 피약취 · 유인자 국외이송죄(제288조 제3항) 성립 ×
│   │   └ 폭행 · 협박의 정도 : **실력적 지배**하에 둘 수 있을 정도 **[소매를 잡아끈 사건]** ↔ 반항억압 ×
│   ├ 유인 : 기망 · 유혹을 수단
│   └ 사실상 지배 ┬ 자기 또는 제3자의 실력적 지배
│   └ 반드시 장소이전을 요하지 않음 **[미성년자 혼자 머무는 주거침입사건]**
│   ↔ 강도범행을 하는 과정에서 일시적 보호관계 침해 · 배제 : 약취 ×
├ 죄수 및 타죄와의 관계 : 미성년자 **유인** 후 계속 **감금**한 경우 실체적 경합
├ 예비음모처벌규정
├ 해방감경규정
└ 세계주의

〈행위 : 약취〉

① 약취란 폭행 또는 협박을 수단으로 피해자를 그 의사에 반하여 자유로운 생활관계 또는 보호관계로부터 범인이나 제3자의 사실상 지배하에 옮기는 행위를 말한다. 부작위에 의하여도 가능하다.

② 폭행 또는 협박의 정도는 상대방을 실력적 지배하에 둘 수 있을 정도이면 족하고 반드시 상대방의 반항을 억압할 정도의 것임을 요하지는 아니한다(대판 1991.8.13, 91도1184 ; 대판 2009.7.9, 2009도3816).

③ 폭행, 협박이나 불법적인 사실상의 힘을 행사함이 없었다면 약취행위라 볼 수 없다. 폭행, 협박 또는 불법적인 사실상의 힘을 사용하여 그 미성년자를 평온하던 종전의 보호 · 양육 상태로부터 이탈시켰다고 볼 수 없는 행위에 대하여까지 다른 보호감독자의 보호 · 양육권을 침해하였다는 이유로 미성년자에 대한 약취죄의 성립을 긍정하는 것은 형벌법규의 문언 범위를 벗어나는 해석으로서 죄형법정주의의 원칙에 비추어 허용될 수 없다(대판 2013.6.20, 2010도14328 全合).

Thema 정리 | 강간과 추행의 죄

제297조(강간) 폭행 또는 협박으로 사람을 강간한 자는 3년 이상의 유기징역에 처한다.

제297조의2(유사강간) 폭행 또는 협박으로 사람에 대하여 구강, 항문 등 신체(성기는 제외한다)의 내부에 성기를 넣거나 성기, 항문에 손가락 등 신체(성기는 제외한다)의 일부 또는 도구를 넣는 행위를 한 사람은 2년 이상의 유기징역에 처한다.

제298조(강제추행) 폭행 또는 협박으로 사람에 대하여 추행을 한 자는 10년 이하의 징역 또는 1천500만원 이하의 벌금에 처한다.

제299조(준강간, 준강제추행) 사람의 심신상실 또는 항거불능의 상태를 이용하여 간음 또는 추행을 한 자는 제297조, 제297조의2 및 제298조의 예에 의한다.

제300조(미수범) 제297조, 제297조의2, 제298조 및 제299조의 미수범은 처벌한다.

제301조(강간 등 상해·치상) 제297조, 제297조의2 및 제298조부터 제300조까지의 죄를 범한 자가 사람을 상해하거나 상해에 이르게 한 때에는 무기 또는 5년 이상의 징역에 처한다.

제301조의2(강간 등 살인·치사) 제297조, 제297조의2 및 제298조부터 제300조까지의 죄를 범한 자가 사람을 살해한 때에는 사형 또는 무기징역에 처한다. 사망에 이르게 한 때에는 무기 또는 10년 이상의 징역에 처한다.

제302조(미성년자 등에 대한 간음) 미성년자 또는 심신미약자에 대하여 위계 또는 위력으로써 간음 또는 추행을 한 자는 5년 이하의 징역에 처한다.

제303조(업무상위력 등에 의한 간음) ① 업무, 고용 기타 관계로 인하여 자기의 보호 또는 감독을 받는 사람에 대하여 위계 또는 위력으로써 간음한 자는 7년 이하의 징역 또는 3천만원 이하의 벌금에 처한다.
② 법률에 의하여 구금된 사람을 감호하는 자가 그 사람을 간음한 때에는 10년 이하의 징역에 처한다.

제304조 〈삭제〉

구법 제304조(혼인빙자 등에 의한 간음) 혼인을 빙자하거나 기타 위계로써 음행의 상습없는 부녀를 기망하여 간음한 자는 2년 이하의 징역 또는 500만원 이하의 벌금에 처한다. [단순위헌결정, 헌재 2009.11.26, 2008헌바58, 2009헌바191(병합)] 형법 제304조 중 '혼인을 빙자하여 음행의 상습 없는 부녀를 기망하여 간음한 자' 부분이 헌법 제37조 제2항의 과잉금지원칙을 위반하여 남성의 성적자기결정권 및 사생활의 비밀과 자유를 침해하는 것으로 헌법에 위반된다.

제305조(미성년자에 대한 간음, 추행) ① 13세 미만의 사람에 대하여 간음 또는 추행을 한 자는 제297조, 제297조의2, 제298조, 제301조 또는 제301조의2의 예에 의한다.
② 13세 이상 16세 미만의 사람에 대하여 간음 또는 추행을 한 19세 이상의 자는 제297조, 제297조의2, 제298조, 제301조 또는 제301조의2의 예에 의한다.

제305조의2(상습범) 상습으로 제297조, 제297조의2, 제298조부터 제300조까지, 제302조, 제303조 또는 제305조의 죄를 범한 자는 그 죄에 정한 형의 2분의 1까지 가중한다.

제305조의3(예비, 음모) 제297조, 제297조의2, 제299조(준강간죄에 한정한다), 제301조(강간 등 상해죄에 한정한다) 및 제305조의 죄를 범할 목적으로 예비 또는 음모한 사람은 3년 이하의 징역에 처한다.

제306조 〈삭제〉

구법 제306조(고소) 제297조 내지 제300조와 제302조 내지 제305조의 죄는 고소가 있어야 공소를 제기할 수 있다.

기본적 구성요건	강간죄(제297조) ┌ ① 폭행·협박(착수) → 간음(기수) └ ② 간음 → 동시 또는 직후 폭행·협박(기습강간) 강제추행죄(제298조) ┌ ① 폭행·협박 → 추행 : 폭행·협박선행형 └ ② 폭행 = 추행 : 기습추행형	"행위별"
가중적 구성요건	강간등 상해·치상죄, 강간등 살인·치사죄, 상습범(제305조의2)	
감경적 구성요건	유사강간죄(제297조의2) ※ 신체에의 삽입 등 성기 vs. 성기 아닌 경우	
독립적 구성요건 "객체별"	준강간·준강제추행죄(제299조) → 심신상실 또는 항거불능상태에 있는 사람 미성년자·심신미약자간음죄(제302조) → 미성년자 또는 심신미약자, 위계·위력 업무상위력간음죄(피감독자간음, 제303조 제1항) → 피감독자, 위계·위력 피구금자간음죄(제303조 제2항) → 피구금자, 동의여부 불문 미성년자의제강간죄(제305조) → ┌ ① 13세 미만의 사람, 동의여부 불문 └ ② 13세 이상 16세 미만의 사람, 동의여부 불문 (주체 = 19세 이상의 자)	
미수범 처벌규정	○ : 강간죄, 유사강간죄, 강제추행죄, 준강간·준강제추행죄, **미성년자의제강간죄**(판례) × : 강간등 상해·치상죄, 강간등 살인·치사죄 　　미성년자·심신미약자간음죄, 업무상위력간음죄, 피구금자간음죄	
예비·음모 처벌규정	○ : 강간죄, 유사강간죄, 준강간죄, 강간상해죄, 미성년자의제강간·추행죄 × : 강제추행죄, 준강제추행죄, ○○간음죄, 강간치상죄, 강간살인죄	

Thema 정리 　강간죄의 객체별 분류

행위/객체	13세 미만 (주체 19세 이상 : 16세 미만)	13세 이상 19세 미만 (주체 19세 이상 : 16세 이상 19세 미만)	19세 이상
폭행·협박	강간죄	강간죄	강간죄
위계·위력	미성년자의제강간죄	미성년자위계간음죄	무죄 ↔ 피감독자·피구금자간음죄
동의 ○	미성년자의제강간죄	형법상 무죄	무죄 ↔ 피구금자간음죄

┌ 의의 : 제297조 보호법익·보호정도 : 성적 자기결정의 자유, 침해범
├ 주체 : 제한 ×
├ 객체 : 사람(남녀불문) ① 성전환을 한 사람 : ○, ② 법률상 처 : ○
├ 행위 ┌ 폭행·협박, 상대방의 **항거**를 **불가능**하게 하거나 **현저히 곤란**하게 할 정도, **반항억압**(최협의)
│   ├ 간음 : 성기와 성기간의 결합
│   └ 인과관계 : 필요, 폭행·협박이 반드시 간음행위보다 선행해야 × ↔ 간음행위와 거의 동시·직후
│   → 실행의 착수시기 : 폭행·협박을 개시한 때   [기습강간사건]
└ 타죄와의 관계 ┌ 강간범이 강도죄를 범한 경우 : 강간죄와 강도죄의 경합범
               └ 강도범이 강간죄를 범한 경우 : 강도강간죄(제339조)
┌ 유사강간 ┌ ① 구강·항문 등 신체(성기 제외)의 내부 vs. 성기 ↔ 구강 vs. 손가락 : ×
│   └ ② 성기·항문 vs. 손가락 등 신체(성기 제외)의 일부 또는 도구
├ 강제추행 ┌ 자수범 ×, 간접정범 ○ → 타인(피해자 포함)를 도구로 이용 가능
│   ├ 종류 ┌ ① **폭행·협박선행형** : (종래 : **항거곤란할 정도** ⇨ 변경 : 항거곤란할 정도 ×) → 추행
│   │   │ [폭행·협박 선행형의 강제추행죄에서 '폭행 또는 협박'의 의미]
│   │   │ → 신체에 대하여 불법한 유형력을 행사, 공포심을 일으킬 수 있을 정도의 해악의 고지
│   │   └ ② **기습추행형** : 폭행(**힘의 대소강약불문**) = 추행
│   ├ 추행 = ① 음란행위 + ② **성적 자유 침해**행위여야 [엘리베이터 안 자위 추행사건] 추행 ○
│   │   ↔ [도로성기노출사건] 추행 ×
│   ├ → 실행의 착수시기 : 폭행행위〈강제추행미수 사건〉[기습추행미수사건]22)
│   └ 주관적 구성요건 : 폭행 또는 협박에 의하여 추행한다는 인식과 의사(고의)
│   ↔ 성욕을 자극·흥분·만족시키려는 주관적 동기나 목적 : ×
├ 준강간·준강제추행 : **심신상실** 또는 **항거불능**(최협의, 심리적·물리적 반항불가능·현저히 곤란)의 상태를 이용
│   **예** 수면중, 만취상태 = 의식상실, 패싱아웃(passing out) ↔ 알코올 블랙아웃(black out) : ×
│   [친족관계에 의한 성폭력범죄에서 심리적 항거불능 또는 현저한 항거곤란 상태 여부가
│   문제된 사건]
│   → 항거불능상태에는 친족관계에서 장기간 정신적(심리적)·경제적 예속관계 계속된 경우 포함
│   [준강간죄의 불능미수사건(만취했다고 오인한 사건)]
│   [준강간죄의 장애미수 공소사실에 관한 심리결과 준강간죄의 불능미수 범죄사실이
│   인정되는 경우]
├ 미성년자의제강간·강제추행 ┌ ① 만16세 미만자, 동의 있어도 처벌 ○
│   └ ② 만13세 이상 만16세 미만자의 경우 19세 이상 자만 처벌
├ 강간상해·치상, 강간살인·치사 : 상해·사망의 결과는 강간의 기회에 발생하면 족, 강간 기수·미수 불문
│   [성폭력범죄의 처벌 등에 관한 특례법 위반(강간등치상)죄의 미수범 인정 여부가 문제된 사건]
├ 미성년자·심신미약자 간음·추행 : 위계 [위계에 의한 간음죄에서 위계의 의미] 또는 위력
                              └ ┌ 종래 : **간음행위자체**에 대한 오인·착각·부지
                                └ 변경 : ① 간음행위 자체, ② 동기, ③ 대가에 대한 오인·
                                  착각·부지 포함

└ 업무상위력간음(피감독자간음) : 위계 또는 위력 ↔ 업무상위력추행 : 형법규정 ×, 성폭력처벌법 ○
└ 피구금자간음 : 법률에 의하여 구금된 자를 감호하는 자가 간음한 경우, 동의 있어도 처벌 ○

〈강제추행죄의 고의〉
강제추행죄가 성립하기 위한 주관적 구성요건으로는 폭행 또는 협박에 의하여 추행한다는 인식과 의사(고의)만으로 충분하고, 성욕을 자극·흥분·만족시키려는 주관적 동기나 목적이 있어야 하는 것은 아니다(대판 2024.8.1, 2024도3061).

• [폭행·협박 선행형의 강제추행죄에서 '폭행 또는 협박'의 의미]

[1] 강제추행죄의 범죄구성요건과 보호법익, 종래의 판례 법리의 문제점, 성폭력범죄에 대한 사회적 인식, 판례 법리와 재판 실무의 변화에 따라 해석기준을 명확히 할 필요성 등에 비추어 강제추행죄의 '폭행 또는 협박'의 의미는 다시 정의될 필요가 있다. **강제추행죄의 '폭행 또는 협박'은 상대방의 항거를 곤란하게 할 정도로 강력할 것이 요구되지 아니하고, / 상대방의 신체에 대하여 불법한 유형력을 행사(폭행)하거나 일반적으로 보아 상대방으로 하여금 공포심을 일으킬 수 있는 정도의 해악을 고지(협박)**하는 것이라고 보아야 한다.

[2] 어떠한 행위가 강제추행죄의 '폭행 또는 협박'에 해당하는지 여부는 행위의 목적과 의도, 구체적인 행위태양과 내용, 행위의 경위와 행위 당시의 정황, 행위자와 상대방과의 관계, 그 행위가 상대방에게 주는 고통의 유무와 정도 등을 종합하여 판단하여야 한다.

[3] 이와 달리 **강제추행죄의 폭행 또는 협박이 상대방의 항거를 곤란하게 할 정도일 것을 요한다고 본 대법원 2012.7.26. 선고 2011도8805 판결을 비롯하여 같은 취지의 종전 대법원판결**은 이 판결의 견해에 배치되는 범위 내에서 모두 변경하기로 한다(대판 2023.9.21, 2018도13877 全合).

[사실관계] 피고인이 자신의 주거지 방안에서 4촌 친족관계인 피해자 갑(여, 15세)의 학교 과제를 도와주던 중 갑을 **양팔로 끌어안은 다음 침대에 쓰러뜨린 후 갑의 가슴을 만지는 등** 강제로 추행하였다는 성폭력범죄의 처벌 등에 관한 특례법 위반(친족관계에 의한 강제추행)의 주위적 공소사실로 기소된 사안23)에서, 당시 피고인의 행위는 갑의 신체에 대하여 불법한 유형력을 행사하여 갑을 강제추행한 것에 해당한다고 볼 여지가 충분하다는 이유로, 이와 달리 피고인의 행위가 갑의 항거를 곤란하게 할 정도의 폭행 또는 협박에 해당하지 않는다고 보아 위 공소사실을 무죄로 판단한 원심의 조치에 법리오해 등의 잘못이 있다고 한 사례 → 폭행에 해당 ○, 강제추행죄 성립 ○

---

22) 2021년 법무사시험
23) 피고인은 2014.8.15. 19:23경 피고인의 주거지 방안에서 4촌 친족관계인 피해자(여, 15세)에게 "내 것 좀 만져줄 수 있느냐?"며 피해자의 왼손을 잡아 피고인의 성기 쪽으로 끌어당겼으나 피해자가 이를 거부하며 일어나 집에 가겠다고 하자, "한 번만 안아줄 수 있느냐?"며 피해자를 양팔로 끌어안은 다음 피해자를 침대에 쓰러뜨려 피해자 위에 올라탄 후, 피해자에게 "가슴을 만져도 되느냐?"며 피고인의 오른손을 피해자의 상의 티셔츠 속으로 집어넣어 속옷을 걷어 올려 왼쪽 가슴을 약 30초 동안 만지고 피해자를 끌어안고 자세를 바꾸어 피해자가 피고인의 몸에 수차례 닿게 하였으며, "이러면 안 된다. 이러면 큰일 난다."며 팔을 풀어 줄 것을 요구하고 방문을 나가려는 피해자를 뒤따라가 약 1분 동안 끌어안았다.

- **[강제추행미수 사건(기습추행미수 사건)][24]** 추행의 고의로 상대방의 의사에 반하는 유형력의 행사, 즉 폭행행위를 하여 실행행위에 착수하였으나 추행의 결과에 이르지 못한 때에는 강제추행미수죄가 성립하며, 이러한 법리는 폭행행위 자체가 추행행위라고 인정되는 이른바 '**기습추행**'의 경우에도 마찬가지로 적용된다(대판 2015.9.10, 2015도6980).
  [사실관계] 피고인이 밤에 술을 마시고 배회하던 중 버스에서 내려 혼자 걸어가는 피해자 甲(여, 17세)을 발견하고 마스크를 착용한 채 뒤따라가다가 인적이 없고 외진 곳에서 **가까이 접근하여 껴안으려 하였으나, 甲이 뒤돌아보면서 소리치자 그 상태로 몇 초 동안 쳐다보다가 다시 오던 길로 되돌아간 경우** 「아동·청소년의 성보호에 관한 법률」상 아동·청소년에 대한 강제추행미수죄에 해당한다.

〈준강간죄의 객체〉

심신상실 또는 항거불능의 상태에 있는 사람이다. **심신상실**이란 정신능력의 상실로 말미암아 정상적인 성적 자기결정을 할 수 없는 상태를 말하고, **항거불능**이란 심신상실 이외의 원인으로 심리적·육체적으로 반항이 불가능하거나 현저히 곤란한 경우를 말한다.
피해자가 깊은 잠에 빠져 있거나 술·약물 등에 의해 일시적으로 의식을 잃은 상태 또는 완전히 의식을 잃지는 않았더라도 그와 같은 사유로 정상적인 판단능력과 대응·조절능력을 행사할 수 없는 상태에 있었다면 준강간죄 또는 준강제추행죄에서의 심신상실 또는 항거불능 상태에 해당한다.

〈강간치사상죄의 미수 인정여부〉

강간·강제추행의 기수·미수를 불문하고 사망이나 상해의 결과가 발생하고 그 행위와 결과 간에 인과관계가 인정되면 강간치사상죄가 성립한다.

〈강간치상죄의 상해의 판단기준〉

강간행위에 수반하여 생긴 상해가 **극히 경미한 것으로서 굳이 치료할 필요가 없어서 자연적으로 치유되며 일상생활을 하는 데 아무런 지장이 없는 경우**에는 강간치상죄의 상해에 해당되지 아니한다고 할 수 있을 터이나, 그러한 논거는 "**피해자의 반항을 억압할 만한 폭행 또는 협박이 없어도 일상생활 중 발생할 수 있는 것이거나 합의에 따른 성교행위에서도 통상 발생할 수 있는 상해와 같은 정도임을 전제**"로 하는 것이므로 / 그러한 정도를 넘는 상해가 그 폭행 또는 협박에 의하여 생긴 경우라면 상해에 해당된다.

- **[졸피뎀사건][25]** 甲이 A 몰래 졸피뎀(Zolpidem)이라는 수면유도제를 성인권장량의 2배로 커피에 몰래 타 먹여 의식을 잃게 한 후 총 13회에 걸쳐 강간하였고, A는 의식을 회복한 후 특별한 치료를 받지는 않았으나 범행으로 인한 **외상 후 스트레스 장애**를 입은 경우 **강간치상죄**가 성립한다(대판 2017.6.29, 2017도3196).

---

24) 2021년 법무사시험
25) 2021년 법무사시험 甲은 과거 연인관계였던 乙(女)에게 성인 권장용량의 1.5배 내지 2배 정도에 해당하는 양의 졸피뎀 성분의 수면제가 섞인 커피를 주어 마시게 한 다음 乙(女)이 잠이 들자 간음하였다. 乙(女)은 커피를 받아 마신 다음 곧바로 정신을 잃고 깊이 잠들었다가 약 4시간 뒤에 깨어 났는데 잠이 든 이후의 상황에 대해서 제대로 기억하지 못하였고, 정신이 희미하게 든 경우도 있었으나 자신의 의지대로 생각하거나 행동하지 못한 채 곧바로 기절하다시피 다시 깊은 잠에 빠졌다. 이후 乙(女)은 자연적으로 의식을 회복하였으며 의식을 회복한 다음 특별한 치료를 받지는 않았다.

〈위계에 의한 간음죄에서 위계의 의미〉
위계라 함은 행위자가 간음의 목적으로 상대방에게 오인, 착각, 부지를 일으키고 상대방의 그러한 심적 상태를 이용하여 간음의 목적을 달성하는 것을 말한다. 피해자가 오인, 착각, 부지에 빠지게 되는 대상은 ① 간음행위 자체일 수도 있고, ② 간음행위에 이르게 된 동기이거나 ③ 간음행위와 결부된 금전적·비금전적 대가와 같은 요소일 수도 있다.

Thema 정리 | 명예에 관한 죄

제307조(명예훼손) ① 공연히 사실을 적시하여 사람의 명예를 훼손한 자는 2년 이하의 징역이나 금고 또는 500만원 이하의 벌금에 처한다.
② 공연히 허위의 사실을 적시하여 사람의 명예를 훼손한 자는 5년 이하의 징역, 10년 이하의 자격정지 또는 1천만원 이하의 벌금에 처한다.

제308조(사자의 명예훼손) 공연히 허위의 사실을 적시하여 사자의 명예를 훼손한 자는 2년 이하의 징역이나 금고 또는 500만원 이하의 벌금에 처한다.

제309조(출판물 등에 의한 명예훼손) ① 사람을 비방할 목적으로 신문, 잡지 또는 라디오 기타 출판물에 의하여 제307조 제1항의 죄를 범한 자는 3년 이하의 징역이나 금고 또는 700만원 이하의 벌금에 처한다.
② 제1항의 방법으로 제307조 제2항의 죄를 범한 자는 7년 이하의 징역, 10년 이하의 자격정지 또는 1천500만원 이하의 벌금에 처한다.

제310조(위법성의 조각) 제307조 제1항의 행위가 진실한 사실로서 오로지 공공의 이익에 관한 때에는 처벌하지 아니한다.

제311조(모욕) 공연히 사람을 모욕한 자는 1년 이하의 징역이나 금고 또는 200만원 이하의 벌금에 처한다.

제312조(고소와 피해자의 의사) ① 제308조와 제311조의 죄는 고소가 있어야 공소를 제기할 수 있다.
② 제307조와 제309조의 죄는 피해자의 명시한 의사에 반하여 공소를 제기할 수 없다.

기본적 구성요건	명예훼손죄(제307조 제1항) → 위법성조각사유(제310조)
가중적 구성요건	허위사실적시명예훼손죄(제307조 제2항), 출판물등명예훼손죄(제309조)
독립적 구성요건	사자명예훼손죄(제308조), 모욕죄(제311조)
미수범 처벌규정	×
예비·음모 처벌규정	×
반의사불벌죄	명예훼손죄, 허위사실적시명예훼손죄, 출판물에 의한 명예훼손죄
친고죄	사자명예훼손죄, 모욕죄

Thema 정리 | 명예훼손죄[26]

```
┌ 의의 : 제307조  보호법익·보호정도 : 사람의 외적 명예, 추상적 위험범 = 모욕죄
├ 주체 : 자연인인 사람
├ 객체 ┬ 명예(사람의 인격적 가치에 대한 사회적 평가) ↔ 내적명예(진가), 명예감정(자존심) : ×
│      └ 명예의 주체 ┬ 모든 자연인, 사자 포함, 피해자 특정되어야
│                     │ 법인, 법인격 없는 단체 예 정당, 노동조합, 병원, 상공회의소, 종교단체 등
│                     │ 집합명칭 : 명예훼손 × ↔ 피해자 특정되면 구성원 각자의 명예훼손 ○
│                     │ [서울시민 또는 경기도민][해경사건] 특정 ×, 개별구성원에 이르러 비난의 정도 희석, 명예훼손 ×
│                     │ ↔ [3.19 동지회 소속 교사들사건] 소속교사들 모두에 대한 명예훼손 ○
│                     └ 정부·국가기관, 국가·지방자치단체 : 피해자 × [고흥군 비방사건] ↔ 공직자개인
├ 행위 ┬ 공연히 : 불특정 또는 다수인이 인식할 수 있는 상태
│      │ ↔ 판례 : 전파성이론 ┬ 불특정 또는 다수인에게 전파가능성 ○ : 공연성 ○ [전파가능성 사건]
│      │                       └ 불특정 또는 다수인에게 전파가능성 × : 공연성 × [아들이 장애인이래
│      │                          사건]
│      │ 〈전파가능성 제한법리〉 ∵ 발언자와 상대방, 피해자와 상대방과의 관계 등 고려
│      │   ┌ ① 상대방이 발언자나 피해자의 배우자, 친척, 친구 등 사적으로 친밀한 관계 = 특수관계
│      │   └ ② 상대방이 직무상 비밀유지의무, 이를 처리해야 할 공무원 등 유사한 지위 = 특수지위·신분
│      ├ 사실의 적시 ┬ 증명가능한 현재·과거의 사실 ↔ 의견(가치판단·평가) : ×
│      │              │ [제307조 제1항에서 말하는 '사실'의 의미] 진실+허위(허위성 인식이 없는 경우)
│      │              ├ 장래의 일을 적시하는 경우 : ×  ↔ 현재사실기초로 주장 [내일부로 영장~]
│      │              ├ 공지의 사실, 추측·소문에 의한 사실(암시하는 방식) : ○
│      │              │ [보톡스사건]['제국의 위안부' 사건] 명예훼손죄 × ∵ 사실의 적시 × 의견표명 ○
│      │              ├ 구체적 사실의 적시 ↔ 추상적 판단·경멸적 감정 표현 : 모욕죄 = 구체적 사실적시 ×
│      │              │                    ↔ 불쾌·무례·저속한 표현 & 사회적 평가 저하 × = 모욕죄 ×
│      │              │                    [나이 처먹은 게 무슨 자랑이냐사건][27] 모욕죄 성립 ×
│      │              │                    [야○○아사건][28] 모욕죄 성립 ×
│      │              └ 가치중립적 표현 : × ↔ 사회적 평가 저하시키면 ○ [동성애자사건]
│      └ 명예훼손 [범죄를 고발하였다 사건] → 고발동기·경위 불순하단 사정이 함께 알려지면 명예훼손 ○
│          → 기수시기 : 게재·게시행위시 = 행위를 한 때 ∵ 추상적 위험범
├ 고의 : 미필적 고의로 족 ↔ 고의 × : 소문의 진위 확인위하여, 질문을 하는 과정, 질문에 대답하는 과정
├ 위법성조각사유 : 제310조
└ 죄수 : 피해자의 수
```

---

26) 2012년 법무사시험(20점)
27) 2019년 법무사시험(15점)
28) 2019년 법원사무관승진시험(10점)

Thema 정리	제310조 정리

```
1. 요건 ┌ ① 제307조 제1항의 행위에만 적용
        ├ ② 진실성(중요부분이 객관적 진실과 합치하면 족)
        └ ③ 공익성(주요한 동기가 공익을 위한 것이면 족, 특정 사회집단의 이익 포함) ↔ 비방의 목적
2. 효과 ┌ 실체법상 효과 : 위법성조각설(판례)          └ 개인에 관한 사항이라도 공익과 관련된 경우
        └ 소송법상 효과 ┌ 거증책임전환설(판례) ⇨ 행위자가 거증책임부담
                        └ 거증책임전환부정설 → 검사가 거증책임부담
3. 진실성에 대한 착오 예 허위사실을 진실이라 믿고 공익을 위하여 신문으로 보도한 경우
        ┌ 학설(다수설) : 위법성조각사유 전제사실에 대한 착오 문제로 처리!
        └ 판례 : 진실이라 믿고, 믿은데 상당한 이유 ○ ⇨ "위법성이 없다"
```

Thema 정리	명예훼손죄에서의 착오문제

1. 진실ㆍ허위 간의 착오 = "진실"로 처리! 단순명예훼손죄(제307조 제1항)

  1) 허위사실을 진실로 오인하고 적시한 경우 : 단순명예훼손(제307조 제1항)(∵ 제15조 제1항)

  2) 진실한 사실을 허위로 오인하고 적시한 경우 : 단순명예훼손(제307조 제1항)(∵ 큰 고의에는 작은 고의가 포함되어 있다는 논리)

2. 생사착오(생사오인) + 허위사실적시 = 사자명예훼손죄(제308조) "사자"로 처리!

  1) 사자로 오인하고 허위사실 적시한 경우 : 사자명예훼손죄(제308조)(∵ 제15조 제1항)

  2) 생자로 오인하고 허위사실 적시한 경우 : 사자명예훼손죄(제308조)(∵ 큰 고의에는 작은 고의가 포함되어 있다는 논리)

3. 생사착오(생사오인) + 진실적시 = 무죄

  1) 사자로 오인하고 진실사실 적시한 경우 : 무죄(∵ 고의가 없고, 과실처벌규정도 없으므로)

  2) 생자로 오인하고 진실사실 적시한 경우 : 무죄(∵ 객체의 불능, 불능미수가 문제되나, 미수처벌규정이 없으므로)

〈객체 / 명예의 주체〉
집합명칭(집합적 명사)을 사용한 경우 : 집단표시에 의한 명예훼손
명예훼손의 피해자는 특정되어야 하므로 막연한 표시만으로는 명예훼손죄를 구성하지 않으나, 집합명칭을 쓴 경우에도 특정인을 가리키는 것이 명백하면, 이를 구성원 각자의 명예를 훼손하는 행위라고 볼 수 있다.

정부 또는 국가기관에 대한 명예훼손 : 정부 또는 국가기관은 형법상 명예훼손죄의 피해자가 될 수 없다. 다만 언론보도의 내용이 공직자 개인에 대한 악의적이거나 심히 경솔한 공격으로서 현저히 상당성을 잃은 것으로 평가된다면 공직자 개인에 대한 명예훼손에 해당할 수 있다.

〈행위 : 공연성〉
공연성이란 불특정 또는 다수인이 인식할 수 있는 상태를 의미한다(직접인식가능성설).
그러나 판례는 개별적으로 한 사람이나 소수의 사람에게 사실을 적시하여 불특정 또는 다수인이 현실적으로 적시사실을 인식하지 못한 경우에도 불특정 또는 다수인에게 전파될 가능성이 있다면 명예훼손죄의 성립요건 인 공연성이 인정된다고 보고 있다(전파성이론).

〈사실의 적시〉
명예훼손죄가 성립하기 위하여는 특정인의 사회적 가치 내지 평가를 침해할 가능성 있는 사실의 적시가 있어야 한다.
사실이란 현실적으로 발생하고 증명할 수 있는 과거 또는 현재의 사실을 말한다. 따라서 사실의 적시는 증거에 의하여 입증가능한 보고 내지 진술을 말하고, 가치판단이나 평가를 내용으로 하는 의견표현에 대치되는 개념이다. 사실의 적시는 소문이나 제3자의 말, 보도를 인용하는 방법 등으로 사실이 존재할 수 있다는 것을 **암시하는 방식**으로도 가능하다.

〈주관적 구성요건 : 고의〉
명예훼손죄가 성립하기 위해서는 주관적 요소로서 타인의 명예를 훼손한다고 하는 고의를 가지고 사람의 사회적 평가를 저하시키는 데 충분한 구체적 사실을 적시하여야 한다.

〈위법성조각사유 / 공익성 / 공공의 이익〉
'공공의 이익'에는 널리 국가·사회 기타 일반 다수인의 이익에 관한 것뿐만 아니라 **특정한 사회집단**이나 그 구성원 전체의 관심과 이익에 관한 것도 포함된다(대판 2001.10.9. 2001도3594). **개인에 관한 사항이더라도** 그것이 공공의 이익과 관련되어 있고 사회적인 관심을 획득한 경우 공공의 이익에 관련될 수 있다.

<모욕과 불쾌하게 할 수 있는 무례하고 저속한 표현과의 구별>

① 모욕이란 사실을 적시하지 아니하고, 사람의 사회적 평가를 저하시킬만한 추상적 판단이나 경멸적 감정을 표현하는 것을 의미한다.

② 모욕의 수단과 방법에는 제한이 없으므로 언어적 수단이 아닌 비언어적·시각적 수단만을 사용하여 표현을 하더라도 그것이 사람의 사회적 평가를 저하시킬 만한 추상적 판단이나 경멸적 감정을 전달하는 것이라면 모욕죄가 성립한다(대판 2023.2.2, 2022도4719).

③ **무례하고 저속한 표현과의 구별** : 어떠한 표현이 상대방의 인격적 가치에 대한 사회적 평가를 저하시킬 만한 것이 아니라면 설령 그 표현이 다소 무례하고 저속한 방법으로 표시되었다 하더라도 이를 모욕죄의 구성요건에 해당한다고 볼 수 없다(대판 2015.12.24, 2015도6622).

• **어떠한 표현이 모욕죄의 모욕에 해당하는지는** 상대방 개인의 주관적 감정이나 정서상 어떠한 표현을 듣고 기분이 나쁜지 등 명예감정을 침해할 만한 표현인지를 기준으로 판단할 것이 아니라, 당사자들의 관계, 해당 표현에 이르게 된 경위, 표현방법, 당시 상황 등 객관적인 제반 사정에 비추어 상대방의 외부적 명예를 침해할 만한 표현인지를 기준으로 엄격하게 판단하여야 한다.

어떠한 표현이 개인의 인격권을 심각하게 침해할 우려가 있는 것이거나 상대방의 인격을 허물어뜨릴 정도로 모멸감을 주는 혐오스러운 욕설이 아니라 **상대방을 불쾌하게 할 수 있는 무례하고 예의에 벗어난 정도이거나 상대방에 대한 부정적·비판적 의견이나 감정을 나타내면서 경미한 수준의 추상적 표현이나 욕설이 사용된 경우** 등이라면 특별한 사정이 없는 한 외부적 명예를 침해할 만한 표현으로 볼 수 없어 모욕죄의 구성요건에 해당된다고 볼 수 없다. 모욕죄의 구성요건을 해석·적용할 때에도 개인의 인격권과 표현의 자유가 함께 고려되어야 한다(대판 2024.10.8, 2022도15971).

관련 판례 상대방을 불쾌하게 할 수 있는 무례하고 저속한 표현에 해당하는 경우 : 모욕 ×

1) **[나이 처먹은 게 무슨 자랑이냐사건]** [29] 아파트 입주자대표회의 감사인 피고인이 관리소장 갑의 업무처리에 항의하기 위해 관리소장실을 방문한 자리에서 갑과 언쟁을 하다가 **"야, 이따위로 일할래.", "나이 처먹은 게 무슨 자랑이냐."**라고 말한 경우 모욕죄가 성립하지 않는다(대판 2015.9.10, 2015도2229).

2) **[아이 씨발사건]** 피고인이 택시기사와 요금문제로 시비가 벌어져 112 신고를 한 후, 신고를 받고 출동한 경찰관 甲에게 늦게 도착한 데에 대하여 항의하는 과정에서 **'아이 씨발!'**이라고 말한 경우 모욕죄가 성립하지 않는다(대판 2015.12.24, 2015도6622). **[판결이유]** "아이 씨발!"이라는 발언은 구체적으로 상대방을 지칭하지 않은 채 단순히 발언자 자신의 불만이나 분노한 감정을 표출하기 위하여 흔히 쓰는 말로서 상대방을 불쾌하게 할 수 있는 무례하고 저속한 표현이다.

3) **[야○○아사건]** [30] 甲 주식회사 해고자 신분으로 노동조합 사무장직을 맡아 노조활동을 하는 피고인이 노사관계자 140여 명이 있는 가운데 큰 소리로 피고인보다 15세 연장자로서 甲 회사 부사장인 乙을 향해 "야 ○○아, ○○이 여기 있네, 니 이름이 ○○이잖아, ○○아 나오니까 좋지?" 등으로 **여러 차례 乙의 이름을 불렀다면** 제반 사정을 종합하면, 피고인의 위 발언은 상대방을 불쾌하게 할 수 있는 무례하고 예의에 벗어난 표현이기는 하지만 객관적으로 乙의 인격적 가치에 대한 사회적 평가를 저하시킬 만한 모욕적 언사에 해당하지 않는다고 한 사례(대판 2018.11.29, 2017도2661)

---

29) 2019년 법무사시험(15점), 2020년 변호사시험
30) 2019년 법원사무관승진시험(10점)

Thema 정리 신용·업무와 경매에 관한 죄

제313조(신용훼손) 허위의 사실을 유포하거나 기타 위계로써 사람의 신용을 훼손한 자는 5년 이하의 징역 또는 1천500만원 이하의 벌금에 처한다.

제314조(업무방해) ① 제313조의 방법 또는 위력으로써 사람의 업무를 방해한 자는 5년 이하의 징역 또는 1천500만원 이하의 벌금에 처한다.

② 컴퓨터 등 정보처리장치 또는 전자기록 등 특수매체기록을 손괴하거나 정보처리장치에 허위의 정보 또는 부정한 명령을 입력하거나 기타 방법으로 정보처리에 장애를 발생하게 하여 사람의 업무를 방해한 자도 제1항의 형과 같다.

제315조(경매, 입찰의 방해) 위계 또는 위력 기타 방법으로 경매 또는 입찰의 공정을 해한 자는 2년 이하의 징역 또는 700만원 이하의 벌금에 처한다.

Thema 정리 | 업무방해죄

```
┌ 의의 : 제314조   보호법익·보호정도 : 업무 또는 업무의 공정성, 추상적 위험범
├ 객체 : 업무 ┬ 직업 또는 계속적으로 종사하는 사무나 사업
│            ├ 생명·신체에 위험초래업무에 제한 ×
│            ├ 적법·유효 불문 예 무허가~, 보호할 가치 있는 업무 ↔ 반사회성 띠는 업무 : ×
│            │ [성매매업소 병풍사건] [무면허의료행위] [무자격자의 공인중개업] [직무집행정지가처분결정 反]
│            └ 공무 포함 × [경찰청민원실 욕설행패·난동사건]31) [시장기자회견 방해사건]
│     → 업무 ┬ ○ : [종중 회장의 의사진행업무] [대학원 입학전형 업무] [무허가폐석운반]
│            └ × : [비닐공장이전] [주주의 주총에서의 의결권행사] [초등학교 교실 욕설사건]
├ 행위 ┬ ① 허위사실 유포
│      ├ ② 위계 [점수조작면접업무방해사건] [대리전자투표위계업무방해사건] [허위봉사활동확인서사건] 위계 ○
│      │       ↔ [쪼개기송금사건] 위계 ×
│      ├ ③ 위력 [폐원신고 위력업무방해사건] 위력 ○ ↔ [휴원신고사건] 위력 × /
│      │       [소비자불매운동 업무방해사건] 광고주들 : 위력 ○ ↔ 신문사들 : 위력 ×
│      └ ④ 업무방해 : 업무집행자체 방해 + 업무의 경영저해 또는 적정성·공정성 방해 포함
└ 컴퓨터등장애 업무방해죄 : 정보처리에 장애발생 요 ○ + 업무방해(방해위험 ○, 방해결과 ×)
                          [허위클릭정보전송사건]
```

- **[경찰청민원실 욕설행패사건]** 형법이 업무방해죄와는 별도로 공무집행방해죄를 규정하고 있는 것은 사적 업무와 공무를 구별하여 공무에 관해서는 공무원에 대한 폭행, 협박 또는 위계의 방법으로 그 집행을 방해하는 경우에 한하여 처벌하겠다는 취지라고 보아야 한다. 따라서 공무원이 직무상 수행하는 공무를 방해하는 행위에 대해서는 업무방해죄로 의율할 수는 없다(대판 2009.11.19, 2009도4166 [illegible]合).
  [사실관계] 지방경찰청 민원실에서 민원인들이 진정사건의 처리와 관련하여 지방경찰청장과의 면담 등을 요구하면서 이를 제지하는 경찰관들에게 큰소리로 욕설을 하고 행패를 부린 행위는 위력에 의한 업무방해죄에 해당하지 않는다.
  ※ 위력으로 공무집행을 방해한 경우
    1. 공무집행방해죄 ×(∵ 공무집행방해의 행위태양에 "폭행, 협박, 위계"만 규정, 위력은 규정 ×)
    2. 업무방해죄 ×(∵ 업무방해죄의 업무에는 공무는 포함 ×)

---

31) 2022년 법무사시험 → 메인논점 : 공무집행방해죄의 성부, 업무방해죄의 성부는 관련논점

Thema 정리 업무상과실치사상죄의 업무와의 비교

구분	업무상 과실치사상죄	업무방해죄
업무의 성격	행위주체 과실범, 부진정신분범	보호의 객체
정당성	적법·유효 불문	적법·유효 불문 but 보호가치 요
위험성	생명·신체에 위험한 업무 + 위험방지업무	제한 ×
공무포함여부	포함 ○	포함 ×

〈업무의 개념〉

① 업무방해죄에 있어서 그 보호대상이 되는 '업무'라 함은 직업 또는 계속적으로 종사하는 사무나 사업을 말한다. 보수유무나 영리의 유무, 주된 업무·부수적 업무를 불문한다. 다만 일시적 또는 오락를 위한 업무는 제외된다. 또한 직업이나 사회생활상의 지위에 기한 것이라고 보기 어려운 **단순한 개인적인 일상생활의 일환으로 행하여지는 사무**는 업무방해죄의 보호대상인 업무에 해당한다고 볼 수 없다.
② 업무방해죄의 업무는 타인의 위법한 행위에 의한 침해로부터 보호할 가치가 있는 것이면 되고, 그 업무의 기초가 된 계약 또는 행정행위 등이 반드시 적법하여야 하는 것은 아니다(대판 2008.3.14, 2007도11181). 다만 반사회성을 띠어 법률상 보호할 가치가 없는 업무는 포함하지 않는다.
③ 업무방해죄의 업무에는 공무는 포함되지 않는다.

〈허위사실의 유포〉

허위사실의 유포라고 함은 객관적으로 진실과 부합하지 않는 사실을 유포하는 것으로서 단순한 의견이나 가치판단을 표시하는 것은 이에 해당하지 아니한다.

〈위계〉

위계란 행위자가 행위목적을 달성하기 위하여 상대방에게 오인·착각 또는 부지를 일으키게 하여 이를 이용하는 것을 말한다.

〈위력〉

위력이라 함은 사람의 자유의사를 제압·혼란케 할 만한 일체의 유형적·무형적 세력을 말하는 것으로서 폭행, 협박은 물론 사회적, 경제적, 정치적 지위와 권세에 의한 압력·압박도 포함한다.

┌ 의의 : 제315조 보호법익·보호정도: 경매·입찰의 공정성, 추상적 위험범
├ 객체 : 경매·입찰 ┬ 경매 : 구두 청약, 최고가격 청약자에 승낙을 하여 매매를 성립시키는 것
│   ├ 입찰 : 문서 청약, 최고가격 또는 최저가격 청약자에게 승낙을 하여 매매를 성립
│   │   시키는 것
│   ├ 국가·공공단체 및 사인이 행하는 것도 포함
│   ├ 적법·유효한 입찰절차의 존재가 전제 ↔ 입찰 자체 실시 × : 입찰방해죄 성립 ×
│   └ 입찰 × **예** 수의계약(임의선택에 의한 계약 체결), (공개)추첨 ∵ 공정한 자유경쟁 절차 아니므로
├ 행위 ┬ ① 위계 : 업무방해죄와 동일
│   ├ ② 위력 : 업무방해죄와 동일
│   └ ③ 경매·입찰의 공정을 해하는 행위 : 공정한 자유경쟁을 방해할 염려가 있는 상태를 발생시키는 것
│   → 가격결정뿐 아니라 '적법하고 공정한 경쟁방법'을 해하는 행위도 포함(담합행위 등)
│   **[위계에 의한 경매방해죄 성립 여부가 문제된 사건](제3자명의매각허가결정·대금납부 ×)**
│   경매방해죄 성립 ○
│   **[부동산경매절차에서 허위의 임차권에 기하여 권리신고 및 배당요구를 한 경우 경매방해죄 성부]**
│   ① 경매방해죄 성립 ○ ∵ 공정한 자유경쟁을 방해할 염려가 있는 상태가 발생하였으므로
│   ② 사기미수죄 성립 ○ ∵ 기망행위 ○, 경매신청이 기각되어 뜻이 이루지 못하였으므로
└ 죄수 및 타죄와의 관계 : 위계에 의한 공무집행방해죄와의 관계
   → 법원경매업무를 담당하는 집행관의 구체적인 직무집행을 저지하거나 현실적으로 곤란하게 하는 데까지는
      이르지 않고 입찰의 공정을 해하는 정도의 행위 = 경매·입찰방해죄 ○, 위계에 의한 공무집행방해죄 ×

• **[위계에 의한 경매방해죄 성립 여부가 문제된 사건]** [32] 입찰방해죄는 위계 또는 위력 기타의 방법으로 입찰의
공정을 해하는 경우에 성립하고, 여기서 '**입찰의 공정을 해하는 행위**'란 공정한 자유경쟁을 방해할 염려가 있는
상태를 발생시키는 것으로서, 그 행위에는 적정한 가격형성에 부당한 영향을 주는 것뿐 아니라 적법하고 공정한
경쟁방법을 해하거나 공정한 경쟁구도의 형성을 저해하는 행위도 포함된다(대판 2023.12.21, 2023도10254).
[사실관계] 피고인이 이 사건 각 **부동산이 낙찰되지 않게 하기 위하여 제3자 명의로 매각허가결정을 받은
후 매각대금을 납부하지 않는 방법**으로 위계로써 경매의 공정을 해하였다는 입찰방해의 공소사실로 기소된
사안에서, **원심**은, 피고인이 이 사건 각 부동산을 담보로 투자자를 구하여 대출을 받거나 조합원을 모집하여
분양대금이 충분히 모일 때까지 이 사건 각 부동산이 경매로 타인에게 넘어가는 것을 저지할 의도만 있었을
뿐 처음부터 이 사건 각 부동산을 낙찰받아 경매대금을 납부할 의사는 없었다는 등의 이유로, 피고인이 위계로
써 경매의 공정을 해하였다고 판단하였고, **대법원**도, 피고인이 민사집행법상 기일입찰 방식의 경매절차에서
경매목적물을 매수할 의사나 능력 없이 오로지 경매목적물이 제3자에게 매각되는 것을 저지하기 위하여
경매절차를 지연할 목적으로 다른 사람의 명의를 이용하여 감정가와 현저하게 차이가 나는 금액으로 입찰하
는 행위를 반복함으로써 제3자의 매수를 사실상 봉쇄하여 전체적으로 경매절차를 형해화하는 정도에 이르렀고
이는 위계로써 경매의 공정을 해한 것으로 볼 수 있다고 보아, 원심판결을 수긍하여 상고를 기각하였다.
→ 위계에 의한 경매방해죄 성립 ○

---

32) 2024년 법무사시험(10점)

제316조(비밀침해) ① 봉함 기타 비밀장치한 사람의 편지, 문서 또는 도화를 개봉한 자는 3년 이하의 징역이나 금고 또는 500만원 이하의 벌금에 처한다.
② 봉함 기타 비밀장치한 사람의 편지, 문서, 도화 또는 전자기록 등 특수매체기록을 기술적 수단을 이용하여 그 내용을 알아낸 자도 제1항의 형과 같다.

제317조(업무상비밀누설) ① 의사, 한의사, 치과의사, 약제사, 약종상, 조산사, 변호사, 변리사, 공인회계사, 공증인, 대서업자나 그 직무상 보조자 또는 차등의 직에 있던 자가 그 직무처리 중 지득한 타인의 비밀을 누설한 때에는 3년 이하의 징역이나 금고, 10년 이하의 자격정지 또는 700만원 이하의 벌금에 처한다.
② 종교의 직에 있는 자 또는 있던 자가 그 직무상 지득한 사람의 비밀을 누설한 때에도 전항의 형과 같다.

제318조(고소) 본장의 죄는 고소가 있어야 공소를 제기할 수 있다.

독립적 구성요건	**비밀**침해죄(편지 등 **개봉**죄, 기술적수단이용비밀**침해**죄) 업무상비밀**누설**죄(**진정**신분범)
미수범 처벌규정	×
예비·음모 처벌규정	×
소추조건	친고죄

제319조(주거침입, 퇴거불응) ① 사람의 주거, 관리하는 건조물, 선박이나 항공기 또는 점유하는 방실에 침입한 자는 3년 이하의 징역 또는 500만원 이하의 벌금에 처한다.
② 전항의 장소에서 퇴거요구를 받고 응하지 아니한 자도 전항의 형과 같다.

제320조(특수주거침입) 단체 또는 다중의 위력을 보이거나 위험한 물건을 휴대하여 전조의 죄를 범한 때에는 5년 이하의 징역에 처한다.

제321조(주거·신체 수색) 사람의 신체, 주거, 관리하는 건조물, 자동차, 선박이나 항공기 또는 점유하는 방실을 수색한 자는 3년 이하의 징역에 처한다.

제322조(미수범) 본장의 미수범은 처벌한다.

- 의의 : 제319조 보호법익·보호정도 : **사실상 주거의 평온**(↔ 법적 주거권 : ×), 계속범
- 객체 ┬ 사람의 주거, 관리하는 건조물 **예** 공동주택 계단·복도·엘리베이터 : 주거에 해당 ○
  - **+ 위요지** ┬ ① 건조물에 인접한 주변 토지, 건조물의 이용에 제공
    - └ ② 설비 의한 통제 ↔ 객체 : × **[축사앞공터진입사건]** **[공사현장]** 위요지 ×
    - **[건축중타워]** 건조물 ×
  - └ 선박·항공기·점유하는 방실 ↔ 자동차 : × / 타워크레인 : × ↔ 골리앗크레인 : ○
- 행위 ┬ 침입 ┬ 종래 : 거주자 의사에 반하여 신체가 주거 등에 들어가는 행위
  - └ 변경 : **사실상 평온을 해하는 방법**으로 신체가 주거 등에 들어가는 행위
    - → 객관적·외형적으로 드러난 행위태양을 기준으로 판단 ↔ 추정적 의사에 반 = 침입 : ×
  - ├ 공동주거 ┬ 종래 : **[간통목적주거침입사건]** 침입 ○ ∵ 부재자인 남편의 추정적 의사에 반하므로
    - └ 변경 : **[혼외성관계목적사건]** ① 현재 거주자의 현실적인 승낙, ② 통상적인 출입방법 = 침입 ×
      - **[일시별거중인남편 잠금장치손괴사건]33)** 침입 × ∵ 공동거주자 중 1인, 공동생활장소
  - ├ 정상적 출입방법 아닌 경우 침입에 해당
  - └ 음식점 등 공공장소 & 범죄의 목적인 경우
    - ┌ 종래 : **[초원복집사건]** 침입 ○ ∵ 영업주의 추정적 의사에 반하므로
    - └ 변경 : **[몰카설치목적사건]34)** ① 영업주의 승낙, ② 통상적인 출입방법 = 침입 ×
      - **[시청사 로비 출입사건]35)** **[편의점 출입사건]** **[대형마트 출입사건]** 침입 × ∵ 통상적인 출입방법
      - **[명함지갑모양 녹음·녹화장치사건]** **[안경모양 녹음·녹화장비사건]** 침입 × ∵ 교도관의 현
      - 실적 승낙
- 고의 : **일부침입설**(판례) → 미수·기수시기 **[얼굴만 들이민 사건][카페안쪽으로 손뻗은 침입사건]** 고의 ○, 침입 ○
- 착수 : 구성요건의 실현에 이르는 현실적 위험성을 포함하는 행위를 개시하는 것으로 족
  - → 착수 ┬ ○ : **[베란다철제난간]** **[출입문 당겨보는 행위]**
    - └ × : **[가스배관]** **[초인종 누른 행위]**
- 죄수 ┬ 주거침입 유죄판결이 확정된 후에도 계속 거주한 경우 : 판결확정이후 별도의 주거침입 ○
  - └ 절도범인이 그 범행수단으로 주거침입을 한 경우 : 실체적 경합
- 타죄와의 관계 : **퇴거불응죄**(적법하게 들어간 자, 진정부작위범, 거동범, 계속범)
  - → 주거침입 후 퇴거불응시 주거침입죄에 흡수됨(∵ 보충관계)
  - → '퇴거' = 신체가 주거에서 나감을 의미 ∴ 나가면서 가재도구 등을 남겨둔 경우 퇴거불응 ×
- **[숙박업소에서 개별 객실을 점유하고 있는 고객에게 퇴거불응죄가 성립할 수 있는지에 관한 사건]** 예외적 성립가능

Thema 정리　주거침입죄의 고의와 미수 · 기수시기

구분	고의	기수시기
신체 전부침입설 (다수설)	주거자의 의사에 반하여 타인의 주거에 침입한다는 고의(신체의 전부가 타인의 주거 안으로 들어간다는 인식)	• 신체 일부가 들어가면 미수 • 신체 전부가 들어가면 기수 ∵ 1) 침입과 침입행위는 구별되어야 하고, 　2) 주거침입죄의 미수를 벌하는 형법의 태도
신체 일부침입설 (판례)	신체의 일부라도 타인의 주거 안으로 들어간다는 인식이 있으면 족하다는 입장	• 신체 일부 + 사실상 주거의 평온을 해 × = 미수 • 신체 일부 + 사실상 주거의 평온을 해 ○ = 기수

※ 신체의 극히 일부만 들어갔지만 사실상 주거의 평온을 해할 수 있는 정도에 이르지 않은 경우, 신체일부침입설과 신체전부침입설 모두 주거침입죄의 미수를 인정한다.

〈의의〉

사람의 주거, 관리하는 건조물, 선박이나 항공기 또는 점유하는 방실에 침입한 경우 성립하는 범죄이다(제319조 제1항). 주거침입죄의 보호법익은 법적 주거권(주거권설)이 아니라, 사실상의 주거의 평온(**사실상의 평온설**, 판례)이고, 보호정도는 침해범(판례)이다.

〈객체〉

(1) 주거침입죄에서 '**주거**'란 사람이 기거하고 침식에 사용하는 장소를 말하고, '**건조물**'은 주위벽 또는 기둥과 지붕 또는 천정으로 구성된 구조물로서 사람이 기거하거나 출입할 수 있는 장소를 말한다.

(2) 주거나 건조물이란 단순히 가옥 자체나 건조물 자체만을 말하는 것이 아니라 그 정원 등 **위요지**(圍繞地, 둘러싼 땅)를 포함한다.

(3) 다가구용 단독주택이나 다세대주택 · 연립주택 · 아파트 등 공동주택 내부에 있는 엘리베이터, 공용계단과 복도도 사실상의 주거의 평온을 보호할 필요성이 있는 부분이므로 주거에 해당한다.

(4) 주거침입죄의 객체는 행위자 이외의 사람, 즉 '**타인**'이 **거주하는 주거** 등이라고 할 것이므로 행위자 자신이 단독으로 또는 **다른 사람과 공동으로 거주하거나 관리 또는 점유하는 주거** 등에 임의로 출입하더라도 주거침입죄를 구성하지 않는다. 다만 다른 사람과 공동으로 주거에 거주하거나 건조물을 관리하던 사람이 공동생활관계에서 이탈하거나 주거 등에 대한 사실상의 지배 · 관리를 상실한 경우 등 특별한 사정이 있는 경우에 주거침입죄가 성립할 수 있을 뿐이다(대판 2021.9.9, 2020도6085 숯合).

〈행위_침입〉

(1) 침입의 의미

① 종래 판례는 침입이란 '주거자 또는 관리자의 의사 또는 추정적 의사에 반하여 주거 안으로 들어가는 것'을 의미한다고 보았으나, 최근 대법원은 2020도12630 전원합의체 판결에 의하여 침입이란 '거주자가 주거에서 누리는 사실상의 평온상태를 해치는 행위태양으로 주거에 들어가는 것'을 의미하는 것으로 변경하였다.

② 침입에 해당하는지 여부는 출입 당시 객관적·외형적으로 드러난 행위태양을 기준으로 판단함이 원칙이다. 거주자의 의사에 반한다는 주관적 사정만으로 바로 침입에 해당된다고 볼수는 없고, 다만 거주자의 의사에 반하는지는 사실상의 평온상태를 해치는 행위태양인지를 평가할 때 고려할 하나의 요소가 될 수 있을 뿐이다.

③ 평소 출입이 허용된 사람이라도 정상적인 출입이 아니거나, 하자 있는 승낙을 받고 들어간 경우에는 침입에 해당한다.

(2) 공동주거의 경우

① 공동거주자 중 1인의 동의를 얻어 주거에 들어간 경우 침입에 해당하는지 견해가 대립하나, 최근 대법원은 외부인이 공동거주자 중 주거 내에 현재하는 거주자로부터 현실적인 승낙을 받아 통상적인 출입방법에 따라 주거에 들어간 경우 사실상의 평온상태를 해치는 행위태양으로 주거에 들어간 것이라고 볼 수 없으므로 침입에 해당하지 않고, 부재중인 다른 거주자의 의사에 반하는 것으로 추정되더라도 마찬가지라고 판시하였다.

② 공동거주자 중 일방이 정당한 이유 없이 다른 공동거주자의 출입을 금지한 경우 다른 공동거주자가 이에 대항하여 공동생활의 장소에 들어간 경우 침입에 해당하는지 문제된다. 최근 대법원은 이러한 행위를 주거침입죄의 보호법익인 사실상 주거의 평온을 해하는 행위라 볼 수 없으므로 주거침입죄가 성립하지 않는다고 하고, 이러한 법리를 그 공동주거자의 승낙을 받아 함께 주거에 들어간 외부인의 출입행위에 대해서도 적용하고 있다.

③ 공동 거주·관리·점유권한이 있는 자가 해당 주거 등에 임의로 출입하는 경우에는 특별한 사정이 없는 한 주거침입죄가 성립하지 않는다.

(3) 일반적으로 출입이 허용된 공공장소의 경우

일반적 출입이 허용된 관공서의 청사, 음식점, 백화점 등에 범죄목적을 숨기고 들어간 경우 주거침입죄가 성립하는지 견해가 대립된다. 대법원은 최근 2017도18272 전원합의체 판결에서 일반인의 출입이 허용된 음식점에 영업주의 승낙을 받아 통상적인 출입방법으로 들어갔다면 특별한 사정이 없는 한 주거침입죄에서 규정하는 침입행위에 해당하지 않는다고 판시하고, 설령 행위자가 범죄 등을 목적으로 음식점에 출입하였거나 영업주가 행위자의 실제 출입 목적을 알았더라면 출입을 승낙하지 않았을 것이라는 사정이 인정되더라도 침입행위에 해당하지 않는다고 하였다.

(4) 거주자가 아닌 외부인이 공동주택의 공용 부분에 출입한 경우

다가구용 단독주택이나 다세대주택·연립주택·아파트와 같은 공동주택 내부의 엘리베이터, 공용 계단, 복도 등 공용 부분도 그 거주자들의 사실상 주거의 평온을 보호할 필요성이 있으므로 주거침입죄의 객체인 '사람의 주거'에 해당한다.

거주자가 아닌 외부인이 공동주택의 공용 부분에 출입한 것이 공동주택 거주자들에 대한 주거침입에 해당하는지를 판단할 때에는 공용 부분이 일반 공중의 출입이 허용된 공간이 아니고 주거로 사용되는 각 가구 또는 세대의 전용 부분에 필수적으로 부속하는 부분으로서 거주자들 또는 관리자에 의하여 외부인의 출입에 대한 통제·관리가 예정되어 있어 거주자들의 사실상 주거의 평온을 보호할 필요성이 있는 부분인지, 공동주택의 거주자들이나 관리자가 평소 외부인이 그곳에 출입하는 것을 통제·관리하였는지 등의 사정과 외부인의 출입 목적 및 경위, 출입의 태양과 출입한 시간 등을 종합적으로 고려하여 '주거의 사실상 평온상태가 침해되었는지'의 관점에서 객관적·외형적으로 판단하여야 한다.

Thema 정리 재산죄 일반론

제346조(동력)
본장의 죄에 있어서 관리할 수 있는 동력은 재물로 간주한다.

객체 : 재물과 재산상 이익
- 재물
  - 유체물 : 물건 → 객관적·금전적 교환가치 ×, 주관적·소극적 가치 ○ 예 옛날애인사진 [심문기일소환장] [찢어버린 어음]
  - 관리할 수 있는 동력 : 전기, 수력 ↔ × : 권리, 역무, 정보 [광업권] [전화무단사용] [컴퓨터저장정보]
- 재산상 이익 : 채권↑ 채무↓
  - 법률적 ×, 경제적 이익 ○(위법한 이익도 포함 ○) [매음료사기사건]
  - 외견상 재산상 이득을 얻을 것이라고 인정되는 사실관계면 족

- ≠ 민법상 점유권
- **형법상 점유** : 사실상 지배
  - ① 점유보조자의 점유 ○
  - ② 상속에 의한 점유이전 × [내연관계 가방사건] = [사과나무사건]
- 점유개념의 확대 [강간을 당한 피해자가 놓고간 손가방] [당구장·PC방에 놓고간 금반지·휴대폰]
- 점유개념의 축소 [고속버스·지하철의 유실물]36)(운전사·승무원 **발견 전** 점유이탈물횡령)
  - ↔ **발견 후** 절도

- 대등관계의 공동점유 : 공유·합유·총유물 → 타인점유에 해당
- 상하관계·위탁관계
  - 지배감독 ○ : 위탁자점유 ⇨ 영득시 **절도** ○ [철도공무원] [직원동행]
  - 지배감독 × : 수탁자점유 ⇨ 영득시 **횡령** ○ [오토바이 횡령사건] [화물자동차] [화물자동차·지게짐꾼 횡령사건]

※ 사자의 점유: 사자의 생전점유 ○ ∴ 절도 [4시간 30분사건] ↔ 사자점유부정(학설) ∴ 점유이탈물횡령

주관적 구성요건 : 고의 + 불법영득의사(소유권침해의사)(남의 것을 가지려는 마음)
- 고의
- **불법영득의사**
  - 불법 : 영득의 불법 ×, 행위의 불법 ○ → **반환청구권**이 있어도 절도 ○
  - 영득
    - 대상 : 물체 & 물체의 특수한 기능가치 [예금통장 절도사건]37)
      - ↔ 단순한 사용가치 [신용카드·직불카드 일시사용사건]
    - 타인의 재물을 무단사용하는 경우
      - 불법영득의사 ○ : ① 경제적가치 상당소모, ② 방치·유기, ③ 장시간 점유
      - 불법영득의사 × : ① 사용가치 소모 경미, ② 사용 후 곧 제자리에 반환
  - 의사
    - 소극적 요소 : 영구적 배제의사 ⇨ 없으면 일시사용, **사용절도** = 원칙적 불벌
    - 적극적 요소 : 일시적 이용·처분의사 ⇨ 없으면 **손괴**
- ○ : [오토바이사용 후 방치 절도사건] [휴대전화사용 후 유기 절도사건]38) [하드디스크 장시간점유 절도사건]
- × : [꾸짖어줄 목적] [항의표시로] [혼인신고서를 작성하기 위하여] [보충하기 위하여] [증거인멸]
처벌조건 : **친족상도례**

---

36) 2013년 법무사시험(10점), 2020년 법무사시험
37) 2024년 법무사시험
38) 2021년 법무사시험

〈재물〉
재물이란 유체물과 관리할 수 있는 동력을 말한다(제346조). 유체물이란 일정한 공간을 차지하고 있는 관리할 수 있는 물체를 말하고, 관리할 수 있는 동력이란 전기, 수력, 에너지, 인공냉기, 인공온기, 자기력 등을 말한다.

금제품 : 금제품이란 법률상 소유 또는 소지(점유)가 금지된 물건을 말하는데, 판례는 절도죄의 객체가 된다고 본다. **예** 위조통화, 위조유가증권, 총포 등 무기, 마약류 등

• [리프트탑승권사건] 유가증권도 그것이 정상적으로 발행된 것은 물론 비록 작성권한 없는 자에 의하여 위조된 것이라고 하더라도 절차에 따라 몰수되기까지는 그 소지자의 점유를 보호하여야 한다는 점에서 형법상 재물로서 절도죄의 객체가 된다(대판 1998.11.24, 98도2967).
※ 위조된 유가증권(스키장 리프트탑승권) → 절도죄의 객체 ○

〈재산상 이익〉
재산상 이익이란 전체적 관점에서 보았을 때 재산상태의 증가를 가져오는 일체의 이익 내지 가치로서 재물 이외의 것을 의미한다. 경제적 관점에서만 판단하고, 법적으로 유효한 이익일 필요는 없다(**경제적 재산설**).

〈형법상 점유〉
① 형법상 점유란 재물에 대한 사실상의 지배를 말한다. 사실상의 지배를 의미하는 순수한 사실상 개념이라는 점에서 규범적 개념인 민법상 점유와는 구별된다. 민법상 인정되지 않는 **점유보조자의 점유**는 형법상 인정될 수 있고, 민법상 인정되는 간접점유, 점유개정, 법인의 점유, **상속에 의한 점유이전**은 형법상으로는 인정되지 않는다.
② 형법상 점유사실과 점유의사는 사회통념에 의하여 그 점유의 범위를 확대하거나 또는 축소할 수 있다. 강간 피해자가 도피하면서 현장에서 떨어뜨린 손가방 등은 점유가 이탈되거나 상실된 것이 아니라 여전히 주인의 점유가 인정되고, 당구장이나 피씨방에 두고 온 물건은 당구장주인이나 피씨방 주인의 점유가 인정된다. 다만 고속버스선반에 두고 온 경우나 지하철선반에 이를 두고 온 경우 고속버스운전사나 지하철승무원이 현실적으로 발견하지 않는 한 새로운 점유가 개시되지 않으므로 점유이탈물에 해당한다.
③ 공유물, 합유물, 총유물에 대한 공동점유는 형법에서는 타인의 점유로 본다. 즉 공동점유자 상호 간에는 점유의 타인성이 인정된다. 따라서 공동점유관계에 있는 자 중 1인이 다른 공동점유자의 승낙을 받지 않고 점유를 침탈하면 타인의 점유를 침탈하였다고 본다.
　　예 부부 사이, 조합원(동업자)간의 점유 등
④ 상점주인과 종업원의 경우처럼 주종관계가 있는 경우 주된 관계에 있는 자의 점유만 인정되고, 종된 관계에 있는 자(민법상 점유보조자)에 대하여는 점유가 인정되지 않는다. / 그러나 민법상의 점유보조자라도 그 물건에 대하여 위탁에 의하여 사실상 지배력을 행사하는 경우에는 형법상 보관의 주체로 볼 수 있다.

관련 판례 **절도죄가 성립하는 경우**

1) **강간을 당한 피해자**가 도피하면서 현장에 놓아두고 간 손가방은 점유이탈물이 아니라 사회통념상 피해자의 지배하에 있는 물건이라고 보아야 할 것이므로 피고인이 그 손가방 안에 들어 있는 피해자 소유의 돈을 꺼낸 소위는 절도죄에 해당한다(대판 1984.2.28, 84도38).

2) 어떤 물건을 잃어버린 장소가 **당구장**과 같이 타인의 관리 아래 있을 때에는 그 물건은 일응 그 관리자의 점유에 속한다 할 것이고, 이를 그 관리자 아닌 제3자가 취거하는 것은 유실물횡령이 아니라 절도죄에 해당한다(대판 1988.4.25, 88도409).

   [사실관계] 당구장 종업원이 당구대 밑에서 다른 사람이 잃어버린 금반지를 주워서 손가락에 끼고 다니다가 그 소유자가 나타나지 않고 용돈도 궁하여 전당포에 전당잡힌 경우 절도죄에 해당한다.

3) 피해자가 **피씨방**에 두고 간 핸드폰은 피씨방 관리자의 점유하에 있어서 제3자가 이를 취한 행위는 절도죄를 구성한다(대판 2007.3.15, 2006도9338).

   [사실관계] 손님인 甲이 PC방에서 다른 손님이 두고 간 휴대전화를 PC방 관리자 몰래 가지고 간 경우 절도죄가 성립한다.

관련 판례 **점유이탈물횡령죄가 성립하는 경우 "고지점령"**

1) 고속버스 운전사는 **고속버스**의 관수자로서 차내에 있는 승객의 물건을 점유하는 것이 아니고 승객이 잊고 내린 유실물을 교부받을 권능을 가질 뿐이므로 유실물을 현실적으로 발견하지 않는 한 이에 대한 점유를 개시하였다고 할 수 없고, 그 사이에 다른 승객이 유실물을 발견하고 이를 가져갔다면 절도에 해당하지 아니하고 점유이탈물횡령에 해당한다(대판 1993.3.16, 92도3170). 39)

2) 승객이 놓고 내린 **지하철**의 전동차 바닥이나 선반 위에 있던 물건을 가지고 간 경우, 지하철의 승무원은 유실물법상 전동차의 관수자로서 승객이 잊고 내린 유실물을 교부받을 권능을 가질 뿐 전동차 안에 있는 승객의 물건을 점유한다고 할 수 없고, 그 유실물을 현실적으로 발견하지 않는 한 이에 대한 점유를 개시하였다고 할 수도 없으므로, 그 사이에 위와 같은 유실물을 발견하고 가져간 행위는 점유이탈물횡령죄에 해당함은 별론으로 하고 절도죄에 해당하지는 않는다(대판 1999.11.26, 99도3963).

사자의 점유 : 부정된다고 보는 것이 다수설이나, 판례는 사자의 생전 점유를 인정하고 있다.

> • 피해자를 살해한 방에서 사망한 피해자 곁에 **4시간 30분쯤 있다가** 그곳 피해자의 자취방 벽에 걸려 있던 피해자가 소지하는 물건들을 영득의 의사로 가지고 나온 경우 피해자가 **생전에 가진 점유**는 사망 후에도 여전히 계속되는 것으로 보아야 한다(대판 1993.9.28, 93도2143).
> → 살인죄와 절도죄 성립 O(∵ 사자의 생전 점유 인정, 상속에 의한 점유이전 ×)
> ↔ 다수설에 의하면 살인죄와 점유이탈물횡령죄(∵ 사자의 점유 부정)

---

39) 2013년 법무사시험(10점) 점유이탈물횡령죄 또는 절도죄의 성부(버스기사 점유인정여부) 2020년 법무사시험

Thema 정리 　불법영득의사

불법영득의 의사라 함은 권리자를 배제하고, 타인의 물건을 자기 소유물과 같이 그 경제적 용법에 따라 이용처분할 의사를 말한다.

1. 불법의 의미

- **행위의 불법(판례)** : 행위 수단 자체에 불법성이 인정되기만 하면 불법하다.
- **영득의 불법(학설)** : 영득의 결과가 법질서에 반하는 경우 불법하다.

2. 영득의 대상과 의미

1) 물체 및 가치설
2) 타인의 재물을 무단사용하는 경우 [40]

→ 경제적 가치 상당소모, 방치·유기, 장시간 점유 : 불법영득의사 ○

→ 절취한 카드나 통장을 현금인출 후 반환한 경우

- 신용카드, 현금카드 → 불법영득의사 ×(∵ 단순한 사용가치 침해) → 절도 ×
- 예금통장 → 불법영득의사 ○(∵ 특수한 기능가치 침해) → 절도 ○

3. 의사의 내용

- **소극적 요소** : 영구적 배제의사 → 없으면 사용절도 = 원칙적 불가벌 ↔ 예외적 처벌(자동차 등 불법사용)
- **적극적 요소** : 일시적 이용·처분의사 → 없으면 손괴(∵ 효용을 해) ↔ 본래용도대로 사용 : 손괴 ×
  ∵ 불법영득

〈불법영득의사의 의의〉

불법영득의사란 권리자를 배제하고 타인의 재물을 자기의 소유물과 같이 그 경제적 용법에 따라 이용·처분할 의사를 말한다. 다시 말해 타인의 재물에 대하여 그 소유권을 침해할 의사를 말한다(소유권침해의사). 불법영득의사는 고의 이외의 초과 주관적 구성요건요소이다.

• **타인의 재물을 점유자의 승낙 없이 무단사용하는 경우**에 있어서 ① 그 사용으로 인하여 물건 자체가 가지는 경제적 가치가 상당한 정도로 소모되거나 또는 ② 사용 후 그 재물을 본래 있었던 장소가 아닌 다른 장소에 버리거나 ③ 곧 반환하지 아니하고 장시간 점유하고 있는 것과 같은 때에는 그 소유권 또는 본권을 침해할 의사가 있다고 보아 불법영득의 의사를 인정할 수 있을 것이나, / 그렇지 않고 ① 그 사용으로 인한 가치의 소모가 무시할 수 있을 정도로 경미하고, 또한 ② 사용 후 곧 반환한 것과 같은 때에는 그 소유권 또는 본권을 침해할 의사가 있다고 할 수 없어 불법영득의 의사가 있다고 인정할 수 없다(대판 1999.7.9, 99도857).

---

40) 2024년 · 2025년 법무사시험

관련 판례 | **불법영득의사를 인정한 경우**

1) [예금통장 절도사건] [41] **타인의 예금통장을 무단사용하여 예금을 인출한 후 바로 예금통장을 반환하였다** 하더라도 그 사용으로 인한 위와 같은 경제적 가치의 소모가 무시할 수 있을 정도로 경미한 경우가 아닌 이상, 예금통장 자체가 가지는 예금액 증명기능의 경제적 가치에 대한 불법영득의 의사를 인정할 수 있으므로 절도죄가 성립한다(대판 2010.5.27, 2009도9008). **[판결이유] 예금통장**은 이를 소지함으로써 예금채권의 행사자격을 증명할 수 있는 자격증권으로서 예금계약사실뿐 아니라 예금액에 대한 증명기능이 있고 이러한 증명기능은 예금통장 자체가 가지는 경제적 가치라고 보아야 하므로, 예금통장을 사용하여 예금을 인출하게 되면 그 인출된 예금액에 대하여는 예금통장 자체의 예금액 증명기능이 상실되고 이에 따라 그 상실된 기능에 상응한 경제적 가치도 소모된다.
[사실관계] ○○주식회사 현장소장인 甲이 월급 등을 제대로 지급받지 못할 것을 염려하여 회사 명의의 농협통장을 몰래 가지고 나와 **예금 1,000만 원**을 인출한 후 다시 제자리에 갖다 놓았다면 **예금통장에 대한 절도죄**가 성립한다.

2) [오토바이사용 후 방치 절도사건] 피고인이 길가에 세워져 있는 오토바이를 소유자의 승낙 없이 타고가서 용무를 마친 약 1시간 30분 후 본래 있던 곳에서 **약 7, 8미터 되는 장소에 방치**하였다면 불법영득의 의사가 있었다(대판 1981.10.13, 81도2394). → 절도죄 성립 ○

3) [휴대전화사용 후 유기 절도사건] [42] 피고인이 甲의 영업점 내에 있는 甲 소유의 **휴대전화**를 허락 없이 가지고 나와 이를 이용하여 통화를 하고 문자메시지를 주고받은 다음 약 1~2시간 후 甲에게 아무런 말을 하지 않고 위 **영업점 정문 옆 화분에 놓아두고 간 경우**, 피고인이 甲의 휴대전화를 자신의 소유물과 같이 경제적 용법에 따라 이용하다가 본래의 장소와 다른 곳에 유기한 것이므로 피고인에게 불법영득의사가 있었다(대판 2012.7.12, 2012도1132). → 절도죄 성립 ○

관련 판례 | **불법영득의사를 부정한 경우**

1) [신용카드 일시사용사건] [43] 신용카드업자가 발행한 신용카드는 유가증권이라고 볼 수 없고, 단지 신용카드회원이 그 제시를 통하여 신용카드회원이라는 사실을 증명하거나 현금자동지급기 등에 주입하는 등의 방법으로 신용카드업자로부터 서비스를 받을 수 있는 **증표로서의 가치**를 갖는 것이어서, 이를 사용하여 현금자동지급기에서 현금을 인출하였다 하더라도 신용카드 자체가 가지는 경제적 가치가 인출된 예금액만큼 소모되었다고 할 수 없으므로, 이를 일시 사용하고 곧 반환한 경우에는 불법영득의 의사가 없다(대판 1999.7.9, 99도857).
[동지판례] 피해자로부터 지갑을 잠시 건네받아 임의로 지갑에서 **현금카드**를 꺼내어 현금자동인출기에서 현금을 인출하고 곧바로 피해자에게 현금카드를 반환한 경우, 현금카드에 대한 불법영득의사가 없다(대판 1998.11.10, 98도2642).
[동지판례] 은행이 발급한 **직불카드**를 사용하여 타인의 예금계좌에서 자기의 예금계좌로 돈을 이체시켰다 하더라도 직불카드 자체가 가지는 경제적 가치가 계좌이체된 금액만큼 소모되었다고 할 수는 없으므로, 이를 일시 사용하고 곧 반환한 경우에는 그 직불카드에 대한 불법영득의 의사는 없다고 보아야 한다(대판 2006.3.9, 2005도7819).
→ 직불카드 자체에 대한 절도죄 성립 ×, 계좌이체한 행위에 대해서는 컴퓨터사용사기죄 성립 ○

---

41) 2024년 법무사시험
42) 2021년 법무사시험
43) 2010년 법무사시험

Thema 정리 | 친족상도례

제328조(친족간의 범행과 고소) ① ~~직계혈족, 배우자, 동거친족, 동거가족 또는 그 배우자간의 제323조의 죄는 그 형을 면제한다.~~ [헌법불합치]
② 제1항 이외의 친족간에 제323조의 죄를 범한 때에는 고소가 있어야 공소를 제기할 수 있다. [합헌]
③ 전2항의 신분관계가 없는 공범에 대하여는 전 이항을 적용하지 아니한다.

제365조(친족간의 범행) ① 전3조의 죄(장물에 관한 죄)를 범한 자와 피해자간에 제328조 제1항, 제2항의 신분관계가 있는 때에는 동조의 규정을 준용한다.
② 전3조의 죄(장물에 관한 죄)를 범한 자와 본범간에 제328조 제1항의 신분관계가 있는 때에는 그 형을 감경 또는 면제한다. 단, 신분관계가 없는 공범에 대하여는 예외로 한다.

- 의의 · 법적 성질: 친족간 재산범죄에 대한 특례, **인적처벌조각사유 · 책임감경사유 · 소추조건**
- 적용범위 : 권리행사방해죄에서 규정, 다른 재산범죄에 준용 + **특별법상 재산범죄**
    - ↔ 적용 × : **강도, (준)점유강취, 강제집행면탈, 손괴(경계침범)** "강손"
- 친족관계
    - 친족의 범위 : 민법 ↔ 친족 × : 사실혼 배우자 [사돈지간] [혼인무효]
    - 존재범위(인적 범위)
        - 소유자 및 점유자 관계설 ↔ 사기죄 : 재산상 피해자와만 있으면 족
        - 재물의 소유자가 수인인 경우 : 모든 자와 사이에 친족관계있어야 적용 ○
    - 존재시기(시적 범위) : 행위시 ↔ 인지(∵ 소급효) [인지가 범행 후 이루어진 경우] 적용 ○
    - 인식 · 착오 : 인식불요(∵ 고의인식대상 ×), 객관적으로 존재하면 족, 착오는 영향 ×
        - [본가의 소유물로 오신 절취] 적용 ×
- 적용효과
    - 제328조 제1항 : ~~직계혈족, 배우자, 동거친족, 동거가족 또는 그 배우자간~~ = 형면제 [헌법불합치]
        - → 그 배우자간 : 직계혈족, 동거친족, 동거가족 모두의 배우자 [직계혈족의 배우자] 장인사위간
    - 제328조 제2항 : 제328조 제1항 이외의 친족관계 = (상대적) 친고죄
    - 제365조 제1항 장물범과 피해자간 : 제328조 제1항, 제2항 그대로 적용
    - 제365조 제2항 장물범과 본범간
        - ① ~~제328조 제1항만 적용~~ ⊖ ↔ 제328조 제2항 적용 ×
        - ② 형의 필요적 감면(**감경** 또는 면제) ↔ 형을 면제한다 : ×
- 공범: 적용 × (제328조 제3항)
- **[할아버지농협통장 계좌이체사건]** 적용 × ∵ 컴퓨터등사용사기죄의 피해자는 농협(금융기관)이므로 44)

---

44) 2024년 법무사시험

<table>
<tr><td>Thema 정리</td><td>친족관계의 존재범위</td></tr>
</table>

친족관계의 존재범위	소유자·점유자관계설	행위자와 소유자·점유자 모두 사이에 존재해야 함(판례)
	절도죄	재물의 소유자 및 점유자 모두와 친족관계(통설, 판례)
	사기죄	재산상 피해자와 친족관계
	공갈죄	피공갈자 및 재산상 피해자 모두와 친족관계
	횡령죄	소유자 및 위탁자 모두와 친족관계
	배임죄	소유자 및 위임자 모두와 친족관계
	권리행사방해죄	점유자 또는 권리자와 친족관계
	장물죄	특칙(제365조) 있음

<table>
<tr><td>Thema 정리</td><td>절도죄</td></tr>
</table>

제329조(절도) 타인의 재물을 절취한 자는 6년 이하의 징역 또는 1천만원 이하의 벌금에 처한다.

제330조(야간주거침입절도) 야간에 사람의 주거, 관리하는 건조물, 선박, 항공기 또는 점유하는 방실(房室)에 침입하여 타인의 재물을 절취(竊取)한 자는 10년 이하의 징역에 처한다.

제331조(특수절도) ① 야간에 문이나 담 그 밖의 건조물의 일부를 손괴하고 제330조의 장소에 침입하여 타인의 재물을 절취한 자는 1년 이상 10년 이하의 징역에 처한다.
② 흉기를 휴대하거나 2명 이상이 합동하여 타인의 재물을 절취한 자도 제1항의 형에 처한다.

제331조의2(자동차 등 불법사용) 권리자의 동의 없이 타인의 자동차, 선박, 항공기 또는 원동기장치자전차를 일시 사용한 자는 3년 이하의 징역, 500만원 이하의 벌금, 구류 또는 과료에 처한다.

제332조(상습범) 상습으로 제329조 내지 제331조의2의 죄를 범한 자는 그 죄에 정한 형의 2분의 1까지 가중한다.

제342조(미수범) 제329조 내지 제341조의 미수범은 처벌한다.

제344조(친족간의 범행) 제328조의 규정은 제329조 내지 제332조의 죄 또는 미수범에 준용한다.

기본적 구성요건	절도죄(제329조)	착수시기 : 물색행위시
가중적 구성요건	야간주거침입절도죄(제330조)	착수시기 : **야간주거침입시**
	특수절도죄(제331조) 　제1항 : 야간손괴후주거침입절도	착수시기 : **야간손괴시**
	제2항 : **흉기휴대 · 2인이상 합동**	착수시기 : 물색행위시
	상습절도죄(제332조)	
독립적 구성요건	자동차 등 불법사용죄(제331조의2)	
미수범 처벌규정	○	
예비 · 음모 처벌규정	×	

〈합동절도죄의 실행의 착수시기〉 45)

합동절도죄의 실행의 착수시기는 물색행위시이다.

다만 **흉기휴대 · 합동절도범이 야간에 주거침입을 한 경우** 착수시기에 대하여 제331조 제2항의 특수절도죄는 주거침입죄의 구성요건을 포함하고 있지 아니하므로 절도죄의 실행의 착수시기인 **물색행위시로 보아야 한다**는 견해가 있으나, 제331조 제2항의 특수절도죄는 야간주거침입절도를 포괄하므로 **야간주거침입시로 보아야 한다는 견해(통설)의 대립이 있다. / 흉기휴대 · 합동절도범이 야간에 손괴후 주거침입을 한 경우** 착수시기에 대하여도 **(야간)손괴시**로 보는 견해가 통설의 입장이다.

- 의의 : 제329조　보호법익 · 보호정도 : 소유권 및 점유권, 침해범
- 객체 : 타인소유 · 타인점유의 재물 → 민법상 공동소유 = 형법상 타인소유
  - → 타인소유 ○ : [명의신탁받은 자동차 절도사건(대내관계)] [명의신탁한 자동차 절도사건(대외관계)]
  - 타인소유 × : [자연 서식하는 바지락] [자연산모시조개]
  - 타인점유 × : [종전부터 사용하던 냉장고의 전원]
- 행위 : 절취 = 타인점유의 재물을 점유자 의사에 반하여 점유 배제 & 자기 또는 제3자 점유로 이전
  - 절취 ○ : 타인카드로 현금**자동지급기**에서 **예금인출 · 현금대출**을 한 경우 ∵ 지급기관리자의 의사에 反
    - → **절취와 편취의 구별** [축의금 절도사건] [귀금속 절도사건] ↔ [내것이 맞다 사기사건] 편취 ○
  - 절취 × : [동거녀지갑사건] [밍크45마리사건] (∵ 양해) [시운전 사기사건]
  - → 실행의 착수시기 : 타인의 점유를 배제하는 행위가 개시된 때 = 밀접행위시, 물색행위시
  - 기수시기 : 재물을 취득한 때
    - 쉽게 운반할 수 있는 재물 : 손안 · 호주머니 · 가방에 넣을 때
    - 쉽게 운반할 수 없는 재물 : 피해자 지배범위 벗어났을 때
    - → 자동차절도 : 시동이 걸리지 않은 상태 = 기수 × / 운전하고 200m 간 경우 = 기수 ○
    - → 입목절도 : 입목을 캐낸 때(판례) [입목(영산홍)절도사건] ↔ 운반 · 반출한 때 : ×
- 주관적 구성요건 : 고의+불법영득의사 [리스차절도 반납사건] 불법영득의사 ○
- 죄수 : 관리자의 수(∵ 비전속적 법익)
- 타죄와의 관계 : **절도범인이 그 범행수단으로 주거침입을 한 경우 : 실체적 경합** ↔ 절도죄에 흡수 ×
  - [특수절도와 주간주거침입사건] [상습절도와 주간주거침입사건] ∵ 절도의 구성요건 ×
  - ↔ **흡수** ○ : 야간주거침입절도죄(제330조), 야간손괴후주거침입절도(제331조 제1항)

---

45) 2014년 법무사시험

┌ **야간주거침입절도** ┌ 야간 = 일몰 후 ~ 일출 전, 야간주거침입 ○ ↔ **[주간주거침입 야간절취사건]** 야주절 ×
│　　　　　　　　└ 고의 : 야간주거침입시 ○ **[야간주거침입절도죄에서 절도의 고의 인정 여부가 문제된 사건]**
├ **특수절도죄** ┌ 야간손괴후주거침입절도 : 손괴 = 물리적 훼손·효용상실
│　　　　　　　　　　　　　　↔ **[창문·방충망을 창틀에서 분리]** 손괴 ×
│　　　　　├ 흉기휴대절도 : 흉기=원래 살상용 ↔ **[드라이버 택시창문파손절취사건]** 흉기 × ↔ 개조 : 흉기 ○
│　　　　　└ 합동절도 : **[아파트신축공사현장 지하실탐색사건]** 주거침입 ×, 물색행위 ×, ∴ 착수 ×
├ **자동차 등 불법사용죄** : 자동차, 선박, 항공기 또는 원동기장치자전거 ↔ 자전거, 기차(열차) : ×
│ → 불법영득의사 없는 사용절도를 처벌하는 예외적인 경우 ↔ 불법영득의사 있는 경우: 절도죄(보충관계)[46]
└ **상습절도죄** : 그 죄에 정한 각 형의 2분의 1을 가중

〈책략절도〉

※ **절취와 편취의 구별**
　┌ **절취(절도)** : 상대방의 처분행위 × → 행위자의 별도행위에 의하여 종국적 점유이전
　└ **편취(사기)** : 상대방의 처분행위 ○ → 상대방의 교부행위에 의하여 종국적 점유이전

절취의 수단으로 기망행위를 사용한 경우 사기죄의 수단인 편취와의 구별이 문제되는데, 기망행위를 수단으로 하였더라도 상대방의 처분행위(점유이전행위, 교부행위)가 없었다면 그것은 점유침탈의 한 방법에 불과하므로 편취가 아니라 **절취**에 해당한다.

관련 판례 절취에 해당하는 경우

1) **[축의금 절도사건]** 피해자가 결혼예식장에서 **신부 측 축의금 접수인인 것처럼 행세**하는 피고인에게 축의금을 내어 놓자 이를 교부받아 가로챈 경우, (피해자의 교부행위의 취지는 신부 측에 전달하는 것일 뿐 피고인에게 그 처분권을 주는 것이 아니므로, 이를 피고인에게 교부한 것이라고 볼 수 없고 단지 신부 측 접수대에 교부하는 취지에 불과하므로) 피고인이 그 돈을 가져간 것은 신부 측 접수처의 점유를 침탈하여 범한 절취행위라고 보는 것이 정당하다(대판 1996.10.15, 96도2227).

2) **[귀금속 절도사건]** [47] 피고인이 피해자 경영의 금방에서 마치 **귀금속을 구입할 것처럼 가장**하여 피해자로부터 순금목걸이 등을 건네받은 다음 화장실에 갔다 오겠다는 핑계를 대고 도주한 것이라면 위 순금목걸이 등은 도주하기 전까지는 아직 피해자의 점유 하에 있었다고 할 것이므로(강사 주 : 처분행위가 없었다는 의미) 이를 절도죄로 의율 처단한 것은 정당하다(대판 1994.8.12, 94도1487).

---

46) 2025년 법무사시험
47) 2024년 변호사시험 丙은 옆 매장에서 사고 싶었던 시계를 발견하고 들어가 매장직원 B에게 "한번 착용해 보자."라고 요청했고, B가 건네준 시계를 손목에 차고 살펴보다가 B가 다른 손님과 대화하는 사이 몰래 도망쳤다.

관련 판례 편취에 해당하는 경우

• [절도죄와 사기죄의 구별이 문제된 사건] [48)

[1] **형법상 절취**란 타인이 점유하고 있는 자기 이외의 자의 소유물을 점유자의 의사에 반하여 점유를 배제하고 자기 또는 제3자의 점유로 옮기는 것을 말한다. 이에 반해 **기망**의 방법으로 타인으로 하여금 처분행위를 하도록 하여 재물 또는 재산상 이익을 취득한 경우에는 절도죄가 아니라 사기죄가 성립한다.

[2] **사기죄에서 처분행위**는 행위자의 기망행위에 의한 피기망자의 착오와 행위자 등의 재물 또는 재산상 이익의 취득이라는 최종적 결과를 중간에서 매개·연결하는 한편, 착오에 빠진 피해자의 행위를 이용하여 재산을 취득하는 것을 본질적 특성으로 하는 사기죄와 피해자의 행위에 의하지 아니하고 행위자가 탈취의 방법으로 재물을 취득하는 절도죄를 구분하는 역할을 한다. 처분행위가 갖는 이러한 역할과 기능을 고려하면 **피기망자의 의사에 기초한 어떤 행위를 통해 행위자 등이 재물 또는 재산상의 이익을 취득하였다고 평가할 수 있는 경우라면**, 사기죄에서 말하는 처분행위가 인정된다(대판 2022.12.29, 2022도12494).

[사실관계] 매장 주인이 매장에 유실된 손님(피해자)의 반지갑을 습득한 후 또 다른 손님인 피고인에게 "이 지갑이 선생님 지갑이 맞느냐?"라고 묻자, 피고인은 **"내 것이 맞다"**라고 대답한 후 이를 교부받아 가져간 경우 매장 주인이 반지갑을 습득하여 이를 피해자를 위해 처분할 수 있는 권능 내지 지위를 취득하였고, 이러한 권능 내지 지위에 기초하여 반지갑의 소유자라고 주장하는 피고인에게 반지갑을 교부한 것은 **사기죄에서의 처분행위**에 해당한다.

→ 약취절도죄(책략절도죄) ×, 사기죄 ○

---

48) 2023년 법원행정고등고시

 강도의 죄

제333조(강도) 폭행 또는 협박으로 타인의 재물을 강취하거나 기타 재산상의 이익을 취득하거나 제삼자로 하여금 이를 취득하게 한 자는 3년 이상의 유기징역에 처한다.

제334조(특수강도) ① 야간에 사람의 주거, 관리하는 건조물, 선박이나 항공기 또는 점유하는 방실에 침입하여 제333조의 죄를 범한 자는 무기 또는 5년 이상의 징역에 처한다.
② 흉기를 휴대하거나 2인 이상이 합동하여 전조의 죄를 범한 자도 전항의 형과 같다.

기본적 구성요건	강도죄(제333조) : 폭행·협박 + 강취	착수시기 : 폭행·협박을 개시한 때
가중적 구성요건	특수강도죄(제334조) ┌ 제1항 : **야간주거침입강도**	착수시기 : ┌ 주거침입시 [**시아버지 헛기침사건**] └ 폭행·협박시 [**욕정사건**]
	└ 제2항 : 흉기휴대·2인이상 합동	
	해상강도죄	
	상습강도죄	
	결합범 : 강도상해죄, 강도살인죄, **강도강간죄**, 해상강도상해·살인·강간죄 ※ 처벌규정 × : 강도강간치상죄, 강도강간상해죄	
	결과적가중범 : 강도치상죄, 강도치사죄, 해상강도치상·치사죄	
독립적 구성요건	준강도죄(제335조), 인질강도	
미수범 처벌규정	○	
예비·음모 처벌규정	○	

〈강취〉

강취란 폭행·협박을 수단으로 상대방의 의사에 반하여 재물을 자기 또는 제3자의 지배하에 옮기는 것을 말한다. 즉, 폭행·협박은 재물강취의 수단이어야 한다. / 폭행·협박이 피해자의 반항억압을 목적으로 한 것이 아니라 우연히 가해진 경우에는 강취에 해당하지 않는다.

- 소위 **날치기**와 같이 강제력을 사용하여 재물을 절취하는 행위가 때로는 피해자를 넘어뜨리거나 상해를 입게 하는 경우가 있고, 그러한 결과가 **피해자의 반항 억압을 목적으로 함이 없이 점유탈취의 과정에서 우연히 가해진 경우**라면 이는 강도가 아니라 **절도**에 불과하지만, / 그 강제력의 행사가 사회통념상 객관적으로 상대방의 반항을 억압하거나 항거 불능케 할 정도의 것이라면 이는 강도죄의 폭행에 해당한다. 그러므로 날치기 수법의 점유탈취 과정에서 이를 알아채고 재물을 뺏기지 않으려는 상대방의 **반항에 부딪혔음에도 계속하여 피해자를 끌고 가면서 억지로 재물을 빼앗은 행위**는 피해자의 반항을 억압한 후 재물을 강취한 것으로서 **강도**에 해당한다(대판 2007.12.13, 2007도7601).

  [사실관계] 날치기 수법으로 피해자가 들고 있던 가방을 탈취하면서 가방을 놓지 않고 버티는 피해자를 5m 가량 끌고 감으로써 피해자의 무릎 등에 상해를 입힌 경우, 반항을 억압하기 위한 목적으로 가해진 강제력으로서 그 반항을 억압할 정도에 해당하므로 **강도치상죄**가 성립한다.

  [비교판례] 절도범들이 날치기 방법으로 절취를 하자, 피해자가 핸드백을 다시 빼앗는 과정에서 넘어져 우연히 손가락에 골절상이 난 경우에는 **특수절도죄**가 성립한다(대판 2003.7.25, 2003도2316). → 강도치상 ×

〈재산상 이익의 취득〉

재산상 이익의 취득(강제취득)이란 폭행·협박에 의하여 상대방의 의사에 반하여 재산상 이익을 취득하거나 제3자로 하여금 취득하게 하는 것을 말한다.

㉠ 법률상 정당하게 그 이행을 청구할 수 있는 것이 아니어도 강도죄에서의 재산상의 이익에 해당할 수 있고, 그 재산상의 이익은 반드시 사법상 유효한 재산상의 이득만을 의미하는 것이 아니며, 외견상 재산상의 이득을 얻을 것이라고 인정할 수 있는 사실관계만 있으면 여기에 해당된다.

㉡ 따라서 강도범행에 의하여 피해자로 하여금 채무면제의 의사표시를 하게 한 경우, 이러한 피해자의 의사표시는 사법상 무효 또는 취소사유에 해당하지만 강도죄에 있어서의 재산상 이익에는 해당한다(경제적 재산설).

- 제333조 후단의 강도죄(**이른바 강제이득죄**)의 요건이 되는 재산상의 이익이란 반드시 사법상 유효한 재산상의 이득만을 의미하는 것이 아니고 **외견상 재산상의 이득**을 얻을 것이라고 인정할 수 있는 사실관계만 있으면 여기에 해당된다(대판 1997.2.25, 96도3411).

  [사실관계] 피고인들이 폭행·협박으로 피해자로 하여금 **매출전표**에 서명을 하게 한 다음 이를 교부받아 소지함으로써 이미 외관상 각 매출전표를 제출하여 신용카드회사들로부터 그 금액을 지급받을 수 있는 상태가 된 경우, 피해자가 각 매출전표에 **허위 서명**한 탓으로 신용카드회사들이 그 금액의 지급을 거절할 가능성이 있다 하더라도, ‘재산상 이익’을 취득하였다고 볼 수 있다.

  [동지판례] [성매매대금 강도사건] 피고인과 그 공범들이 피해자를 속여 그로부터 **성매매대금 명목의 돈을** 받고 뒤이어 그 반환을 요구하는 피해자를 폭행·협박한 후 돈을 가지고 현장을 이탈하였다면 외견상 위 돈의 반환을 면하게 되는 재산상의 이익을 취득하였으므로 특수강도죄가 성립한다(대판 2020.10.15, 2020도7218).

Thema 정리 준강도죄[49]

제335조(준강도) 절도가 재물의 탈환에 항거하거나 체포를 면탈하거나 범죄의 흔적을 인멸할 목적으로 폭행 또는 협박한 때에는 제333조(강도) 및 제334조(특수강도)의 예에 따른다.

- 의의 : 제335조
- 주체 : 절도(신분범), 미수·기수 불문 ↔ 절도 × : **[술값지급면탈도주사건]** ∵ 술값 = 재산상 이익
- 행위 : 폭행 또는 협박(=강도죄), **절도의 기회**(실행중, 실행직후, 실행범의포기직후)에 행하여 질 것
- 주관적 구성요건요소 : 재물탈환의 항거·체포면탈·죄적인멸의 목적(목적범)
- 기수시기 : 폭행·협박기수여부 ×, **절도행위의 기수여부** 기준 ∵ 시간적 순서상 차이, 실질적으로 위법성이 같다
  - 절도**미수범**이 체포를 면탈할 목적으로 피해자를 폭행한 경우 ⇨ 준강도죄의 **미수범**
  - 절도**기수범**이 체포를 면탈할 목적으로 피해자를 폭행한 경우 ⇨ 준강도죄의 **기수범**
  - **[준강도의 미수·기수 판단기준(양주바구니사건)][50]** 바구니에 담고 있던 중 → 준강도의 미수
- 공범 ┬ 절도범 중 1인이 폭행 ⇨ 나머지 범인 준강도죄의 공동정범(∵ 예견하지 못했다 볼 수 없으므로)
  - └ 절도범 중 1인이 상해 ⇨ 나머지 범인도 **강도상해죄**(∵ 예견하지 못했다 볼 수 없으므로) ↔ 강도치상 ×
  - ↔ **[담배창구사건] [몽둥이사건]** ∵ 예견 또는 예기할 수 없었다 보여지므로
- 처벌 : 강도 또는 특수강도의 예 → **폭행·협박행위의 태양**을 기준 ↔ 절도의 태양 ×
- 죄수 및 타죄와의 관계 : 절도가 체포면탈목적으로 경찰관을 폭행한 경우
  준강도죄와 공무집행방해죄의 상상적 경합

〈주체〉
준강도죄의 주체는 절도범인이다. 단순절도, 야간주거침입절도, 특수절도, 상습절도 모두 포함되고, **절도의 실행에 착수한 자**이어야 하나, 미수·기수를 불문한다.

• **[술값지급면탈도주사건]**
피고인이 술집 운영자 甲으로부터 술값의 지급을 요구받자 술값의 지급을 면하기로 마음먹고 甲을 유인·폭행하고 도주함으로써 술값의 지급을 면하여 **재산상 이득**을 취득한 경우 준강도죄가 성립하지 아니한다(대판 2014.5.16, 2014도2521). **[판결이유]** 준강도죄의 주체는 절도범인이고, 절도죄의 객체는 **재물**이므로, '피고인이 甲에게 지급해야 할 술값의 지급을 면하여 같은 금액 상당의 재산상 이익을 취득하고 甲을 폭행하였다'는 범죄사실로는 준강도죄를 인정할 수 없다는 취지

---

49) 2015년 법무사시험(50점) ① 주체 : 야간주거침입절도죄의 착수여부, ② 상해의 개념 : 상해에의 해당여부, ③ 처벌 : 폭행·협박의 태양기준, ④ 죄수 및 타죄와의 관계 : 공집방과 상경, ⑤ 절도의 기회의 의미 : 현장에서 추격
50) 2014년 법무사시험, 2023년 법무사시험(20점)

〈기수시기〉
준강도죄의 입법 취지, 강도죄와의 균형 등을 종합적으로 고려해 보면, 준강도죄의 기수 여부는 **절도행위의 기수 여부**를 기준으로 하여 판단하여야 한다.

〈공범〉[51]
절도범 중 1인이 폭행·협박으로 나아간 경우 폭행·협박에 나아가지 않은 다른 가담자도 폭행·협박을 예견하지 못했다고 볼 수 없다면(예견가능성이 있는 경우) **준강도죄의 공동정범**을 인정한다(판례).
절도범 중 1인이 피해자를 폭행하여 상해를 가한 경우 다른 가담자도 폭행·협박을 예견하지 못했다고 볼 수 없으므로 그 폭행의 결과로 발생한 상해에 관하여 **강도상해죄의 공동정범**을 인정한다(판례). / 그러나 폭행행위를 전연 예기할 수 없었다고 보여지는 경우 (준)강도상해죄의 죄책을 물을 수 없다.

---

51) 2014년 법무사시험

Thema 정리 | 기타 강도죄

┌ 인질강도 : 체포감금죄 또는 약취유인죄와 **공갈죄**(↔ 강도죄)의 결합범, 해방감경 규정 ×
├ 강도상해·치상 ┬ 주체 : 강도(모든 강도범인) → 준강도 포함 강도의 미수·기수 불문
│　　　　　　　 └ **강도의 기회**에 상해 ⇨ 강도범행(기수)이후도 포함
└ 강도살인·치사 ┬ **채무면탈목적**으로 채권자를 살해한 경우 강도살인죄
　　　　　　　　 │　↔ 채무존재 명백, 상속인 존재 & 채권의 존재확인방법 확보되어 있는 경우 : ×
　　　　　　　　 └ 절도가 체포면탈 목적으로 사람을 살해한 경우 : 강도살인죄

〈채무면탈목적 살인〉

채무면탈목적으로 채권자를 살해한 경우 강도살인죄가 성립한다. 다만 채무를 면하거나 이익취득이 가능하여야 하므로 상속인의 채권행사가 불가능한 경우(채권자에게 상속인이 없거나 상속인이 있더라도 채권의 존재를 알지 못하는 탓에 채권행사의 가능성이 없는 경우)이어야 한다. 따라서 채무자가 채무를 면탈할 의사로 채권자를 살해하였더라도 채무의 존재가 명백할 뿐만 아니라 채권자의 상속인이 존재하고 그 상속인에게 채권의 존재를 확인할 방법이 확보되어 있는 경우 강도살인죄가 성립할 수 없다.

〈강도예비죄〉

강도할 목적으로 예비 또는 음모함으로써 성립하는 범죄이다(제343조). 준강도도 여기의 강도에 포함되는지 견해대립이 있지만, 판례는 포함되지 않는다고 본다.

• [준강도예비사건] 절도를 준비하면서 뜻하지 않게 절도 범행이 발각될 경우에 대비하여 체포를 면탈할 목적으로 등산용 칼을 휴대하고 있었더라도 강도예비죄가 성립하지 않는다.

Thema 정리 | 사기의 죄

제347조(사기) ① 사람을 기망하여 / 재물의 교부를 받거나 재산상의 이익을 취득한 자
② 전항의 방법으로 제삼자로 하여금 재물의 교부를 받게 하거나 재산상의 이익을 취득하게 한 때

─ 의의 : 제347조 보호법익 : 전체로서의 재산권
　　　↔ 기망행위에 의하여 국가적·공공적 법익을 침해한 경우 : 원칙 = 사기 × ∵ 권력작용 ≠ 재산권침해
　　　[면세유공급사건] [농지보전부담금면제사건] [공사도급계약사건] 사기 ×
　　　/ 예외적 사기죄 성립 가능 ① 재산권침해와 동일, ② 처벌규정 없을 것
─ 객체 ┬ 재물 **[인감증명서 사기사건]** ↔ **[보험가입사실증명원사건]**
　　　 └ 재산상 이익 : 외견상 재산상의 이득(경제적 재산설) **[매음료 사기사건]**, 채무면제등 소극적 이익 ○
　　　　 ↔ 재산상 이익 × : **[오피스텔 점유권이전사건]** ∵ 재물과 전혀 별개의 재산상의 이익 ×
─ 기망행위 ┬ 개념 : 재산상 거래관계에 있어 신의칙에 반하는 행위
　　　　 ├ 방법 ┬ 작위(명시적·묵시적) ┬ **예** 차용금사기(변제의사·변제능력 없이 돈을 빌리거나 카드를 사용한 경우)
　　　　 │　　　 │　　　　　　　　　　 └ **예** 용도사기(진정한 용도를 고지하였더라면 돈을 빌려주지 않았을 것인 경우)
　　　　 │　　　 └ ↔ 기망 × : 명의신탁사실 고지× **[자동차 양도 후 위치 추적으로 절취한 경우]**
　　　　 │　　　　 **부작위에 의한 기망**(∵ 신의칙상 고지의무)
　　　　 │　　　┬ 기망 ○ **[협의매수·수용예정] [경매진행중인 사실] [잔금초과지급사건] [보험사기]**
　　　　 │　　　└ 기망 × **[채권양도후 통지전 수령] [전매사실] [이중매매에서 제1매매사실]**
　　　　 ├ 정도 : 과장광고 **[변칙세일사건] [한우만 취급사건]** 기망 ○
　　　　 └ 상대방 : 피기망자 = 처분행위자 = 피해자 ↔ 사람에 대한 기망 × : 사기 × **[카드론대출]** ∵ 비대면
　　　　 → 피기망자 = 처분행위자 ≠ 피해자 : 삼각사기(법적권한 ×, 사실상지위설) **예** 소송사기, 카드사용사기
─ 착오 : 순차적 인과관계 요 ○(기망행위 → 착오→ 처분행위)
─ 처분행위 ┬ 상대방에 대한 점유이전행위 내지 교부행위 **[편취송금출금사건]**52) 사기죄 × ∵ 착오 & 처분행위 ×
　　　　 └ 처분의사는 어떤 행위를 한다는 인식이면 족, 결과인식 × **[이른바 서명사취사기사건]** 사기죄 ○
　　　　 → 토지거래허가 등에 필요한 서류라고 속여 근저당권설정계약서 등에 서명·날인하게 사건
─ 재물 또는 재산상 이익의 취득
　 ↔ 재산상 손해 발생 : 요건 × → 대가 공제 ×, 상당한 담보 제공하였어도 사기 ○ **[상해과장보험금사기사건]**
─ 실행의 착수 및 기수시기 ┬ 착수 : 기망행위를 개시한 때, **보험사기: 보험금지급을 신청한 때**
　　　　　　　　　　　　 └ 기수 : 재물교부받은 때(사실상 지배) **[백두산 미륵불상건립 사기사건]** 보험금
　　　　　　　　　　　　　　지급시
─ 주관적 구성요건 : 고의와 불법영득의사 또는 불법이득의사 → 차용사기 : 돈을 빌릴 당시 기준으로 판단
─ 위법성 : 권리행사수단으로 기망행위 사용한 경우 사회통념상 용인할 수 없는 정도면 사기 ○
─ 죄수 : **"피해자별"** 1죄 ↔ 피해자들이 부부 또는 하나의 동업체를 구성하는 경우 : 포괄일죄(∵ 피해법익
　　　동일)

---

52) 2017년 법무사시험(20점)

┌ **타죄와의 관계** [보이스피싱사건 1] 사기범의 인출행위 : 횡령 × ∵ ① 위탁관계 ×, ② 불가벌적 사후행위 = 사기죄 종범
├ ↔ **비양립적 관계**(사기 or 횡령, 사기 or 배임)
├ 관련문제 : **불법원인급여**와 사기죄의 성립여부 → 사기죄 ○ (∵ 적극적 기망, 반환청구권 유무와 관계없음)
├ **소송사기**
├ **컴퓨터등사용사기죄**
└ 현금카드 · 신용카드 **관련범죄**

〈사기죄의 의의 및 보호법익〉

사기의 죄란 사람을 기망하여 재물을 편취하거나 재산상의 이익을 취득하거나 제3자로 하여금 취득하게
함으로써 성립하는 범죄이다. 보호법익은 전체로서의 재산권이라는 견해가 다수설이고, 보호의 정도는 침해
범이다.

〈재산상 이익〉

① 재물 이외의 일체의 이익을 말한다. 사법상 유효한 재산상의 이득만을 의미하는 것이 아니고 **외견상
재산상의 이득**을 얻을 것이라고 인정할 수 있는 사실관계만 있으면 된다.

② 재산상의 이익이란 채권을 취득하거나 담보를 제공받는 등의 적극적 이익뿐만 아니라 채무를 면제받는
등의 소극적 이익까지 포함한다.

〈기망행위〉

※ 기망행위의 종류

┌ 1. **명시적 기망행위** : 언어(말), 문서(글)에 의한 허위주장
├ 2. **묵시적 기망행위** : 행동 · 거동에 의한 허위주장 → 보증인지위 불요(不要) ∵ 작위
└ 3. **부작위에 의한 기망행위** : 스스로 착오에 빠진 상태 + 보증인지위(신의칙상 고지의무) 요(要)

---

① 기망이란 널리 재산상의 거래관계에 있어서 서로 지켜야 할 신의와 성실의 의무를 저버리는 모든 적극적
및 소극적 행위로서 사람으로 하여금 착오를 일으키게 하는 것을 말한다. 기망은 반드시 법률행위의
중요부분에 관한 허위표시임을 요하지 아니하고, **상대방을 착오에 빠지게 하여 행위자가 희망하는 재산적
처분행위를 하도록 하기 위한 판단의 기초가 되는 사실**에 관한 것이면 충분하다.

② 기망의 수단 · 방법에는 제한이 없다. 작위에 의한 기망으로 명시적인 기망 행위(언어에 의한 기망)이나
묵시적인 기망 행위(행동 · 거동에 의한 기망, 무전취식 · 무전숙박 등)도 가능하고, 부작위에 의한 기망도
가능하다.

③ **부작위에 의한 기망**은 법률상 고지의무 있는 자가 일정한 사실에 관하여 상대방이 착오에 빠져 있음을
알면서도 그 사실을 고지하지 아니함을 말하는 것으로서, 일반거래의 경험칙상 상대방이 그 사실을 알았더
라면 당해 법률행위를 하지 않았을 것이 명백한 경우에는 신의칙에 비추어 그 사실을 고지할 법률상
의무가 인정된다.

- **이미 과다한 부채의 누적** 등으로 신용카드사용으로 인한 대출금채무를 변제할 의사나 능력이 없는 상황에 처하였음에도 불구하고 신용카드를 사용한 경우, 사기죄에 있어서 기망행위 내지 **편취의 범의**를 인정할 수 있고(대판 2005.8.19, 2004도6859), **용도를 속이고 돈을 빌린 경우**에 있어서 만일 진정한 용도를 고지하였더라면 상대방이 돈을 빌려 주지 않았을 것이라는 관계에 있는 때에는 사기죄의 실행행위인 **기망**은 있는 것으로 보아야 한다(대판 1996.2.27, 95도2828).

- **[차용금 사기죄로 기소된 피고인이 파산신청을 하여 면책허가결정이 확정된 사안]** 53)

  [1] 개인파산·면책제도를 통하여 면책을 받은 채무자에 대한 차용금 사기죄의 인정 여부는 그 사기로 인한 손해배상채무가 면책대상에서 제외되어 경제적 회생을 도모하려는 채무자의 의지를 꺾는 결과가 될 수 있다는 점을 감안하여 보다 신중한 판단을 요한다.

  [2] 피고인이 파산신청 2년 전부터 불과 40여 일 전까지 여러 사람들로부터 돈을 빌려서 채무변제와 생활비 등으로 사용한 것은 사기죄를 구성한다.

  [사실관계] 피고인이 2006.5.8. 파산신청을 하여 2006.9.15. 파산선고를 받고 이어서 2007.3.23. 면책허가결정을 받아 그 면책허가결정이 2007.4.8. 확정된 사실을 알 수 있으나, 한편 피고인은 2001년경 전 남편이 사업에 실패하여 이혼을 하면서 4 ~ 5천만 원 가량의 보증채무를 부담하고 있었고 달리 소유한 재산이 전혀 없어 돈을 차용하더라도 이를 변제할 의사나 능력이 없었음에도 불구하고 2004. 4.경부터 파산신청을 하기 불과 40여 일 전인 2006.3.28.경까지 피해자들로부터 총 6천만 원의 돈을 빌려서 채무 변제와 생활비 등으로 사용한 사실을 알 수 있으므로, 이러한 피고인의 행위가 **사기죄에 해당한다**고 판단한 제1심판결을 그대로 유지한 원심의 조치는 결론에 있어서 정당하다(대판 2007.11.29, 2007도8549).

〈기망의 상대방〉

① 사람을 기망하여야 한다. ↔ 컴퓨터를 이용한 경우 → 사기 ×, 컴퓨터 등 사용사기 가능

② 사기죄에서 처분행위자와 피기망자는 동일인이어야 하나, 피기망자와 재산상 피해자는 동일인이 아니어도 무방하다. 피기망자(처분행위자)와 피해자가 일치하지 않는 경우를 **삼각사기**라고 한다.

③ 피기망자(처분행위자)와 피해자가 일치하지 않는 경우 처분행위자는 피해자의 재산을 사실상 처분할 수 있는 지위에 있으면 족하고, 법적 권한이 있을 것까지 요하지는 않는다(사실상 지위설).

---

53) 2025년 법무사시험(20점)

〈처분행위〉

① 처분행위란 상대방에 대한 **점유이전행위** 내지 **교부행위**를 말한다. 피기망자의 의사에 기초한 어떤 행위를 통해 행위자 등이 재물 또는 재산상의 이익을 취득하였다고 평가할 수 있는 경우라면 사기죄에서 말하는 처분행위가 인정된다.

② 처분행위란 '재산적 처분행위'로서 피해자가 자유의사로 직접 재산상 손해를 초래하는 작위에 나아가거나 또는 부작위에 이른 것을 말한다(**처분효과의 직접성**).

③ 기망행위를 수단으로 하였더라도 상대방의 처분행위가 없었다면 그것은 점유침탈의 한 방법에 불과하므로 편취가 아니라 절취에 해당한다(**책략절도**).

④ 처분행위가 인정되려면 처분의사가 있어야 하는데, 그러한 '처분의사'는 착오에 빠진 피기망자가 어떤 행위를 한다는 인식이 있으면 충분하고, 그 행위가 가져오는 결과에 대한 인식까지 필요하다고 볼 것은 아니다.

〈보험사기〉

보험사기의 경우 보험금지급을 신청한 때 착수가 인정되고, 보험금을 지급받은 때 기수가 된다.

• 타인의 사망을 보험사고로 하는 생명보험계약을 체결함에 있어 제3자가 피보험자인 것처럼 가장하여 체결하는 등으로 그 유효요건이 갖추어지지 못한 경우, 다른 특별한 사정이 없는 한 **보험계약을 체결한 행위**만으로 보험금 편취를 위한 기망행위의 실행에 **착수**한 것으로 볼 수 없다(대판 2013.11.14, 2013도7494).

↔ 특별한 사정이 있는 경우(보험계약 체결 당시에 이미 보험사고가 발생하였음에도 이를 숨겼다거나 보험사고의 구체적 발생 가능성을 예견할 만한 사정을 인식하고 있었던 경우 또는 고의로 보험사고를 일으키려는 의도를 가지고 보험계약을 체결한 경우와 같이 보험사고의 우연성과 같은 보험의 본질을 해칠 정도라고 볼 수 있는 경우) → 사기죄의 실행의 착수 인정 ○

〈주관적 구성요건〉

사기의 고의와 불법영득의사 또는 불법이득의사가 있어야 한다. 사기죄의 성립에 있어서 피해자에게 손해를 가하려는 목적을 필요로 하지는 않지만 적어도 타인의 재물 또는 이익을 침해한다는 의사와 피기망자로 하여금 어떠한 처분을 하게 한다는 의사는 있어야 한다(대판 1998.4.24, 97도3054).

〈죄수〉

판례는 **피해자별**로 사기죄의 죄수를 판단하고 있다.[54]

---

54) 2025년 법무사시험

- 다수의 피해자에 대하여 각별로 기망행위를 하여 각각 재산상 이익을 편취한 경우에는 범의가 단일하고 범행방법이 동일하더라도 각 피해자의 피해법익은 독립한 것이므로 이를 포괄일죄로 파악할 수 없고 피해자별로 독립한 사기죄가 성립된다. / 다만 **피해자들이 하나의 동업체를 구성하는 등으로 피해 법익이 동일하다고 볼 수 있는 사정이 있는 경우**에는 피해자가 복수이더라도 이들에 대한 사기죄를 **포괄**하여 **일죄**로 볼 수도 있을 것이다(대판 2011.4.14, 2011도769).
  [동지판례][사기 범행의 피해자들이 부부인 경우 사기죄의 죄수관계가 문제된 사건]

사기죄와 타죄와의 관계		
자기가 점유하는 타인의 재물을 기망에 의하여 영득한 경우	횡령죄 ○, 사기죄 × "횡사횡"	
타인의 사무를 처리하는 자가 본인을 기망하여 재산상 이익을 취득한 경우	사기죄와 배임죄의 상상적 경합 "사배상"	
위조통화를 행사하여 타인의 재물을 편취한 경우	다수설	위조통화행사죄와 사기죄의 상상적 경합
	판례	위조통화행사죄와 사기죄의 실체적 경합
사기도박의 경우	사기도박자에게는 사기죄 성립 ○	
	피해자에게는 도박죄 ×(∵ 우연성이 없으므로)	
공무원이 직무에 관하여 타인을 기망하여 재물을 편취한 경우	사기죄와 수뢰죄의 상상적 경합	

Thema 정리 소송사기 → 엄격히 인정하는 추세!

소송사기란 법원을 기망하여 자기에게 유리한 판결을 얻음으로써 상대방의 재물 또는 재산상 이익을 취득하는 것을 내용으로 하는 범죄이다. 삼각사기의 대표적인 예이다. 다만 소송사기의 인정은 엄격하여야 한다.

- 주체 : 원고, 피고 모두 가능
- 기망행위 : 허위주장, 허위입증, 집행권원 없이 강제집행절차신청행위
  [소송비용액확정결정신청의 소송비용액계산서에 실제 지출하지 않은 변호사비용을 기재한 행위][55]
  기망행위 × 착수 ×　　∵ 단순히 실제사실과 다른 비용액 주장만 하고, 허위의 소명자료(변호사비용지출증명)를 제출 ×
- 착오 : 착오의 주체는 법관 ↔ 등기공무원을 기망하여 등기 : 사기 ×(∵ 처분행위×)
- 처분행위: 법원의 재판
  ↔ 착오에 의한 처분행위 × : 허무인 또는 사자상대소송, 공모자 상대(의제자백) **"허무사공"**
- 고의 : 채권이 존재하지 않음을 아는 것으로 부족, 허위주장·입증으로 법원을 기망한다는 인식
- **실행의 착수시기 : 허위내용의 소제기시 ↔ 유효한 송달 요 ×**
- 기수시기 : 승소판결 확정시 ↔ 패소시 : 미수
- 공범 : 간접정범 형태로도 가능 **[차용증위조 채권양도사건]** 정을 모르는 양수인으로 하여금 소를 제기하게 한 경우
- 죄수 및 타죄와의 관계 : 승소판결 의해 이전등기경료한 경우 사기죄와 부실기재죄의 실체적 경합

실행의 착수시기는 원고의 경우 소송에서 주장하는 권리가 존재하지 않는 사실을 알고 있으면서도 법원을 기망한다는 인식을 가지고 소를 제기한 때, 피고의 경우 허위내용의 서류를 작성하여 이를 증거로 제출하거나 그러한 주장을 담은 답변서·준비서면을 제출한 때이다.

절차별 소송사기의 실행의 착수시기와 기수시기

절차	실행의 착수시기	기수시기
보전절차(가압류·가처분)	실행의 착수 × (∵ 현실적 청구의 의사표시 ×)	
독촉절차	지급명령신청시	지급명령확정시
소송절차	원고 : 소제기시 / 피고 : 답변서·준비서면 제출시 〈소유권이전등기의 말소를 구하는 소송을 제기한 경우〉 ┌ 원칙 : 실행의 착수 × └ 예외 : ① 소유자로 등기된 적 있는자 　　　　② **소유권보존등기말소의 소** [56]	승소판결확정시 ↔ 패소판결시 : 미수
강제집행절차 (압류 → 경매 → 배당)	집행절차개시신청시 또는 배당신청시 : 경매신청시·압류신청시 또는 배당요구시 **[부풀린 채권으로 유치권에 의한 경매신청 사기사건]** ↔ 착수 : × **[허위유치권신고사건]**	

---

55) 2024년 법무사시험(10점)
56) 2024년 법무사시험(15점) → 아직 자기 앞으로 소유권보존등기를 경료하지 않은 상태라도 승소판결확정시 기수

Thema 정리 | 컴퓨터등 사용사기죄

제347조의2(컴퓨터 등 사용사기)

컴퓨터 등 정보처리장치에 허위의 정보 또는 부정한 명령을 입력하거나 권한 없이 정보를 입력·변경하여 정보처리를 하게 함으로써 재산상의 이익을 취득하거나 제3자로 하여금 취득하게 한 자는 10년 이하의 징역 또는 2천만원 이하의 벌금에 처한다.

- 의의 : 제347조의2
- 객체 : 재산상 이익 [위임받은 금액을 초과한 현금인출사건] ↔ 재물 : ×
- 행위
  - ① 허위정보입력 예 입금데이터를 허위로 입력하는 등 전산조작행위
  - ② 부정한 명령입력 예 컴퓨터에 악성프로그램이나 바이러스를 침투시키거나 해킹하는 행위
    [프로그램 자체에서 발생하는 오류를 적극적으로 이용] → 부정한 명령 입력에 해당
  - ③ 권한 없이 정보입력 예 비밀번호를 알고 있는 자가 타인의 현금카드나 신용카드를 이용하여 예금을 자기계좌로 계좌이체하는 행위

⇨ 정보처리를 하게 함으로써 재산상 이익 취득 예 ARS전화서비스, 계좌이체, 인터넷이용신용대출
  ↔ 사람의 처분행위 개재되면 사기 ○, 컴퓨터사용사기 × [악성프로그램 설치 낙찰하한가 알아낸 사건]
    = 사람을 기망 × : 사기 × 컴사 ○ ∴ 컴사죄는 사기죄에 대하여 보충관계

Thema 정리   각종 카드사용에 관한 범죄 정리

구분	카드발급	예금인출	단기현금대출 (현금서비스)	물품구입
타인명의 현금카드		편취 : **사기 포괄일죄** → 절도 × 갈취 : **공갈 포괄일죄** → 절도 × 강취 : 강도죄, **절도죄**		
		신용카드부정사용 ×		
자기명의 신용카드	(사기)	범죄 ×	**사기의 포괄일죄** → 피해자 = 카드회사	
		(신용카드부정사용 ×)		
타인명의 신용카드 직불카드	(사기)	절도	절도	사기(삼각사기)
		신용카드부정사용 × (∵ 신용카드 본래 용법에 따른 사용 아니므로)	**여신전문금융업법위반죄(신용카드부정사용) 의 포괄일죄**(∵ 사회적 법익에 관한 죄) → 사문서위조·동행사죄는 흡수됨(∵ 통상적 으로 수반하는 행위)	

1) **카드 자체에 대한 범죄** : 카드자체에 대한 절도·강도죄는 별도로 성립
2) **타인명의 카드 계좌이체행위·ARS전화서비스 신용대출행위** : 컴퓨터사용사기죄 → 피해자 = 금융기관
3) **타인명의 카드 예금인출행위** : 절도죄 ○, 신용카드부정사용죄 × → 피해자 = 현금자동지급기 관리자
4) **타인명의 카드 현금서비스·물품구입의 경우** : 절도죄·사기죄와 신용카드부정사용죄 → 실체적 경합
5) **타인명의 카드 수차례 물품구입의 경우** : 사기죄의 실체적 경합(∵ 가맹점 수대로) → 피해자 = 가맹점

편취·갈취한 현금카드를 사용하여 현금자동지급기에서 예금을 인출한 행위는 사기죄·공갈죄와 별도로 절도죄를 구성하지 아니하나, / 강취한 현금카드를 사용하여 현금자동지급기에서 예금을 인출한 행위는 강도죄와 별도로 절도죄를 구성한다.

- 타인의 명의를 모용하여 발급받은 신용카드의 번호와 그 비밀번호를 이용하여 **ARS 전화서비스나 인터넷 등을 통하여 신용대출**을 받는 방법으로 재산상 이익을 취득하는 행위 역시 미리 포괄적으로 허용된 행위가 아닌 이상, 컴퓨터 등 정보처리장치에 권한 없이 정보를 입력하여 정보처리를 하게 함으로써 재산상 이익을 취득하는 행위로서 **컴퓨터 등 사용사기죄**에 해당한다(대판 2006.7.27, 2006도3126). [57]
  → 이 경우 피해자는 카드를 발급하여 준 카드회사가 아니라 신용대출을 하여 준 금융기관으로 보아야 한다.

[57) 2019년 법무사시험(10점)

타인명의를 모용하여 신용카드를 부정발급 후 현금서비스를 받은 경우 [58]

1. 문제점

타인명의를 모용하여 신용카드를 부정발급받고 그 신용카드로 **현금자동지급기**에서 현급서비스를 받은 경우 어떤 범죄가 성립할 것인지가 문제된다.

2. 학설

카드회사의 처분의사는 카드에 표시된 피모용자를 향한 것이지 모용자를 향한 것이 아니므로 절도죄의 성립을 인정하는 견해(**절도죄설**)와 기망행위에 의하여 카드발급(처분행위)이 있었으므로 사기죄의 성립을 인정하는 견해(**사기죄설**)가 대립한다.

3. 판례

대법원은 **타인의 명의를 모용하여 발급받은 신용카드**를 사용하여 **현금자동지급기**에서 **현금대출**을 받는 행위는 카드회사에 의하여 미리 포괄적으로 허용된 행위가 아니라, **현금자동지급기의 관리자**의 의사에 반하여 그의 지배를 배제한 채 그 현금을 자기의 지배하에 옮겨 놓는 행위로서 절도죄에 해당한다(대판 2002.7.12, 2002도2134)고 보고 있다(**절도죄설**).

4. 검토 및 피해자

점유이전이 피해자의 의사에 반할 것을 요하는 절도죄는 성립할 수 없으므로 사기죄의 성립을 인정하는 것이 타당하다. 이 경우 피해자는 **사기죄설**에 의하면 기망행위에 의하여 카드를 발급한 카드회사라 보아야 한다. 다만 판례의 **절도죄설**에 의하면 현금자동지급기관리자라고 볼 것이다.

범죄로 취득한 타인명의의 신용카드를 사용하여 현금서비스를 받은 경우의 죄책 [59]

1. 문제점

절도 등 범죄로 취득한 타인명의의 신용카드로 **현금자동지급기**에서 현급서비스를 받은 경우 어떤 범죄가 성립할 것인지가 문제된다.

2. 학설

1) 은행의 의사에 반하여 지급기 내의 현금에 대한 점유를 침탈한 것이므로 절도죄가 된다는 견해(**절도죄설**), 2) 현금자동지급기에 신용카드를 투입하는 기망행위와 현금지급이라는 처분행위가 있었으므로 사기죄의 성립을 인정하는 견해(**사기죄설**), 3) 타인의 신용카드의 비밀번호를 입력하는 것은 권한 없는 정보의 입력에 해당하고 현금도 재산상 이익에 포함될 수 있으므로 컴퓨터등사용사기죄가 성립한다는 견해(**컴퓨터등사용사기죄설**), 4) 현금인출은 신용카드를 넣고 비밀번호를 입력하면 그 카드소지자에게 현금을 지급한다는 은행의 동의 아래 이루어진 것이므로 절도죄가 될 수 없고, 사람을 기망한 것이 아니므로 사기죄도 될 수 없고, 현금은 재물이어서 컴퓨터등사용사기죄의 객체가 될 수 없으므로 무죄라는 견해(**무죄설**)가 대립한다.

3. 판례

대법원은 현금은 재산상 이익이 아니라는 이유로 컴퓨터등사용사기죄를 부정하고, 절취한 피해자 명의의 신용카드를 부정사용하여 현금자동인출기에서 현금을 인출하고 그 현금을 취득까지 한 행위는 **절도죄**를 구성한다(대판 1995.7.28, 95도997)는 입장이다.

---

58) 2019년 법무사시험(10점)

[참조판례] 형법 제347조의2는 컴퓨터등사용사기죄의 객체를 재물이 아닌 재산상의 이익으로만 한정하여 규정하고 있으므로, 절취한 타인의 신용카드로 현금자동지급기에서 현금을 인출하는 행위가 재물에 관한 범죄임이 분명한 이상 이를 위 컴퓨터등사용사기죄로 처벌할 수는 없다(대판 2003.5.13, 2003도1178).

4. 검토

정당한 권리자에게 현금을 지급하겠다는 현금지급기관리자의 의사에 반하여 현금에 대한 점유를 취득한 것이므로 **절도죄설**이 타당하다.

Thema 정리 공갈죄

제350조(공갈) ① 사람을 공갈하여 / 재물의 교부를 받거나 재산상의 이익을 취득한 자는 10년 이하의 징역 또는 2천만원 이하의 벌금에 처한다.
② 전항의 방법으로 제삼자로 하여금 재물의 교부를 받게 하거나 재산상의 이익을 취득하게 한 때에도 전항의 형과 같다.

```
┌ 의의 : 제350조  보호법익 : 재산권, 의사결정 및 신체활동의 자유
├ 객체 ┌ 재물 또는 재산상 이익 ↔ × : [주점접대부 정교사건]
│      └ 타인소유 ↔ 자기소유 : × [쇼핑백 협박사건] 공갈 ×, 협박 ○
├ 공갈행위 ┌ 폭행 또는 협박으로 공포심을 일으키는 것, 반항억압정도 요 ×(강도죄와의 구별)
│         └ 상대방 : 피공갈자 = 처분행위자 = 피해자
│             → 피공갈자 = 처분행위자 ≠ 피해자 : 삼각공갈(법적권한 ×, 사실상지위설) [주점의 종업원
│                  공갈사건]
├ 외포
├ 처분행위 : 재물교부행위(점유이전행위, 작위 또는 부작위) + 묵인 포함
│  ↔ 처분행위× : [택시기사폭행사건] 공갈 ×, 폭행 ○
├ 재물 또는 재산상 이익의 취득
├ 착수시기 : 폭행 또는 협박을 개시한 때
└ 기수시기 : 입금된 때, 부동산의 경우 소유권이전등기를 경료받거나 또는 인도를 받은 때
                    ↔ 등기에 필요한 서류를 교부받은 때 : ×
```

---

59) 2010년 법무사시험(10점)

〈객체〉
① 공갈죄의 행위객체는 타인의 재물 또는 재산상 이익이다.
② 사람을 공갈하여 자기의 재물을 교부받는 경우에는 공갈죄가 성립하지 아니한다.

〈처분행위〉
① 공갈죄가 성립하려면 공갈행위, 외포상태(겁먹은 상태), 피공갈자의 처분행위가 있어야 하고, 순차적으로 인과관계가 있어야 한다.
② 처분행위는 피공갈자의 재물 교부행위(점유이전행위, 작위 또는 부작위)를 말하고, 상대방의 겁먹은 상태를 이용하여 범인이 스스로 재물을 가져가는 경우, 즉 묵인도 포함한다.

〈위법성〉
권리를 가진 사람이 권리행사의 수단으로 협박을 사용한 경우 정당한 권리가 있는 경우 불법영득의사가 인정되지 않으므로 공갈죄가 성립할 수 없다는 견해(영득의 불법설, 협박죄설)도 있으나, / 판례는 사회통념상 권리행사의 수단으로 용인할 수 없는 정도이면 절도죄, 사기죄와 마찬가지로 공갈죄가 성립한다는 태도(행위의 불법설, 공갈죄설)이다.[60]

---

60) 2020년 변호사시험

Thema 정리 | 횡령죄

제355조(횡령) ① 타인의 재물을 / 보관하는 자가 / 그 재물을 / 횡령하거나 그 반환을 거부한 때

제356조(업무상의 횡령) 업무상의 임무에 위배하여 제355조의 죄를 범한 자

- 의의 : 제355조 제1항   보호법익·보호정도 : 소유권, 위험범
- 본질 ┬ 월권행위설 : 권한초월 → 불법영득의사 요 × → 일시적 무단사용, 손괴은닉목적 처분 = 횡령 ○
  └ **영득행위설** : 불법영득 → 불법영득의사 요 → **일시적 무단사용, 손괴은닉목적 처분 = 횡령 × (판례)**
- 주체 : 위탁관계에 의한 보관자(자기점유) → 진정신분범
  ┬ 위탁관계 : 사실상 포함(신의칙상보관관계) [착오송금사건] 입금된 돈을 임의인출 소비하면 횡령 ○
  │ → 횡령죄로 보호할 만한 가치 있는 신임에 의한 것에 한정 ↔ [부동산실명법위반 양자간 명의신탁사건]
  └ 보관 : 사실상 지배 + 법률상 지배 예 예금   = [사과나무사건]
- 부동산 ┬ 등기 + 유효하게 처분할 수 있는 권능 ↔ 원인무효등기, 다른 공유자의 지분 임의처분
  │   [허위보증서·확인서사건]
  └ 미등기부동산 : 위탁관계에 기하여 현실적으로 지배·관리하는 자
- 동산 : 점유자
- 자동차 : 등록명의자일 필요 × → 사실상 처분 = 횡령 ○ [지입차주 횡령사건] ∵ 타인소유차량 보관하는 자
- 객체 ┬ 재물 ↔ 재산상 이익 : × (배임죄의 객체) ↔ 재물 × : 권리, 주식, 광업권
  └ 타인소유 ↔ 자기소유 : 횡령 × (주체×)
- 공동소유 : 다른 공동소유자에 대한 관계에서는 타인소유 → 동업재산 임의소비 : 횡령 ○ (임의소비금액 전부)
- 금전 등 대체물 : 소지 = 소유
  - ↔ **특정물**: 용도·목적을 정하여 위탁한 금전, 용도가 엄격제한된 자금, 금전처리수반사무
    [레미콘대금] [우수상인유치비] [위탁매매] [교비회계 횡령사건] ∵ 학교교육에 직접 필요경비로만 사용가능
- 자기소유 : 익명조합, 가맹점주 물품판매대금, 부동산입찰절차의 낙찰명의인, 채권지급담보로 받은 수표 등
  - = 익명조합유사의 무명계약(전적으로 일임한 경우) ↔ 조합, 내적조합 : ×
  - **[채권양도 후 통지 전 수령·소비사건]**[61] 횡령 × ∵ 수령한 돈 : 채권양도인 자기소유 = 채권양도담보의 양도인
  - **[자동차 매매계약과 횡령죄의 성부]** 횡령 × ≒ 명의신탁약정(매도인 = 수탁자, 매수인 = 신탁자 → 내부 : 매수인소유)
  - **명의신탁**
  - **불법원인급여** : 원칙-횡령 × 예 뇌물자금, 도박자금, 범죄수익 ↔ 예외-횡령 ○ 예 화대(전부)
- 행위 : 횡령 또는 반환거부 예 임의처분, 임의소비, 저당권설정 등 담보제공행위
  - → 사실행위 포함, 법률행위의 경우 유·무효여부 불문
  - → 기수시기: 표현설(∵ 위험범), 부동산의 경우 실현설 [횡령미수 사건]
- 고의 및 불법영득의사 ┬ 자기 또는 제3자의 이익을 위하여 : 불법영득의사 ○ [회사자금뇌물공여 횡령사건]
  예 비자금, 정치자금 └ 소유자의 이익을 위하여 : 불법영득의사 × [자신의 회사에 대한 채권변제]
  [가장납입사건]

---

61) 2022년 법무사시험(15점) ① 차량매도대금(동업재산) : 전액 횡령죄 성립 ○, ② 임대차보증금 : 횡령죄 성립 ×

```
┌ 공범 ┬ 알고서~ : 방조 ×
│      └ 적극 종용 : 공동정범 ○
├ 죄수 "위탁관계별"
│   ┌ 근저당설정 → 근저당설정, 매도 : 별개의 횡령 ○ ['명의수탁자의 처분과 횡령' 관련 사건]
│   └ 보존등기, 반환거부 → 근저당설정 : 불가벌적 사후행위 ○, 별개의 횡령 ×
└ 타죄와의 관계 ┬ 사기죄와의 관계 : 횡사횡
                │   [보이스피싱사건 2(사기이용계좌의 명의인이 전기통신금융사기 피해금을 횡령한 사건)]
                │   ① 피해자에 대한 관계: 횡령죄 성립 ○ ∵ 신의칙상 보관관계 ○, 위탁관계 ○ = 착오송금사안
                │   ② 사기범에 대한 관계: 횡령죄 성립 × ∵ ① 피해자의 돈 취득 ×, ② 위탁관계 ×
                ├ 배임죄와의 관계 : [질권설정후 예금인출사건] 배임죄 ○, 횡령죄 ×
                ├ 장물죄와의 관계 : 장횡장 ∵ 불가벌적 사후행위
                ├ 강제집행면탈죄와의 관계 : 횡제횡 ∵ 타인소유, 진의양도
                └ 뇌물죄와의 관계 : [계약금액을 부풀린 사건] 뇌물죄 ×, 횡령죄 ○ (∵ 돈의 성격상)
```

```
┌ 업무상횡령죄(제356조)
└ 점유이탈물횡령죄(제360조)
```

〈주체 : 위탁관계에 의한 보관자〉
① 횡령죄의 주체는 신임관계에 기초한 위탁관계에 의하여 타인의 재물을 보관하는 자이다. 여기서 보관이란 행위자 자신이 위탁관계에 의해 재물을 사실상 지배 또는 법률상 지배하는 것을 말한다. 단순한 사실상 지배만을 의미하는 절도죄의 점유와 구별된다.
② 부동산의 경우 보관자의 지위는 점유를 기준으로 할 것이 아니라 그 부동산을 **제3자에게 유효하게 처분할 수 있는 권능의 유무**를 기준으로 결정하여야 한다.
등기된 부동산의 경우 원칙적으로 등기부상 명의인이 보관자가 된다. 다만 법률상 유효하게 처분할 수 있는 권능이 없는 원인무효의 등기명의자는 보관자가 될 수 없고, 마찬가지로 공유등기된 부동산의 경우 공유자 중 1인은 타인의 지분에 대한 보관자가 될 수 없다. / 미등기부동산의 경우 위탁관계에 의하여 현실로 부동산을 관리·지배하는 자가 보관자이다.
③ 동산의 경우 점유자가 보관자가 된다. 자동차 등 등록을 요하는 동산의 경우 판례는 부동산과 같이 등록명의자를 보관자로 보았다가, **등록명의자가 아니어도 보관자**라고 보는 견해로 변경하였다.

〈위탁관계〉
① 횡령죄에서 재물의 보관은 위탁관계에 의하여 이루어져야 한다. 횡령죄의 본질이 위탁에 의한 신뢰관계를 배신한다는 점에 있기 때문이다.
② 위탁관계는 사용대차·임대차·위임·고용 등 계약에 의하여 발생하는 것이 보통이나, 사무관리·관습·조리·신의칙에 의하여도 발생할 수 있다.
③ 또한 위탁관계가 법률상 무효·취소된 경우에도 사실상 위탁관계가 인정되면 족하다. 다만 위탁관계는 횡령죄로 보호할만한 가치 있는 신임에 의한 것으로 한정된다.

〈객체 : 타인소유의 재물〉
금전 등 대체물은 대체가 가능하므로 보관자가 소유자가 되는 것이 원칙이다("금전은 소지가 있는 곳에 소유가 있다"). 다만 **용도·목적을 특정하여 위탁한 경우**는 특정물과 동일하게 여전히 타인의 소유물에 해당한다.

Thema 정리 명의신탁

부동산 실권리자명의 등기에 관한 법률(약칭 : 부동산실명법)

제4조(명의신탁약정의 효력) ① 명의신탁약정은 무효로 한다.
② 명의신탁약정에 따른 등기로 이루어진 부동산에 관한 물권변동은 무효로 한다. 다만, 부동산에 관한 물권을 취득하기 위한 계약에서 명의수탁자가 어느 한쪽 당사자가 되고 상대방 당사자는 명의신탁약정이 있다는 사실을 알지 못한 경우에는 그러하지 아니하다.
③ 제1항 및 제2항의 무효는 제3자에게 대항하지 못한다.

제8조(종중, 배우자 및 종교단체에 대한 특례) 다음 각 호의 어느 하나에 해당하는 경우로서 조세 포탈, 강제집행의 면탈(免脫) 또는 법령상 제한의 회피를 목적으로 하지 아니하는 경우에는 제4조부터 제7조까지 및 제12조 제1항부터 제3항까지를 적용하지 아니한다.
1. 종중(宗中)이 보유한 부동산에 관한 물권을 종중(종중과 그 대표자를 같이 표시하여 등기한 경우를 포함한다) 외의 자의 명의로 등기한 경우
2. 배우자 명의로 부동산에 관한 물권을 등기한 경우
3. 종교단체의 명의로 그 산하 조직이 보유한 부동산에 관한 물권을 등기한 경우

1. 2자간 명의신탁

부동산 소유자인 신탁자가 수탁자와 명의신탁약정을 하고, 신탁자로부터 수탁자에게로 등기를 이전하는 경우

⇨ **신탁자 소유**(∵명의신탁약정 무효 & 물권변동 무효) ∵ 부동산실명법 제4조

→ 수탁자가 신탁자 승낙 없이 처분행위한 경우 **신탁자에 대한 횡령죄** ×

[부동산 실권리자명의 등기에 관한 법률에 위반한 이른바 양자간 명의신탁에서 명의수탁자가 신탁부동산을 임의로 처분한 경우 횡령죄가 성립하는지 여부가 문제된 사건][62] 횡령죄 × ∵ 보호가치 있는 신임관계에 기한 위탁관계 ×, 보관자 ×

→ 제3자(명의신탁부동산의 매수인)에 대한 사기죄 : × ∵ 명의신탁사실에 대한 신의칙상 고지의무 ×

2. 중간생략등기형 명의신탁(3자간 명의신탁)

신탁자가 매수인이 되어 부동산 소유자인 매도인과 매매계약을 체결하면서 등기를 매도인으로부터 신탁자에게 이전하지 않고 수탁자에게 직접 이전하는 경우 ⇨ **매도인 소유**(∵명의신탁약정 무효 & 물권변동 무효)

→ 수탁자가 신탁자 승낙 없이 처분행위한 경우 횡령죄 ×

[중간생략등기형 명의신탁에서 신탁부동산의 임의 처분 사건][63] 신탁자에 대한 횡령죄 ×

∵ 신탁자 = 소유권 ×, 수탁자 = 보호가치 있는 신임관계에 기한 위탁관계 ×, 타인의 재물을 보관하는 자 ×

3. 계약명의신탁

수탁자가 매매계약의 당사자인 경우이다. 즉 수탁자가 신탁자와 명의신탁약정을 맺고 수탁자가 부동산 소유자인 매도인과 직접 매매계약을 체결하고 등기까지 이전 받는 경우

┌ 매도인 선의인 경우(명의신탁약정을 모르는 경우) : **수탁자 소유** ∵ 부동산실명법 제4조 제2항 단서

│ → 수탁자가 신탁자 승낙 없이 처분행위한 경우 : 횡령죄 ×, 배임죄 × **[매도인이 선의인 계약명의신탁의 경우]**

└ 매도인 악의인 경우(명의신탁약정을 아는 경우) : **매도인 소유**

　→ 수탁자가 신탁자 승낙 없이 처분행위한 경우 : 횡령죄 ×, 배임죄 × **[매도인 악의인 경우의 계약명의신탁]**

※ **유효한 명의신탁의 경우 : 종중·배우자 및 종교단체에 대한 특례** ≒ 자동차명의신탁

　→ 수탁자가 신탁자 승낙 없이 처분행위한 경우 **신탁자에 대한 횡령죄** ○

---

62) 2023년 법무사시험(20점)
63) 2016년 법무사시험(30점)

Thema 정리 — 불법원인급여와 재산죄의 성립여부

민법 제746조(불법원인급여) 불법의 원인으로 인하여 재산을 급여하거나 노무를 제공한 때에는 그 이익의 반환을 청구하지 못한다. 그러나 그 불법원인이 수익자에게만 있는 때에는 그러하지 아니하다.

불법원인급여란 불법의 원인으로 인하여 재산을 급여하거나 노무를 제공한 경우 급여자가 수익자(수탁자)에게 그 재물의 반환을 청구할 수 없는 경우를 말한다(민법 제746조). 수익자(수탁자)가 급여받은 재물을 임의로 처분한 경우 그 소유권이 누구에게 있느냐에 따라 횡령죄의 성립여부가 달라진다.

예 뇌물로 제공되도록 교부된 재물, 도박자금으로 교부된 재물, 범죄수익, 화대 등

[범죄수익 임의사용사건] [선불금사건] 횡령죄 성립 × ∵ 수익자 소유

---

1. 횡령죄 ×

(∵ 민법 제746조 불법원인급여에 해당, 반환청구권이 없으므로 **수익자소유**, 수익자의 소극적 수용)

1) 뇌물로 전해달라는 부탁을 받고 받은 돈(뇌물자금)을 임의사용한 경우
2) 甲이 乙로부터 丙에 대한 배임증재의 목적으로 전달하여 달라고 교부받은 금전을 전달하지 않고 임의로 소비한 경우
3) 사기범행을 통해 취득한 범죄수익을 교부받아 임의사용한 경우

 ↔ 횡령죄 ○ : 포주인 甲이 다방종업원으로 일하던 乙에게 윤락을 권유하여 고용한 후 乙이 받은 화대를 甲이 일단 보관하다가 나중에 둘이 절반씩 분배하기로 약정하고서, 甲이 보관 중인 乙의 화대를 임의로 소비한 경우 → 화대 전체에 대한 횡령 ∵ 윤락녀 소유

2. 사기죄 ○

(∵ 민법 제746조에 해당하여 반환청구권이 없더라도 기망이라는 행위태양의 위법, 수익자의 적극적 기망이 있기 때문)

1) 로비자금으로 제공하겠다며 돈을 받아 임의사용한 경우
2) 매음의사 없이 성교에 응할 것으로 가장하여 매음료를 받고 달아난 경우
3) 甲이 乙에게 乙과 원한관계에 있는 丙을 납치하여 살해할 준비를 하는 비용을 달라고 거짓말을 하여 금품을 교부받았을 경우

〈고의 및 불법영득의사〉

※ 단체나 법인의 비용으로 개인의 소송비용을 지급하는 경우

┌ 원칙 : 횡령 ○(∵ 단체나 법인의 비용으로 소송비용을 지급하는 것은 단체자체가 당사자가 된 경우에 한정)
└ 예외 : 분쟁의 실질적 이해관계가 단체에게 있는 경우, 항쟁의 필요성이 있는 경우 횡령 ×

- 법인의 이사를 상대로 한 이사**직무집행정지 가처분**이 결정된 경우 법인의 대표자가 법인 경비에서 당해 가처분 사건의 피신청인인 이사에게 그 사건에 관한 **소송비용**을 지급하였다면, 법인의 경비를 횡령한 것이라고 볼 수는 없다(대판 2009.3.12, 2008도10826). ∵ 법인의 업무수행을 위하여 필요한 비용
- 상가관리운영위원회의 운영위원장이 그에 대하여 제기된 **직무집행정지가처분 신청에 대응하기 위하여** 선임한 변호사의 선임료를 상가 관리비에서 지급한 경우 업무상횡령죄가 성립하지 않는다(대판 2019.5.30, 2016도5816).

Thema 정리 배임죄

제355조(배임) ② 타인의 사무를 처리하는 자가 그 임무에 위배하는 행위로써 재산상의 이익을 취득하거나 제삼자로 하여금 이를 취득하게 하여 본인에게 손해를 가한 때

제356조(업무상의 배임) 업무상의 임무에 위배하여 제355조의 죄를 범한 자

- 의의 : 제355조 제2항 보호법익·보호정도 : 전체로서의 재산권, 위험범
- 본질 : 배신설(판례) ↔ 권한남용설: × ⇨ 사실행위로도 가능, 대리권 요 ×
- 주체 : 타인의 사무처리자

      타인의 사무 : 재산적 사무에 제한, **재산보호·관리사무** 예 등기협력의무, 대표이사 ⇨ 사실상 신임관계면 족
          └ 예 대행사무, 협력의무(→ 비형사화경향!)

      ↔ 자기의 사무 : 단순한 채무부담 예 민사채무불이행 ⇨ 배임 ×(주체 ×)
  - 타인의 사무 : [계주사건] [골프장회원권 배임사건]

        부동산이중매매, 부동산교환계약, 서면증여계약, **지입회사의 운영자**

        ↔ [할부매매 지입사건]
  - 자기의 사무 : [금융기관의 임직원] [잔금지급약정사건]

      └ 채무자   동산·채권·주식 이중양도, 아파트수분양권이중매매 / 대물변제예약, 구두증여계약

               동산·주식·부동산 양도담보[64], 부동산이중저당, 부동산담보신탁·동산담보

               [골재생산기기(크러셔)사건] [부동산 이중저당·양도담보사건(4순위 근저당권설정사건)][65]

    → 채무자가 통상의 계약에서의 이익대립관계를 넘어서 채권자와의 신임관계에 기초하여 채권자의 사무를 맡아 처리하는
      것으로 볼 수 없다. ∴ 타인의 사무처리자 ×, 배임죄 성립 ×
- 객체 : 재산상 이익
- 행위 ┬ 배임행위: 사실행위로도 가능, 법률상 유효·무효 불문 예 금융기관직원의 부실대출, 대표권남용
      └ 재산상 이익의 취득 & 손해발생 [외상대금채권전산조작사건] [연체료부담사건] [시가판매사건]
- 손해 ┬ 적극적 손해 + 소극적 손해
      ├ 법률적 판단 ×, 경제적 관점에서 판단(법률상 무효여도)
      └ 현실적 손해 + 손해발생 위험 포함(막연한 위험 ×, 구체적 위험)

      ↔ [가장납입사건] ∵ 손해발생 ×
- 실행의 착수 및 기수시기: 배임행위시 착수 / 손해 또는 손해발생의 위험이 발생한 때 기수

  [대표권 남용과 배임죄의 실행의 착수시기와 기수시기]
  - 대표권남용행위 + 상대방이 알았거나 알수있었을 경우(회사의 책임 ×, 손해발생위험 ×) : 미수

      ↔ 기수가 되는 경우 = 실제 채무이행이 이루어지거나 회사가 민사상 불법행위책임을 부담한 경우
  - 대표권남용행위 + 상대방이 모른 경우(회사의 책임 ○, 손해발생위험 ○) : 기수 → 채무이행전이라도
  - 약속어음발행행위(대표권남용) + 상대방이 알았거나 알 수 있었을 경우 + **유통** × : 미수
  - 약속어음발행행위(대표권남용) + 상대방이 알았거나 알 수 있었을 경우 + **유통** ○ : 기수

---

64) 2020년 법무사시험
65) 2020년 법무사시험

```
┌ [회사직원의 영업비밀유출] ┬ 무단반출 : 반출시 기수
│                          └ 적법반출 : 퇴사시 기수 ↔ 퇴사 이후 이용행위 : 배임 × (= 제3자 가담행위)
├ 고의 및 불법이득의사 : 경영상 판단 + 당연히 하여야 할 것으로 기대되는 행위 × → 고의·이득의사 ○
├ 기타 배임죄성부가 문제되는 경우
│   ┌ 양도담보
│   ├ 부동산 이중매매
│   ├ 동산 이중매매 : 배임죄 × ∵ 자기의 사무 [동산 이중양도 사건(인쇄기사건)]
│   ├ 채권의 이중양도 : 배임죄 × ∵ 자기의 사무
│   └ 부동산 대물변제예약 : 배임죄 × [대물변제예약부동산처분사건] 66)
├ 공범 ┬ 알고서~ : 방조 × ∵ 소극적 편승에 불과
│      └ 교사·전과정 관여 등 적극가담 : 교사범 ○, 공동정범 ○
└ 죄수 및 타죄와의 관계 : "신임관계별" 사배상, 사배실
```

〈주체 : 타인의 사무처리자〉

타인의 사무를 처리하는 자가 그 임무에 위배하는 행위로써 재산상의 이익을 취득하거나 제삼자로 하여금 이를 취득하게 하여 본인에게 손해를 가한 경우 성립하는 범죄이다(제355조 제2항).

타인의 사무처리자만이 주체가 되는 진정신분범이다.

배임죄의 주체로서 '타인의 사무를 처리하는 자'란 타인과의 대내관계에 있어서 신의성실의 원칙에 비추어 그 사무를 처리할 신임관계가 존재한다고 인정되는 자를 말한다. 다만 배임죄는 재산죄이므로 여기의 사무는 재산적 사무(타인의 재산보호·관리사무)에 제한된다.

관련 판례 타인의 사무처리자에 해당하는 경우

• [배임죄에서의 '타인의 사무를 처리하는 자' 해당 여부에 관한 사건]

이른바 지입제는 자동차운송사업면허 등을 가진 운송사업자와 실질적으로 자동차를 소유하고 있는 차주 간의 계약으로 외부적으로는 자동차를 운송사업자 명의로 등록하여 운송사업자에게 귀속시키고 내부적으로는 각 차주들이 독립된 관리 및 계산으로 영업을 하며 운송사업자에 대하여는 지입료를 지불하는 운송사업형태를 말한다. 따라서 지입차주가 자신이 실질적으로 소유하거나 처분권한을 가지는 자동차에 관하여 지입회사와 지입계약을 체결함으로써 지입회사에게 그 자동차의 소유권등록 명의를 신탁하고 운송사업용 자동차로서 등록 및 그 유지 관련 사무의 대행을 위임한 경우에는, 특별한 사정이 없는 한 지입회사 측이 지입차주의 실질적 재산인 지입차량에 관한 재산상 사무를 일정한 권한을 가지고 맡아 처리하는 것으로서 당사자 관계의 전형적·본질적 내용이 통상의 계약에서의 이익대립관계를 넘어서 그들 사이의 신임관계에 기초하여 타인의 재산을 보호 또는 관리하는 데에 있으므로, **지입회사 운영자**는 지입차주와의 관계에서 **'타인의 사무를 처리하는 자'**의 지위에 있다(대판 2021.6.24. 2018도14365).

[사실관계] 피해자들이 각자 매수대금을 전액 부담하여 이 사건 각 **버스**를 매수한 후 피고인과 사이에 이 사건 각 버스를 피고인이 운영하는 운송회사로 지입하고 피고인에게 지입료를 지급하기로 구두 약정한 사안에서, 피해자들과 피고인 사이에 지입계약서가 작성되지 않았다고 하더라도 피해자들은 자신들이 실질적으로 소유한

---

66) 2018년 법무사시험(30점)

이 사건 각 버스에 관하여 피고인의 지입회사에 소유권등록 명의를 신탁하고 운송사업용 자동차로서 등록 및 그 유지 관련 사무의 대행을 위임하는 내용의 지입계약을 체결하였다고 충분히 인정된다고 보아, **지입회사 운영자인 피고인**은 지입차주인 피해자들과의 관계에서 '타인의 사무를 처리하는 자'의 지위에 있으므로, 피고인이 피해자들의 동의 없이 이 사건 각 **버스**에 관하여 임의로 이 사건 각 저당권을 설정함으로써 피해자들에게 재산상 손해를 가한 것은 배임죄를 구성한다고 한 사례 → 타인의 사무처리자 ○, 업무상 배임죄 성립 ○

[비교판례] [배임죄에서 '타인의 사무를 처리하는 자'에 해당하는지 여부가 문제된 사건](할부매매 지입사건) **지입차주가 자신이 실질적으로 소유하거나 처분권한을 가지는 자동차에 관하여 지입회사와 지입계약을 체결함으로써 지입회사에게 그 자동차의 소유권등록 명의를 신탁하고 운송사업용 자동차로서 등록 및 그 유지 관련 사무의 대행을 위임한 경우에는**, 특별한 사정이 없는 한 지입회사 측이 지입차주의 실질적 재산인 지입차량에 관한 재산상 사무를 일정한 권한을 가지고 맡아 처리하는 것으로서 당사자 관계의 전형적·본질적 내용이 통상의 계약에서의 이익대립관계를 넘어서 그들 사이의 신임관계에 기초하여 타인의 재산을 보호 또는 관리하는 데에 있으므로, 지입회사 운영자는 지입차주와의 관계에서 '타인의 사무를 처리하는 자'의 지위에 있다고 할 것이나, / **지입차주가 지입회사로부터 할부로 지입회사 소유의 자동차를 매수하면서 해당 자동차에 관하여 지입계약을 체결한 경우에는 특별한 사정이 없는 한 지입차주가 그 할부대금을 완납하기 전까지는 지입차량을 지입차주의 실질적 재산이라고 보기 어려우므로, 지입계약이 체결되었다는 사실만으로 곧바로 지입회사 운영자가** 지입차주와의 관계에서 지입차량에 관한 재산상 사무를 맡아 처리하는 '타인의 사무를 처리하는 자'의 지위에 있다고 보기 어렵다(대판 2024.11.14, 2024도13000).

[사실관계] 여객자동차 운송사업 등을 목적으로 하는 회사의 대표이사인 甲이, **지입차주인 피해자들로부터 할부대금을 완납하기 전**에 지입받은 버스들을 피해자들의 동의 없이 근저당권을 설정하였다는 업무상배임으로 기소된 사안67)에서, **대법원**은 위와 같은 법리를 설시하면서, 피해자들은 이 사건 회사와 사이에 이 사건 각 버스에 관하여 매매계약 및 지입계약을 체결한 이후 이 사건 회사에 매매계약에 따른 매매대금을 모두 지급하지 않았고, 달리 피해자들이 매매대금을 전부 지급하기 전에 이 사건 각 버스에 관한 실질적 소유권 또는 처분권한을 이전받기로 약정하였음을 인정할 수 있는 자료도 없으므로, 피해자들이 이 사건 각 버스에 대하여 실질적 소유권 또는 처분권한을 가진다고 보기 어렵고, 나아가 피해자들과 이 사건 회사 사이에 지입계약서가 작성되지 않은 이 사건에서, 이 사건 회사가 피해자들과 사이에 통상의 계약에서의 이익대립관계를 넘어서 그들 사이의 신임관계에 기초하여 이 사건 각 버스를 피해자의 재산으로 보호 또는 관리하기로 하였다고 볼 만한 사정도 찾아볼 수 없으므로, 지입회사 운영자인 피고인이 지입차주인 피해자들과의 관계에서 '타인의 사무를 처리하는 자'의 지위에 있다고 보기 어렵다고 보아, 이와 달리 판단한 원심을 파기·환송하였다. → 타인의 사무처리자 × 업무상 배임죄 성립 ×

---

67) B는 2018.7. 경 버스를 乙회사로부터 매수하면서 乙 회사와 사이에 버스를 乙 회사로 지입하고, B는 乙 회사에 버스 매매대금으로 총 1억 5,500만 원을 지급하기로 하되 그중 3,000만 원은 계약 체결시에, 나머지 대금은 60개월간 할부로 지급하기로 구두 약정하였다. 지입회사 乙 회사의 운영자인 甲은 2019.2.22.경 B의 동의 없이 대출을 받으면서 이 사건 버스에 관하여 근저당권을 설정하였다. 한편 B는 이 사건 회사에 위 약정에 따른 매매대금을 일부만 지급하고 할부대금 지급을 중단하였다.

- **[부동산 이중매매 배임죄 사건]**

부동산 매매계약에서 계약금만 지급된 단계에서는 어느 당사자나 계약금을 포기하거나 그 배액을 상환함으로써 자유롭게 계약의 구속력에서 벗어날 수 있다. 그러나 **중도금이 지급되는 등 계약이 본격적으로 이행되는 단계에 이른 때에는 계약이 취소되거나 해제되지 않는** 한 매도인은 매수인에게 부동산의 소유권을 이전해 줄 의무에서 벗어날 수 없다. 따라서 이러한 단계에 이른 때에 매도인은 매수인에 대하여 매수인의 재산보전에 협력하여 재산적 이익을 보호·관리할 신임관계에 있게 된다. 그때부터 매도인은 배임죄에서 말하는 **'타인의 사무를 처리하는 자'에 해당**한다고 보아야 한다. 그러한 지위에 있는 매도인이 매수인에게 계약 내용에 따라 부동산의 소유권을 이전해 주기 전에 그 부동산을 제3자에게 처분하고 제3자 앞으로 그 처분에 따른 등기를 마쳐 준 행위는 매수인의 부동산 취득 또는 보전에 지장을 초래하는 행위이다. 이는 매수인과의 신임관계를 저버리는 행위로서 배임죄가 성립한다(대판 2018.5.17, 2017도4027 숲合). → 따라서 기존의 판례는 유지되어야 한다는 취지

[반대의견] 다수의견은 부동산 거래에서 매수인 보호를 위한 처벌의 필요성만을 중시한 나머지 형법의 문언에 반하거나 그 문언의 의미를 피고인에게 불리하게 확장하여 형사법의 대원칙인 죄형법정주의를 도외시한 해석일 뿐 아니라, 동산 이중매매와 부동산 대물변제예약 사안에서 매도인 또는 채무자에 대하여 배임죄의 성립을 부정하는 대법원판례의 흐름과도 맞지 않는 것이어서 찬성하기 어렵다.

[동지판례] 부동산 매매계약에서 중도금이 지급되는 등 계약이 본격적으로 이행되는 단계에서 **매도인이 매수인에게 순위보전의 효력이 있는 가등기를 마쳐 주었더라도** 이는 향후 매수인에게 손해를 회복할 수 있는 방안을 마련하여 준 것일 뿐 그 자체로 물권변동의 효력이 있는 것은 아니어서 매도인으로서는 소유권을 이전하여 줄 의무에서 벗어날 수 없으므로 매도인이 제3자 앞으로 그 처분에 따른 등기를 마쳐 준 행위는 배임죄가 성립한다(대판 2020.5.14, 2019도16228).

- **[서면증여계약사건]** [68]

서면으로 부동산 증여의 의사를 표시한 증여자는 계약이 취소되거나 해제되지 않는 한 수증자에게 목적부동산의 소유권을 이전할 의무에서 벗어날 수 없다. 그러한 증여자는 '타인의 사무를 처리하는 자'에 해당하고, 그가 수증자에게 증여계약에 따라 부동산의 소유권을 이전하지 않고 부동산을 제3자에게 처분하여 등기를 하는 행위는 수증자와의 신임관계를 저버리는 행위로서 배임죄가 성립한다(대판 2018.12.13, 2016도19308). ∵ 부동산 이중매매의 법리

[비교판례] **서면에 의하지 아니한 증여계약이 행하여진 경우** 당사자는 그 증여가 이행되기 전까지는 언제든지 이를 해제할 수 있으므로 증여자가 **구두의 증여계약**에 따라 수증자에 대하여 증여 목적물의 소유권을 이전하여 줄 의무를 부담한다고 하더라도 그 증여자는 수증자의 사무를 처리하는 자의 지위에 있다고 할 수 없다(대판 2005.12.9, 2005도5962).

---

68) 2020년 법원사무관승진시험(15점)

- [부동산교환계약사건]

사회통념 내지 신의칙에 비추어 부동산 매매계약에서 중도금이 지급된 것과 마찬가지로 **부동산 교환계약**이 본격적으로 이행되는 단계에 이른 때에는 그 의무를 이행 받은 당사자는 상대방의 재산보전에 협력하여 재산적 이익을 보호·관리할 신임관계에 있게 된다(대판 2018.10.4, 2016도11337). ∵ 부동산 이중매매의 법리

[판결이유] 피해자는 이 사건 교환계약에 따른 금전지급의무를 다하였고, 법무사 사무실에 F 토지의 소유권이 전등기에 필요한 서류를 맡긴 후 피고인에게 서류를 맡긴 사실과 이를 찾아가라는 내용의 통지까지 마쳤다. 이로써 이 사건 교환계약은 사회통념 내지 신의칙에 비추어 매매계약에서 중도금이 지급된 것과 마찬가지로 본격적으로 이행되는 단계에 이르렀으므로, 피고인은 피해자에 대하여 그 재산적 이익을 보호할 신임관계에 있게 되어 타인인 피해자의 E 토지에 관한 소유권 취득 사무를 처리하는 자가 되었다.

관련 판례 타인의 사무처리자에 해당하지 않는 경우

1) **[피고인이 알 수 없는 경위로 피해자의 비트코인을 자신의 계정으로 이체 받은 후 자신의 다른 계정으로 이체한 사건]** 69)

[1] 가상자산 권리자의 착오나 가상자산 운영 시스템의 오류 등으로 법률상 원인관계 없이 다른 사람의 가상자산 전자지갑에 가상자산이 이체된 경우, 가상자산을 이체 받은 자는 가상자산의 권리자 등에 대한 **부당이득반환의무**를 부담하게 될 수 있다. 그러나 이는 당사자 사이의 **민사상 채무**에 지나지 않고 이러한 사정만으로 가상자산을 이체 받은 사람이 신임관계에 기초하여 가상자산을 보존하거나 관리하는 지위에 있다고 볼 수 없다. 설령 피고인이 피해자에게 직접 부당이득반환의무를 부담한다고 하더라도 곧바로 가상자산을 이체 받은 사람을 피해자에 대한 관계에서 **배임죄의 주체인 '타인의 사무를 처리하는 자'에 해당한다고 단정할 수는 없다.**

[2] **가상자산**은 국가에 의해 통제받지 않고 블록체인 등 암호화된 분산원장에 의하여 부여된 경제적인 가치가 디지털로 표상된 정보로서 **재산상 이익**에 해당한다. 이와 같은 가상자산에 대해서는 현재까지 관련 법률에 따라 법정화폐에 준하는 규제가 이루어지지 않는 등 법정화폐와 동일하게 취급되고 있지 않고 그 거래에 위험이 수반되므로, 형법을 적용하면서 법정화폐와 동일하게 보호해야 하는 것은 아니다.

[3] **원인불명으로 재산상 이익인 가상자산을 이체 받은 자가 가상자산을 사용·처분한 경우** 이를 형사처벌하는 명문의 규정이 없는 현재의 상황에서 착오송금 시 횡령죄 성립을 긍정한 판례(대판 2010.12.9, 2010도891 등 참조)를 유추하여 신의칙을 근거로 피고인을 배임죄로 처벌하는 것은 죄형법정주의에 반한다. 이 사건 비트코인이 법률상 원인관계 없이 피해자로부터 피고인 명의의 전자지갑으로 이체되었더라도 피고인이 신임관계에 기초하여 피해자의 사무를 맡아 처리하는 것으로 볼 수 없는 이상, 피고인을 피해자에 대한 관계에서 '타인의 사무를 처리하는 자'에 해당한다고 할 수 없다(대판 2021.12.16, 2020도9789).

2) **수분양권 매매계약의 매도인**으로서는 원칙적으로 수분양자 명의변경에 관한 분양자 측의 동의 내지 승낙을 얻어 수분양자 명의변경절차를 이행하면 계약상 의무를 다한 것이 되고, 그 수분양권에 근거하여 목적물에 관한 소유권을 취득한 다음 매수인 앞으로 소유권이전등기를 마쳐 줄 의무까지는 없다. 따라서 특별한 사정이 없는 한 수분양권 매도인이 수분양권 매매계약에 따라 매수인에게 수분양권을 이전할 의무는 **자신의 사무**에 해당할 뿐이므로, 매수인에 대한 관계에서 '타인의 사무를 처리하는 자'라고 할 수 없다(대판 2021.7.8, 2014도12104).

[사실관계] 피고인들이 대리인을 통해 피해자에게 **아파트 수분양권을 매도하는 계약을 체결하였음에도 농협으로부터 대출을 받으면서 위 수분양권에 근거하여 취득하게 될 아파트를 미리 담보로 제공하는 후취담보약정을 체결한 행위**가 배임미수죄로 기소된 사안에서, 수분양권 매매계약에 따라 피해자에게 수분양권을 이전해

    주어야 할 의무는 민사상 자신의 채무이고 이를 타인의 사무라고 할 수 없으므로, 피고인들이 '타인의 사무를 처리하는 자'의 지위에 있다고 볼 수 없다고 보아, 유죄로 판단한 원심을 파기한 사례

3) [조합장의 체비지대장 기재 말소행위와 관련하여 배임죄에서의 타인의 사무처리자 및 재산상 실해 발생의 위험 인정 여부가 문제된 사건] 도시개발사업조합의 조합장인 피고인이 환지처분 전 체비지를 양도하고 그 **양수인은 다시 피해자에게 매도하였는데 피고인이 체비지대장에 최종 취득자로 등재된 피해자의 명의를 말소한 행위**가 배임죄로 기소된 사안에서, **환지처분 전 시행자로부터 체비지를 매수한 자 또는 그 전매수인이 가지는 권리는 모두 매매계약에 기한 채권적 청구권**이므로 이를 행사하기 위하여 체비지대장에의 등재와 같은 공시방법이 별도로 요구되는 것이 아니라는 이유로, 원심이 체비지대장에의 등재는 환지처분 전 체비지 양수인이 취득하는 물권 유사 권리의 공시방법에 해당한다는 구 토지구획정리사업법 하에서의 판례 법리를 전제로 피고인을 체비지 전매수인인 피해자와의 관계에서 **타인의 사무를 처리하는 자**로 인정하고, 체비지대장상 취득자 란의 피해자 명의를 말소한 행위만으로 피해자의 **재산상 실해 발생의 위험**이 야기되었다고 판단한 것은 잘못이라고 지적하며, 배임죄를 유죄로 인정한 원심을 파기·환송하였다(대판 2022.10.14, 2018도13604).

    → 조합장(매도인) = 타인(매수인)의 사무처리자 ×, 재산상 실해발생의 위험 × ∴ 배임죄 성립 ×

4) 피고인이 임차인 갑과 아파트에 관한 **임대차계약**을 체결하면서 자신이 소유권을 취득하는 즉시 갑에게 알려 갑이 전입신고를 하고 확정일자를 받아 1순위 근저당권자 다음으로 대항력을 취득할 수 있도록 하기로 약정하였는데, 그 후 갑에게서 전세금 전액을 수령하고 소유권을 취득하였음에도 취득 사실을 고지하지 않고 다른 2, 3순위 근저당권을 설정해 준 경우 배임죄가 성립하지 않는다(대판 2015.11.26, 2015도4976).[70]

    ∵ 단순한 채권관계상의 의무에 불과

---

69) 2023년 법원사무관승진시험(15점) 甲은 알 수 없는 경위로 A의 '힛빗 거래소 가상지갑에 들어 있던 199.999 비트코인(이하 '이 사건 비트코인'이라 한다)을 자신의 계정으로 이체받았는데, 착오로 이체된 이 사건 비트코인을 반환하지 않고, 그중 29.998 비트코인을 자신의 다른 계정으로 이체하였다. 甲에 대한 횡령죄 및 배임죄 성립 여부에 관하여 논하시오.

70) 2020년 법무사시험

형법 테마노트 암기장

• **[부동산 이중저당 사건(부동산 이중저당 및 부동산 양도담보사건)]** [71]

[1] 채무자가 금전채무를 담보하기 위한 저당권설정계약에 따라 채권자에게 그 소유의 부동산에 관하여 저당권을 설정할 의무를 부담하게 되었다고 하더라도, 이를 들어 채무자가 통상의 계약에서 이루어지는 이익대립관계를 넘어서 채권자와의 신임관계에 기초하여 채권자의 사무를 맡아 처리하는 것으로 볼 수 없다.

[2] 채무자가 **저당권설정계약**에 따라 채권자에 대하여 부담하는 **저당권을 설정할 의무**는 계약에 따라 부담하게 된 채무자 자신의 의무이다. 채무자가 위와 같은 의무를 이행하는 것은 채무자 자신의 사무에 해당할 뿐이므로, 채무자를 채권자에 대한 관계에서 '타인의 사무를 처리하는 자'라고 할 수 없다. 따라서 채무자가 제3자에게 먼저 담보물에 관한 저당권을 설정하거나 담보물을 양도하는 등으로 담보가치를 감소 또는 상실시켜 채권자의 채권실현에 위험을 초래하더라도 배임죄가 성립한다고 할 수 없다.

[3] 위와 같은 법리는, 채무자가 금전채무에 대한 담보로 부동산에 관하여 **양도담보설정계약**을 체결하고 이에 따라 채권자에게 **소유권이전등기를 해 줄 의무**가 있음에도 제3자에게 그 부동산을 처분한 경우에도 적용된다.

[4] 이와 달리 채무 담보를 위하여 채권자에게 부동산에 관하여 **근저당권을 설정해 주기로 약정한 채무자**가 채권자의 사무를 처리하는 자에 해당함을 전제로 채무자가 담보목적물을 처분한 경우 배임죄가 성립한다고 한 대법원 2008.3.27. 선고 2007도9328 판결, 대법원 2011.11.10. 선고 2011도11224 판결을 비롯한 **같은 취지의 대법원 판결들**은 이 판결의 견해에 배치되는 범위 내에서 모두 변경하기로 한다(대판 2020.6.18, 2019도14340 全合).

[사실관계] 피고인이 피해자로부터 18억 원을 차용하면서 이 사건 아파트에 **4순위 근저당권을 설정해 주기로 약정**하였음에도 제3자에게 채권최고액을 12억 원으로 하는 4순위 근저당권을 설정하여 주어 12억 상당의 재산상 이익을 취득하고 피해자에게 같은 금액 상당의 손해를 가하였다는 공소사실에 대하여 원심은 배임죄 유죄판결을 하였으나, 대법원은 무죄 취지로 파기환송하였다.

• **[동산을 양도담보로 제공한 채무자가 제3자에게 담보에 제공된 동산을 처분한 경우 배임죄가 성립하는지 여부가 문제된 사건(동산양도담보사건)]** [72]

채무자가 금전채무를 담보하기 위하여 그 소유의 동산을 채권자에게 **양도담보로 제공**함으로써 채권자인 양도담보권자에 대하여 담보물의 담보가치를 유지·보전할 의무 내지 담보물을 타에 처분하거나 멸실, 훼손하는 등으로 담보권 실행에 지장을 초래하는 행위를 하지 않을 의무를 부담하게 되었더라도, 이를 들어 채무자가 통상의 계약에서의 이익대립관계를 넘어서 채권자와의 신임관계에 기초하여 채권자의 사무를 맡아 처리하는 것으로 볼 수 없다. 따라서 채무자를 **배임죄의 주체인 '타인의 사무를 처리하는 자'에 해당한다고 할 수 없고**, 그가 담보물을 제3자에게 처분하는 등으로 담보가치를 감소 또는 상실시켜 채권자의 담보권 실행이나 이를 통한 채권실현에 위험을 초래하더라도 배임죄가 성립한다고 할 수 없다. / 위와 같은 법리는, 채무자가 **동산**에 관하여 **양도담보설정계약**을 체결하여 이를 채권자에게 양도할 의무가 있음에도 제3자에게 처분한 경우에도 적용되고, **주식**에 관하여 **양도담보설정계약**을 체결한 채무자가 제3자에게 해당 주식을 처분한 사안에도 마찬가지로 적용된다(대판 2020.2.20, 2019도9756 全合).

[사실관계] 甲 주식회사를 운영하는 피고인이 乙 은행으로부터 대출을 받으면서 대출금을 완납할 때까지 甲 회사 소유의 **동산인 골재생산기기(크러셔)**를 점유개정 방식으로 양도담보로 제공하기로 하는 계약을 체결하였음에도 담보목적물인 동산을 丙 등에게 매각한 경우 배임죄가 성립하지 않는다.

---

71) 2020년 법무사시험, 2021년 법원행정고등고시

• **[채권양도담보]**

금전채권채무 관계에서 금전채무의 이행은 어디까지나 채무자가 자신의 급부의무의 이행으로서 행하는 것이므로 이를 두고 채권자의 사무를 맡아 처리하는 것으로 볼 수 없다. 따라서 금전채권채무의 경우 **채무자**는 채권자에 대한 관계에서 '타인의 사무를 처리하는 자'에 해당한다고 할 수 없다(대판 2021.7.15, 2020도3514).

[사실관계] 피고인이 피해자에게 전세보증금반환채권의 **양도담보**에 관한 대항요건을 갖추어 주기 전에 제3자에게 전세권근저당권을 설정하여 주었다 하더라도, 피고인이 피해자와의 신임관계에 의하여 '타인의 사무를 처리하는 자'의 지위에 있다고 볼 수 없어 배임죄는 성립하지 않는다.

[동지판례] 피고인이 피해자로부터 금전을 차용하면서 피고인이 **국민건강보험공단에 대하여 가지는 요양급여채권**을 피해자에게 포괄근담보로 제공하는 **채권양도담보계약**을 체결하였음에도, 피해자에게 채권양도담보에 관한 대항요건을 갖추어 주기 전에 담보 목적 **채권**을 타에 **이중**으로 **양도**하고 제3채무자에게 그 채권양도통지를 한 경우, 피고인의 담보가치 유지·보전에 관한 사무가 채권양도담보계약에 따른 채무의 한 내용임을 넘어 피해자의 담보 목적 달성을 위한 신임관계에 기초한 타인의 사무에 해당한다고 볼 수 없다(대판 2021.7.15, 2015도5184).

• **[동산 이중양도 사건]** [73]

매매의 목적물이 동산일 경우, 매도인은 매수인에게 계약에 정한 바에 따라 그 목적물인 동산을 인도함으로써 계약의 이행을 완료하게 되고 그때 매수인은 매매목적물에 대한 권리를 취득하게 되는 것이므로, 매도인에게 자기의 사무인 동산인도채무 외에 별도로 매수인의 재산의 보호 내지 관리 행위에 협력할 의무가 있다고 할 수 없다. 동산매매계약에서의 매도인은 매수인에 대하여 그의 사무를 처리하는 지위에 있지 아니하므로, 매도인이 목적물을 매수인에게 인도하지 아니하고 이를 타에 처분하였다 하더라도 형법상 배임죄가 성립하는 것은 아니다(대판 2011.1.20, 2008도10479 全合).

[사실관계] 피고인이 '**인쇄기**'를 甲에게 양도하기로 하고 계약금 및 중도금을 수령하였음에도 이를 자신의 채권자 乙에게 기존 채무 변제에 갈음하여 양도한 경우, 피고인은 甲에 대하여 그의 사무를 처리하는 지위에 있지 않으므로 **무죄**이다. ∵ 자기의 사무

• **[대물변제예약 사안에서 배임죄 사건(대물변제예약 부동산처분사건)]** [74]

[다수의견] [1] 채무자가 채권자에 대하여 소비대차 등으로 인한 채무를 부담하고 이를 담보하기 위하여 장래에 부동산의 소유권을 이전하기로 하는 내용의 대물변제예약에서, 약정의 내용에 좇은 이행을 하여야 할 채무는 특별한 사정이 없는 한 '**자기의 사무**'에 해당하는 것이 원칙이다. [2] 채무자가 대물변제예약에 따라 부동산에 관한 소유권이전등기절차를 이행할 의무는 궁극적 목적을 달성하기 위해 채무자에게 요구되는 부수적 내용이어서 이를 가지고 배임죄에서 말하는 신임관계에 기초하여 채권자의 재산을 보호 또는 관리하여야 하는 '타인의 사무'에 해당한다고 볼 수는 없다. 그러므로 채권 담보를 위한 대물변제예약 사안에서 채무자가 대물로 변제하기로 한 부동산을 제3자에게 처분하였다고 하더라도 형법상 배임죄가 성립하는 것은 아니다(대판 2014.8.21, 2014도3363 全合).

[사실관계] 채무자인 甲이 채권자 乙에게 차용금을 변제하지 못할 경우 자신의 어머니 소유 부동산에 대한

---

72) 2020년 법무사시험
73) 2020년 법원사무관승진시험(10점), 2021년 변호사시험

유증상속분을 대물변제하기로 약정한 후 유증을 원인으로 위 부동산에 관한 소유권이전등기를 마쳤음에도 이를 제3자에게 매도한 경우 배임죄가 성립하지 않는다.
[반대의견] [1] 담보계약을 체결한 채권자와 채무자 사이에는 담보계약 자체로부터 피담보채권의 발생원인이 된 법률관계와는 **별도의 독자적인 신임관계**가 발생한다고 보아야 한다. **부동산 매매계약**에서 신임관계의 본질이 부동산의 소유권을 이전하는 데 있는 것과 마찬가지로, 담보 목적으로 체결된 대물변제예약에서 신임관계의 본질은 담보로 제공하기로 한 부동산의 담보가치를 채권자에게 취득하게 하는 데 있으며, 이는 결국 배임죄의 성립 여부에 있어 양자가 다르지 않다는 것을 의미한다. [2] 담보 목적으로 부동산에 관한 대물변제예약을 체결한 채무자가 신임관계를 위반하여 당해 부동산을 제3자에게 처분함으로써 채권자로 하여금 부동산의 소유권 취득을 불가능하게 하거나 현저히 곤란하게 하였다면 이러한 행위는 대물변제예약에서 비롯되는 본질적·전형적 신임관계를 위반한 것으로서 배임죄에 해당한다.

〈배임행위〉
임무에 위배하는 행위라 함은 처리하는 사무의 내용, 성질 등 구체적 상황에 비추어 법률의 규정, 계약의 내용 혹은 신의칙상 당연히 할 것으로 기대되는 행위를 하지 않거나 당연히 하지 않아야 할 것으로 기대하는 행위를 함으로써 본인과 사이의 신임관계를 저버리는 일체의 행위를 포함하는 것으로 그러한 행위가 법률상 유효한가 여부는 따져볼 필요가 없다.

• 주식회사의 대표이사가 회사의 유일한 재산을 처분하면서 주주총회의 특별결의나 이사회의 승인을 거치지 아니하여 그 매매계약이나 소유권이전등기가 법률상 무효라고 하더라도 경제적 관점에서 파악할 때 재산상 손해를 가한 경우에 해당한다(대판 1995.11.21, 94도1375).

〈재산상 이익의 취득〉
배임행위로 인한 재산상 이익의 취득이 있어야 한다. 재산상의 이익이 발생하였는지 여부는 경제적 관점에서 실질적으로 판단하여야 한다(**경제적 재산설**).
다만 '재산상 이익을 취득하여 본인에게 손해를 가한 때'라고 규정되어 있으므로, ① 재산상 이득 취득하였으나 본인에게 손해가 가하지 않은 경우, ② 본인에게 손해발생하였으나 재산상 이득 취득하지 않은 경우에는 배임죄가 성립하지 않는다.

〈손해발생〉
① 재산상 손해란 전체 재산의 감소를 말하는데 여기에는 적극적 손해뿐만 아니라 소극적 손해도 포함한다.
② 재산상 손해의 유무에 관한 판단은 법률적 판단에 의하지 아니하고 경제적 관점에서 실질적으로 판단하여야 한다. 따라서 배임행위가 법률상 무효가 되어도 손해를 가한 경우에 해당할 수 있다.
③ '재산상의 손해를 가한 때'라 함은 현실적인 손해를 가한 경우뿐만 아니라 재산상 실해 발생의 위험을 초래한 경우도 포함한다.

---

74) 2018년 법무사시험(30점), 2020년 법원사무관승진시험(10점)

〈실행의 착수 및 기수시기〉
① 배임의 고의로 배임행위를 시작한 때 실행의 착수가 있다.
② 배임행위로 인하여 자기 또는 제3자가 이익을 취득하여 본인에게 손해를 가한 때(재산상 손해 또는 재산상 손해발생의 위험이 발생한 때) 기수가 된다.

• 타인의 사무를 처리하는 자가 배임의 범의로, 즉 임무에 위배하는 행위를 한다는 점과 이로 인하여 자기 또는 제3자가 이익을 취득하여 본인에게 손해를 가한다는 점에 대한 인식이나 의사를 가지고 **임무에 위배한 행위를 개시한 때** 배임죄의 실행에 착수한 것이고, / 이러한 행위로 인하여 **자기 또는 제3자가 이익을 취득하여 본인에게 손해를 가한 때** 기수에 이른다(대판 2017.7.20, 2014도1104 全合).

Thema 정리   부동산 이중매매

[부동산이중매매 배임죄 사건] 배임 ○(∵ 선매수인에 대한 소유권이전등기 협력임무의 위배)
- **배임죄의 주체가 되는 시기** : 선매수인으로부터 계약금과 **중도금**까지 수령한 때
- **실행의 착수시기** : 후매수인으로부터 계약금과 **중도금**까지 수령한 때
- **기수시기** : 후매수인 앞으로 소유권이전등기를 마친 때
- **악의(교사, 적극가담의 경우)의 후매수인의 죄책** : 배임죄의 공범
※ 선매수인에게 소유권이전의무를 이행한 경우 : 배임죄 × (∵ 부동산이중매매 처벌 취지에 부합)

① **의의** : 부동산 이중매매란 부동산 소유자인 매도인이 그 부동산을 선매수인(제1매수인)에게 매도하였으나 아직 소유권이전등기를 경료하지 않은 상태에서 다시 후매수인(제2매수인)에게 매도하고 소유권이전등기를 경료해 준 경우를 말한다.

② **사기죄의 성립여부**
- ㉠ 후매수인은 소유권을 취득하였으므로 후매수인에 대한 사기죄는 성립하지 않고, 선매수인에 대하여도 처음부터 이중매매할 의사가 없었던 한 기망행위를 인정하기 어려우므로 선매수인에 대한 사기죄도 성립하지 않는다.
- ㉡ 다만, 처음부터 선매수인에게 소유권이전의사 없이 금전을 편취할 목적으로 계약을 체결하고 대금을 수령한 후 후매수인에게 매각하거나 선매수인에게 이미 등기를 경료해준 후 이 사실을 숨기고 후매수인과 다시 계약을 체결하여 계약금을 받은 경우 각각 사기죄가 성립할 수 있다.

③ **횡령죄의 성립여부** : 부동산은 등기를 경료하여야 소유권을 취득한다고 보므로(물권변동에 대한 형식주의) 등기를 경료하기 전까지는 여전히 매도인에게 소유권이 있다. 따라서 매도인이 제1매수인에게 이전등기를 하기 전에 다시 제2매수인에게 부동산을 매도하더라도 횡령죄는 성립하지 않는다.

④ **배임죄의 성립여부** : 매도인이 선매수인으로부터 계약금만 받은 단계에서는 언제든지 계약금의 배액을 상환하고 계약을 해제할 수 있으므로(민법 제565조), 매도인은 배임죄의 타인의 사무처리자라고 볼 수 없다. 이 단계에서는 배임죄가 성립하지 않는다.
- ㉠ 배임죄의 주체가 되는 시기 : 매도인이 선매수인으로부터 중도금 또는 잔금까지 수령한 단계에서는 임의로 계약을 해제할 수 없어 매수인의 소유권취득에 협력해야 할 신임관계가 발생하므로 배임죄의 타인의 사무처리자에 해당하고, 배임죄가 성립할 수 있다.
- ㉡ 실행의 착수시기 : 매도인이 선매수인으로부터 중도금 또는 잔금까지 수령한 단계에서 후매수인으로부터 중도금을 수령한 때 실행의 착수가 인정된다.
- ㉢ 기수시기 : 후매수인에게 소유권이전등기 또는 소유권이전청구권보전을 위한 가등기를 경료한 때 기수가 된다.
- ㉣ 악의의 후매수인의 죄책
  - ⓐ 후매수인이 매도인의 배임행위를 알고 있다는 것만으로는 부족하고, 교사 기타 적극가담한 경우에만 배임죄의 공범(교사범 또는 공동정범)이 성립할 수 있다.
  - ⓑ 이중매매된 부동산은 재산범죄에 의하여 영득한 재물이 아니므로, 후매수인이 이를 취득하여도 장물취득죄가 성립하지 않는다.

양도담보 · 이중양도담보

1. 부동산양도담보의 목적물을 임의처분한 경우 : "무×권배"(판례)

    1) 양도담보의 **채무자**가 임의처분한 경우 : 횡령 × (∵ 자기소유), 배임 × (∵ 자기사무)

    2) 양도담보의 **채권자**가 임의처분한 경우 : 배임 ○ (∵ 변제시 등기회복의무 있으므로)

    ↔ 변제기 이후 처분의 경우(염가처분, 정산의무불이행) : 배임 × (∵ 자기사무이므로)

2. 동산양도담보의 목적물을 채무자가 임의처분한 경우 : "무×권횡" (∵ 채무자 자기소유, 자기사무)

3. 동산이중양도담보 설정행위 및 이후 목적물을 채무자가 임의처분한 경우

    1) 점유개정방법에 의한 동산이중양도담보 설정행위

        ① 앞의 채권자에 대한 관계 : 횡령 × (∵ 자기소유), 배임 × (∵ 뒤의 채권자는 양도담보권 취득 ×)

        ② 뒤의 채권자에 대한 관계 : 사기죄의 성립은 가능

    2) 점유개정방법에 의한 동산이중양도담보 설정 이후 처분행위

        ① 앞의 채권자에 대한 관계 : 횡령 ×, 배임 × (∵ 채무자 자기소유, 자기사무이므로)

        ② 뒤의 채권자에 대한 관계 : 배임 × (∵ 양도담보권자 아니므로)

Thema 정리 | 배임수증재죄

제357조(배임수증재)
① 타인의 사무를 처리하는 자가 그 임무에 관하여 부정한 청탁을 받고 재물 또는 재산상의 이익을 취득하거나 제3자로 하여금 이를 취득하게 한 때에는 5년 이하의 징역 또는 1천만원 이하의 벌금에 처한다.
② 제1항의 재물 또는 재산상 이익을 공여한 자는 2년 이하의 징역 또는 500만원 이하의 벌금에 처한다.
③ 범인 또는 그 사정을 아는 제3자가 취득한 제1항의 재물은 몰수한다. 그 재물을 몰수하기 불가능하거나 재산상의 이익을 취득한 때에는 그 가액을 추징한다.

제359조(미수범)
제355조 내지 제357조의 미수범은 처벌한다.

- 의의 : 제357조 배임죄와는 별개의 독립된 범죄(① 주체, ② 객체, ③ 손해요건 다름), 뇌물죄에 상응하는 범죄
- 주체 : 재산상 사무에 제한 × **예** 방송국 PD ↔ [지위취득 전 부정한 청탁사건]
- 객체 : 재물 또는 재산상 이익 ⇨ 재물도 포함 ○
- 행위 ┬ 임무에 관하여
  - 부정한 청탁
  - 재물 또는 재산상 이익 취득 → **제3자**로 하여금 취득하게 하는 것도 포함, **사직후 수수** 포함
- → 기수시기 : 재물 또는 재산상 이익을 현실적으로 취득하여야 기수
  - ↔ 요구·약속·공여의 의사표시 : 미수
- 손해발생 : 요건 ×
- 죄수 및 타죄와의 관계 : 배임행위에까지 나아간 경우 배임수재죄와 배임죄의 실체적 경합
- 몰수·추징(제357조 제3항) : 배임수재죄=필요적 몰수 → 범인이 취득한 제1항의 재물
  = 배임수재죄의 목적물만 ×, 배임수재죄의 범인이 취득한 목적물이자 배임증재죄의 범인이 공여한 목적물

〈의의〉
타인의 사무를 처리하는 자가 그 임무에 관하여 부정한 청탁을 받고 재물 또는 재산상의 이익을 취득하거나 제3자로 하여금 이를 취득하게 하는 것을 내용으로 하는 범죄이다(제357조). 이는 뇌물죄의 수뢰죄에 상응하는 규정이다. 보호법익은 사무처리의 청렴성 내지 공정성이고, 보호의 정도는 침해범이다.

〈부정한 청탁〉

• [신문사 기자들이 홍보성 기사를 작성해달라는 청탁을 받고 소속 신문사 계좌로 금원을 입금 받은 행위가 배임수재죄에 해당하는지 여부가 문제된 사건]

[1] **보도의 대상이 되는 자가 언론사 소속 기자에게 소위 '유료 기사' 게재를 청탁하는 행위**는 사실상 '광고'를 '언론 보도'인 것처럼 가장하여 달라는 것으로서 언론 보도의 공정성 및 객관성에 대한 공공의 신뢰를 저버리는 것이므로, 배임수재죄의 **부정한 청탁에 해당**한다. 설령 '유료 기사'의 내용이 객관적 사실과 부합하더라도, 언론 보도를 금전적 거래의 대상으로 삼은 이상 그 자체로 부정한 청탁에 해당한다.

[2] 개정 형법 제357조의 보호법익 및 체계적 위치, 개정 경위, 법문의 문언 등을 종합하여 볼 때, 개정 형법이 적용되는 경우에도 '제3자'에는 다른 특별한 사정이 없는 한 사무처리를 위임한 타인은 포함되지 않는다고 봄이 타당하다(대판 2021.9.30, 2019도17102).

[사실관계] 신문사 기자들이 홍보성 기사를 작성해달라는 청탁을 받고 **소속 신문사 계좌로 금원을 입금 받은 행위**에 대해 배임수재죄로 기소되었는데, ① 배임수재죄에서의 **'부정한 청탁'**의 요건에는 **해당**하나, ② **'제3자'의 요건에 해당하지 않는다**는 이유로 무죄를 선고한 사례

→ 타인의 사무처리자의 '타인' ≠ 제3자로 하여금 취득하게 한 때의 '제3자'

제362조(장물의 취득, 알선 등) ① 장물을 취득, 양도, 운반 또는 보관한 자는 7년 이하의 징역 또는 1천500만원 이하의 벌금에 처한다.
② 전항의 행위를 알선한 자도 전항의 형과 같다.

제364조(업무상과실, 중과실) 업무상과실 또는 중대한 과실로 인하여 제362조의 죄를 범한 자는 1년 이하의 금고 또는 500만원 이하의 벌금에 처한다.

제365조(친족간의 범행) ① 전3조의 죄를 범한 자와 피해자간에 제328조 제1항, 제2항의 신분관계가 있는 때에는 동조의 규정을 준용한다.
② 전3조의 죄를 범한 자와 본범간에 제328조 제1항의 신분관계가 있는 때에는 그 형을 감경 또는 면제한다. 단, 신분관계가 없는 공범에 대하여는 예외로 한다.

- 의의 : 제362조 본질 : 본범비호적 성격 · 본범조장적 성격 & 사후종범성 → 절도죄보다 무겁게 처벌
- 주체 : 본범의 정범 × (∵ 불가벌적 사후행위) ↔ 교사범 · 종범 : ○ (∵ 타인의 범죄)
- 객체 : 장물 = 재산범죄에 의하여 영득한 재물 ↔ 장물매각대금, 대체장물 : ×
    - ↔ 장물인 현금 예금후 인출 : 장물○
    - → 재산범죄(절도 · 강도 · 사기 · 공갈 · 횡령 등)여부 : 우리형법 기준 판단 [리스자동차수입 장물취득사건]
    - ↔ 뇌물죄 : × 재산범죄에 제공된 : × 재산상 이익(배 · 컴) : × 예 부동산이중매매에서의 부동산
    - [리프트탑승권사건] 장물 ○ ∵ 위조유가증권=재물 ↔ [계좌이체사건] 장물 × ∵ 컴사죄 = 재산상 이익 취득
- 행위 ┬ 취득 : ① 점유이전 + ② 사실상 처분권 획득
    - ↔ 장물취득 × 예 보수받고 : 취득 × [사기종범 현금인출사건] 취득 × ∵ 사실상 처분권 획득 ×
    - ├ 양도 : 정을 모르고 취득 + 알고 양도 [취득 · 신규등록을 마친 후 장물일지도 모른다고 생각]
    - ├ 운반 : 장소적 이전   └ 취득죄 × 양도죄 ○ ∵ 취득 당시 취득의 고의 ×
    - ├ 보관 : 자기점유 = 보관 중 알게된 경우
    - ↔ 점유할 권원이 있는 경우 : 장물보관 × 예 담보로 받은 수표
    - → 보관 중 임의처분 : 횡령 × (∵ 불가벌적 사후행위)
    - └ 알선 : 중개 · 편의도모 등 알선행위시 기수 [귀금속매매중개사건] ↔ 점유이전시 · 계약체결시 : ×
                            └ ∵ 추상적 위험범설(다수설) → 미수범처벌규정도 없음!
- 고의 : 미필적 인식으로 족 예 장물일지도 모른다는 의심을 가지는 정도
    - └ 장물취득죄의 고의 = "취득 당시" 장물인 정을 알면서
- **미수** : 처벌 × ↔ **과실** : 처벌 ○, 단 업무상 · 중과실만 처벌 ⇨ 부진정×, 진정○ (∵ 가중적 신분 ×)
- 가중 : 상습 ○
- 타죄와의 관계 : 장물보관자가 횡령한 경우 장물보관죄만 성립(∵ 불가벌적 사후행위)

- [리프트탑승권사건] **리프트탑승권** 발매기를 전산조작하여 위조한 탑승권(위조한 유가증권)을 발매기에서 뜯어 간 행위는 탑승권 위조행위와 위조탑승권 절취행위가 결합된 것이므로 위와 같은 방법으로 취득하였다는 것을 알면서 이를 매수한 자는 장물취득죄가 성립한다(대판 1998.11.24, 98도2967).
  [사실관계] 스키장에서 아르바이트생으로 근무하는 甲은 매표소의 직원들이 자리를 비운 틈을 타 매표소 안으로 들어가 발매기를 임의 조작하여 회원용 리프트탑승권 수십 매를 부정 발급한 후, 그 사실을 모두 알고 있는 친구 乙에게 액면금액의 절반을 받고 매도하였다.
  ※ 甲 : 유가증권위조죄 및 동행사죄, 절도죄 성립 ○
  　乙 : 장물취득죄 ○, 위조유가증권행사죄의 공동정범 ×

〈주체〉
① 장물죄는 본범이 불법하게 영득한 재물의 처분에 관여하는 범죄이므로 본범은 장물죄의 주체가 될 수 없다. 따라서 본범의 정범(공동정범·합동범·간접정범)을 제외한 모든 자이다.
② 본범의 교사범과 방조범은 장물죄의 주체가 될 수 있다.

- 횡령 교사를 한 후 그 횡령한 물건을 취득한 때에는 횡령교사죄와 장물취득죄의 경합범이 성립된다(대판 1969.6.24, 69도692).

〈객체 : 장물의 개념〉
① 장물은 재산범죄에 의하여 영득한 재물이어야 한다. 본범은 재산범죄이어야 하고, 수뢰죄, 통화위조죄, 도박죄 등은 재산죄가 아니므로 장물죄의 본범이 될 수 없다.
② 장물은 재산범죄에 의하여 영득한 재물이어야 한다. 절도·강도·사기·공갈·횡령 등 영득죄에 의하여 취득한 물건이어야 한다. 또한 재산범죄에 의하여 영득한 재물이 아니라 재산범죄의 수단으로 사용된 재물 내지 제공된 재물은 장물이 될 수 없다. **예** 배임죄에 제공된 부동산 등
③ 장물이란 재산범죄에 의하여 영득한 재물(관리할 수 있는 동력 포함)을 말한다. 즉 장물은 재물이어야 하고, 재산상 이익이나 권리는 장물이 될 수 없다. 따라서 재산상 이익을 객체로 하는 배임죄·컴퓨터사용사기죄는 장물죄의 본범이 될 수 없다.

- [계좌이체사건] 권한 없이 타인의 **인터넷뱅킹**에 접속하여 타인의 예금계좌로부터 자신의 예금**계좌**로 금액을 **이체**(→ 컴퓨터 등 사용사기죄)하도록 한 다음 그 금액을 자신의 현금카드를 사용하여 현금자동지급기에서 인출한 경우 그 인출된 금액은 장물에 해당하지 않으므로, 갑이 권한 없이 인터넷뱅킹으로 타인의 예금계좌에서 자신의 예금계좌로 돈을 이체한 후 그중 일부를 인출하여 그 정을 아는 을에게 교부한 경우, **을에게는 장물취득죄가 성립하지 않는다**(대판 2004.4.16, 2004도353). [75]

---

75) 2010년 법무사시험

- 절취한 타인의 신용카드를 이용하여 현금지급기에서 **계좌이체를 한 행위**는 컴퓨터 등 사용사기죄에서 컴퓨터 등 정보처리장치에 권한 없이 정보를 입력하여 정보처리를 하게 한 행위에 해당함은 별론으로 하고 이를 절취행위라고 볼 수는 없고, / 한편 위 **계좌이체 후 현금지급기에서 현금을 인출한 행위**는 자신의 신용카드나 현금카드를 이용한 것이어서 이러한 현금인출이 현금지급기 관리자의 의사에 반한다고 볼 수 없어 절취행위에 해당하지 않으므로 절도죄를 구성하지 않는다(대판 2008.6.12, 2008도2440).
  → 계좌이체행위 : 절도죄 ×, 컴퓨터사용사기죄 ○ / 계좌이체 후 현금인출행위 : 절도죄 ×, 인출한 현금 : 장물 × [76]

〈행위 : 취득〉
① 취득이란 점유를 이전함으로써 재물에 대한 사실상의 처분권을 획득하는 것을 말한다(취득 = 점유의 이전 + 사실상의 처분권의 획득).
② 취득 당시에 장물인 정을 알아야 한다.

Thema 정리   손괴죄

제366조(재물손괴 등)

타인의 재물, 문서 또는 전자기록 등 특수매체기록을 손괴 또는 은닉 기타 방법으로 그 효용을 해한 자는 3년 이하의 징역 또는 700만원 이하의 벌금에 처한다.

- 의의 : 제366조 재물죄, 비영득죄 → 친족상도례 규정 준용 ×, 미수처벌 ○, 과실범처벌규정 ×
- 객체 ─ 타인소유 : 자기점유·타인점유 불문 [타인 소유 토지에 식재된 수목] 토지소유자 동의 ○, 부합 ×, 식재자 소유
  ├ 재물 : 이용가치·효용을 가진 것 [철거예정아파트 손괴사건]
  └ 문서 : 타인소유의 문서 → 자기명의·타인명의 불문
- 행위 : 손괴(물리적 훼손), 은닉(소재 불분명), 기타 방법으로 효용을 해
  → 일시적 이용할 수 없는 상태 만드는 것 포함
  ┌ 손괴 ○ [이른바 자동문수동전환 손괴사건] [문서를 떼어낸 사건] 문서소유자의사에 반한 경우 [굴삭기 크러셔 사건]
  └ 손괴 × [타인의 토지 지상에 건물을 신축행위 사건(무단신축사건)] = [사과나무사건] ① 절도 ×,
      ② 횡령 ×, ③ 손괴 ×
      ∵ 타인토지를 본래 용법대로 무단사용하는 것은 재물의 이용가치를 영득하는 것 ○, 효용을 침해 ×

---

76) 2010년 법무사시험, 2014년 법원사무관승진시험

문서(공용서류 제외)	자기명의	타인명의
자기소유	범죄 ×	위조·변조의 객체(문서죄의 객체)
타인소유	손괴죄	손괴죄/위조·변조의 객체

〈객체 : 타인소유〉

손괴죄가 성립하려면 재물·문서·특수매체기록은 타인소유이어야 한다. 타인의 소유물이기만 하면 자기가 점유하는 재물·문서·특수매체기록도 손괴죄의 객체가 된다. 자기의 소유물은 권리행사방해죄 또는 공무상 보관물무효죄의 객체가 될 뿐이다. → 자기점유·타인점유 불문

〈행위〉

① 손괴란 타인의 재물 등에 직접 유형력을 행사하여 물리적으로 훼손하거나 그 본래의 효용을 감소시키는 일체의 행위를 말한다.

② 은닉이란 재물 등의 소재를 불분명하게 하여 발견하기 곤란 또는 불가능하게 함으로써 그 효용을 해하는 것을 말한다.

③ 기타 방법이란 손괴 또는 은닉 이외의 방법으로 재물이나 문서의 효용을 해하는 일체의 행위를 말한다. 재물의 효용을 해한다고 함은 사실상으로나 감정상으로 그 재물을 본래의 사용목적에 제공할 수 없게 하는 상태로 만드는 것을 말하며, **일시적으로 그 재물을 이용할 수 없는 상태**로 만드는 경우나 물건의 구체적 역할을 할 수 없는 상태로 만들어 효용을 떨어뜨리는 경우도 여기에 포함된다.

〈주관적 구성요건〉

손괴의 고의(소유자의 의사에 반하여 재물의 효용을 상실케 한다는 인식)가 있어야 한다. 그러나 불법영득의사를 필요로 하지 않는다(**비영득죄**).

제323조(권리행사방해) 타인의 점유 또는 권리의 목적이 된 자기의 물건 또는 전자기록 등 특수매체기록을 취거, 은닉 또는 손괴하여 타인의 권리행사를 방해한 자는 5년 이하의 징역 또는 700만원 이하의 벌금에 처한다.

제327조(강제집행면탈) 강제집행을 면할 목적으로 재산을 은닉, 손괴, 허위양도 또는 허위의 채무를 부담하여 채권자를 해한 자는 3년 이하의 징역 또는 1천만원 이하의 벌금에 처한다.

기본적 구성요건	권리행사방해죄 → 자기물건에 대한 절도·손괴	보호법익 : 제한물권·**채권** / 위험범
	점유강취죄 → 자기물건에 대한 강도	보호법익 : 자유+제한물권 / 침해범
	준점유강취죄 → 자기물건에 대한 준강도	보호법익 : 자유+제한물권 / 침해범
	강제집행면탈죄 → 재산빼돌리기	보호법익 : **채권** / 위험범, 목적범

- 의의 : 제323조 보호법익 : 점유권·제한물권·자유권, 보호정도 : 추상적 위험범
- 주체 : 자기소유(물건의 소유자, 진정신분범)
  - → 소유자 아닌 사람 : 제33조 본문에 의해서만 범죄가능
    - [사실혼배우자명의자동차(에쿠스)사건] 권리행사방해죄 × ∵ 정범고의 ×, 범죄성립 ×, 제33조 적용 ×
    - [디지컬도어락비밀번호변경사건] 교사 × ∵ 정범의 소유 ×
  - ↔ 지입차주 : 자기소유 ×, 회사의 소유 ○
- 객체 : **타인의 점유** 또는 **권리**의 목적인 자기의 물건 예 질권·저당권이 설정된 물건(담보제공된 물건)
  - → 점유할 권원에 기한 점유 + **보호할 가치 있는 점유** 포함 ↔ 절도범인의 점유
- 행위 ┬ 취거 : 점유자의 의사에 반하여 점유이전 ↔ 하자 있는 의사에 기하여 점유가 이전된 경우 : ×
  └ 은닉·손괴 [대포차(체어맨)유통 권리행사방해사건] [담보유지의무가 문제되는 사안에서 권리행사방해죄인정사건]
    - ↔ 매도 : × 예 타인의 권리의 목적이 된 자기의 소유토지를 타에 매도한 경우 권리행사방해죄 성립 ×

〈주체〉
자기의 물건을 타인에게 제한물권 또는 채권의 목적물으로 제공한 소유자이다(진정신분범).

〈객체 : 자기의 물건〉
타인의 점유 또는 권리의 목적이 된 자기의 물건 또는 전자기록 등 특수매체기록이다. 자기의 단독소유물이어야 하고, 공동소유물은 타인의 물건이므로 객체가 되지 않는다. 취거, 은닉 또는 손괴한 물건이 자기 소유의 물건이 아니라면 권리행사방해죄가 성립할 여지가 없다.

〈행위〉

취거, 은닉 또는 손괴하여 타인의 권리행사를 방해하는 것이다.

① 취거란 그 점유자의 의사에 반하여 그 점유자의 점유로부터 자기 또는 제3자의 점유로 옮기는 것을 말한다. 절도죄의 절취에 해당하나, 불법영득의사가 없다는 점이 다르다.

② 은닉이란 물건 등의 소재를 발견하기 불가능하게 하거나 또는 현저히 곤란한 상태에 두는 것을 말한다.

③ 손괴란 물건의 전부 또는 일부를 물질적으로 훼손하거나 기타 방법으로 그 효용을 해하는 것을 말한다.

Thema 정리 | 강제집행면탈죄

채권자 → 채무자

강제집행을 받을 우려가 있는 상태(광의 : 의사표시갈음재판 포함)

민사집행법에 의한 강제집행 또는 가압류, 가처분을 제기할 태세
↔ × : ① 국세징수법에 의한 체납처분
② 담보권실행등을 위한 경매 = 민사집행법 제3편

채무자
↓
재산 빼돌리기

- 의의 : 제327조 보호법익 : 채권자의 권리 → 채권존재 필요, 보호정도 : 추상적 위험범
  목적범(강제집행을 면할 목적)
- 강제집행을 받을 우려가 있는 상태 : 기술되지 않은 구성요건요소 ↔ 가압류 후, 경매개시 후 : ×
  └ '강제집행' = 민사집행법 제2편 강제집행 또는 가압류·가처분 등의 집행 → 가압류결정 송달 전
- 객체 : 재산(강제집행 가능) **예**특허·실용신안권, 장래의 권리도 가능
  ↔ 객체 × : 보전처분 단계에서의 가압류채권자의 지위, 계약명의신탁의 신탁자의 재산
- 행위 ┬ 은닉(**소유관계를 불명**하게 하는 경우 포함), 손괴, 허위양도, 허위채무부담
  │ ↔ 제3자 명의로 되어 있던 사업자등록을 또 다른 제3자 명의로 변경한 경우 : 은닉 ×
  └ 채권자를 해할 것 : 해할 위험이면 기수 ↔ 해할 위험 × : 집행을 확보하기에 충분한 다른 재산
  [채권허위양도사건][77] 강제집행면탈죄 성립 ○ ∵ 가압류결정 송달 전 채권양도계약(통지는 송달 후이더라도)
  [휴업급여수령사건] 강제집행면탈죄 성립 × ∵ 압류금지채권 목적물이 예금계좌 입금전 강제집행의 대상 ×
- 죄수 : **채권자별**

- 형법 제327조에 규정된 강제집행면탈죄에 있어서의 재산의 '**은닉**'이라 함은 강제집행을 실시하는 자에 대하여 재산의 발견을 불능 또는 곤란케 하는 것을 말하는 것으로서, 재산의 소재를 불명케 하는 경우는 물론 그 소유관계를 불명하게 하는 경우도 포함한다(대판 2003.10.9, 2003도3387).

관련 판례 | 은닉에 해당하는 경우

1) 사업장의 유체동산에 대한 강제집행을 면탈할 목적으로 사업자 등록의 사업자 명의를 변경함이 없이 사업장에서 사용하는 **금전등록기의 사업자 이름만을 변경**한 경우, 강제집행면탈죄에 있어서 재산의 '은닉'에 해당한다(대판 2003.10.9, 2003도3387). ∵ 소유관계를 불명하게 하였으므로
[비교판례] 채무자가 제3자 명의로 되어 있던 사업자등록을 또 다른 제3자 명의로 변경하였다는 사정만으로는 그 변경이 채권자의 입장에서 볼 때 사업장 내 유체동산에 관한 소유관계를 종전보다 더 불명하게 하여 채권자에게 손해를 입게 할 위험성을 야기한다고 단정할 수 없으므로 강제집행면탈죄에서의 재산의 **은닉에 해당한다고 보기 어렵다**(대판 2014.6.12, 2012도2732). [78]
2) 채권자에 의하여 압류된 채무자 소유의 유체동산을 채무자의 모(母)소유인 것으로 사칭하면서 **모(母)의 명의로 제3자 이의의 소**를 제기하고 집행정지결정을 받아 그 집행을 저지하였다면 이는 재산을 은닉한 경우에 해당하여 강제집행면탈죄가 성립한다(대판 1992.12.8, 92도1653).

---

77) 2013년 법무사시험

〈구성요건〉
① 강제집행면탈죄는 강제집행을 면할 목적으로 재산을 은닉·손괴·허위양도 또는 허위의 채무를 부담하여 채권자를 해함으로써 성립하는 범죄이고, 목적범이다. 채권자의 채권을 보호법익으로 하고 그 보호정도는 추상적 위험범이다.
② 강제집행면탈죄가 성립하려면 그 전제로서 채권자의 채권이 존재하여야 하고, 이 채권에 대한 강제집행을 받을 우려가 있는 상태가 존재하여야 한다. 강제집행을 받을 우려가 있는 상태란 현실적으로 민사집행법에 의한 강제집행 또는 가압류, 가처분의 집행을 받을 우려가 있는 객관적인 상태, 즉 채권자가 본안 또는 보전소송을 제기하거나 제기할 태세를 보이고 있는 상태를 말한다.
③ 강제집행면탈죄의 객체인 재산이란 채권자가 민사집행법상 강제집행 또는 보전처분의 대상으로 삼을 수 있는 것을 의미한다.
④ 행위는 재산을 은닉·손괴·허위양도 또는 허위의 채무를 부담하여 채권자를 해하는 것이다.

〈행위〉
재산을 은닉·손괴·허위양도 또는 허위의 채무를 부담하여 채권자를 해하는 것이다.
① 은닉이란 강제집행을 실시하는 자에 대하여 재산의 발견을 불능 또는 곤란케 하는 것을 말한다. 재산의 소재를 불명케 하는 경우는 물론 그 소유관계를 불명하게 하는 경우도 포함한다.
② 손괴란 재물을 물질적으로 훼손하거나 재산의 가치를 감소시켜 그 효용을 해하는 일체의 행위를 말한다.
③ 허위양도란 진실한 양도가 아님에도 불구하고 표면상 진실한 양도인 것처럼 가장하여 재산의 명의를 변경하는 것을 말한다. 진실한 양도인 때에는 강제집행을 면탈할 목적이 있고 채권자의 불이익을 초래하는 결과가 되었다고 하더라도 본죄가 성립하지 않는다.
④ 허위채무부담이란 채무가 없음에도 불구하고 제3자에게 채무를 부담하는 것처럼 가장하는 것을 말한다. 진실한 채무를 부담한 때에는 본죄는 성립하지 않는다.
⑤ 채권자를 해할 것 : 본죄는 위험범이므로 현실적으로 채권자를 해하는 결과가 야기될 필요는 없고, 해할 위험이 있으면 기수가 된다.

- **[채권허위양도사건]** 채무자가 채권자의 가압류집행을 면탈할 목적으로 제3채무자에 대한 채권을 타인에게 허위양도한 경우, **가압류결정 정본이 제3채무자에게 송달되기 전**에 채권을 허위로 양도하였다면 강제집행 면탈죄가 성립한다(대판 2012.6.28, 2012도3999). [79]

---

78) 2021년 법무사시험(10점), 2017년 법원행정고등고시
79) 2013년 법무사시험(15점) 甲은 출판사를 운영하다가 자금이 모자라 2010.2.7.경 A로부터 1억 원을 빌렸으나 이를 변제하지 못하고 있었다. 이에 A는 甲에게 원금과 소정의 이자를 지급하라고 독촉하다가 2013.8.19.경 甲을 상대로 서울중앙지방법원에 대여금 지급 청구의 소를 제기하면서 甲이 B로부터 받지 못하고 있던 2억 원의 물품대금 채권에 대하여 가압류를 신청하였다. 위 가압류 신청이 2013.8.26. 인용되어 2013.9.2. 12:00경 B에게 송달되었는데, 이러한 사실을 알게 된 甲은 위 출판사 자금 담당인 처남 乙과 상의한 끝에, 甲이 乙에 대하여 갚아야 할 아무런 채무가 없는데도 마치 채무가 있는 것처럼 가장하여, 2013.9.2. 10:00 경 그에 관한 담보로 B에 대한 물품대금 채권을 乙에게 양도한다는 취지의 채권양도계약서를 작성하였고, 甲은 2013.9.6.경 B에게 그와 같은 채권양도의 사실을 통지하였다. 사실관계 (1)에서 甲, 乙의 죄책을 논하시오.

제114조(범죄단체 등의 조직) 사형, 무기 또는 장기 4년 이상의 징역에 해당하는 범죄를 목적으로 하는 단체 또는 집단을 조직하거나 이에 가입 또는 그 구성원으로 활동한 사람은 그 목적한 죄에 정한 형으로 처벌한다. 다만, 형을 감경할 수 있다.

구법 제114조(범죄단체의 조직) ① 범죄를 목적으로 하는 단체를 조직하거나 이에 가입한 자는 그 목적한 죄에 정한 형으로 처단한다. 단, 형을 감경할 수 있다.
② 병역 또는 납세의 의무를 거부할 목적으로 단체를 조직하거나 이에 가입한 자는 10년 이하의 징역이나 금고 또는 1천500만원 이하의 벌금에 처한다.

제115조(소요) 다중이 집합하여 폭행, 협박 또는 손괴의 행위를 한 자는 1년 이상 10년 이하의 징역이나 금고 또는 1천500만원 이하의 벌금에 처한다.

제116조(다중불해산) 폭행, 협박 또는 손괴의 행위를 할 목적으로 다중이 집합하여 그를 단속할 권한이 있는 공무원으로부터 3회 이상의 해산명령을 받고 해산하지 아니한 자는 2년 이하의 징역이나 금고 또는 300만원 이하의 벌금에 처한다.

제116조의2(공중협박) ① 불특정 또는 다수의 사람의 생명, 신체에 위해를 가할 것을 내용으로 공연히 공중을 협박한 사람은 5년 이하의 징역 또는 2천만원 이하의 벌금에 처한다.
② 상습으로 제1항의 죄를 범한 때에는 그 죄에 정한 형의 2분의 1까지 가중한다.
③ 제1항 및 제2항의 미수범은 처벌한다. [본조신설 2025.3.18.]

제116조의3(공공장소 흉기소지) 정당한 이유 없이 도로·공원 등 불특정 또는 다수의 사람이 이용하거나 통행할 수 있는 공공장소에서 사람의 생명, 신체에 위해를 가할 수 있는 흉기를 소지하고 이를 드러내어 공중에게 불안감 또는 공포심을 일으킨 사람은 3년 이하의 징역 또는 1천만원 이하의 벌금에 처한다. [본조신설·시행 2025.4.8.]

제117조(전시공수계약불이행)
① 전쟁, 천재 기타 사변에 있어서 국가 또는 공공단체와 체결한 식량 기타 생활필수품의 공급계약을 정당한 이유 없이 이행하지 아니한 자는 3년 이하의 징역 또는 500만원 이하의 벌금에 처한다.
② 전항의 계약이행을 방해한 자도 전항의 형과 같다.
③ 전2항의 경우에는 그 소정의 벌금을 병과할 수 있다.

제118조(공무원자격의 사칭)
공무원의 자격을 사칭하여 그 직권을 행사한 자는 3년 이하의 징역 또는 700만원 이하의 벌금에 처한다.

- 형법 제114조 제1항 소정의 **범죄를 목적으로 하는 단체**라 함은 특정다수인이 일정한 범죄를 수행한다는 공동목적 아래 이루어진 계속적인 결합체로서 단순한 다중의 집합과는 달라 그 단체를 주도하는 **최소한의 통솔체제**를 갖추고 있음을 요한다(대판 1985.10.8, 85도1515).
- 피고인들이 불특정 다수의 피해자들에게 전화하여 금융기관 등을 사칭하면서 신용등급을 올려 낮은 이자로 대출을 해주겠다고 속여 신용관리비용 명목의 돈을 송금받아 편취할 목적으로 보이스피싱 사기 조직을 구성하고 이에 가담하여 조직원으로 활동함으로써 범죄단체를 조직하거나 이에 가입·활동하였다는 내용으로 기소된 사안에서, 위 **보이스피싱 조직**은 보이스피싱이라는 사기범죄를 목적으로 구성된 다수인의 계속적인 결합체로서 총책을 중심으로 간부급 조직원들과 상담원들, 현금인출책 등으로 구성되어 내부의 위계질서가 유지되고 조직원의 역할 분담이 이루어지는 최소한의 통솔체계를 갖춘 **형법상의 범죄단체**에 해당한다고 본 사례(대판 2017.10.26, 2017도8600)
- 피고인이 보이스피싱 사기 범죄단체에 가입한 후 사기범죄의 피해자들로부터 돈을 편취하는 등 그 구성원으로서 활동하였다는 내용의 공소사실이 유죄로 인정된 사안에서, 범죄단체 가입행위 또는 범죄단체 구성원으로서 활동하는 행위와 사기행위는 각각 별개의 범죄구성요건을 충족하는 독립된 행위이고 서로 보호법익도 달라 법조경합 관계로 목적된 범죄인 사기죄만 성립하는 것은 아니라고 본 사례(대판 2017.10.26, 2017도8600).
  → 범죄단체가입·활동죄, 사기죄 모두 성립 → 사기죄의 포괄일죄 ×, 실체적 경합

제164조(현주건조물 등 방화) ① 불을 놓아 사람이 주거로 사용하거나 사람이 현존하는 건조물, 기차, 전차, 자동차, 선박, 항공기 또는 지하채굴시설을 불태운 자는 무기 또는 3년 이상의 징역에 처한다.
② 제1항의 죄를 지어 사람을 상해에 이르게 한 경우에는 무기 또는 5년 이상의 징역에 처한다. 사망에 이르게 한 경우에는 사형, 무기 또는 7년 이상의 징역에 처한다.

제165조(공용건조물 등 방화) 불을 놓아 공용(公用)으로 사용하거나 공익을 위해 사용하는 건조물, 기차, 전차, 자동차, 선박, 항공기 또는 지하채굴시설을 불태운 자는 무기 또는 3년 이상의 징역에 처한다.

제166조(일반건조물 등 방화) ① 불을 놓아 제164조와 제165조에 기재한 외의 건조물, 기차, 전차, 자동차, 선박, 항공기 또는 지하채굴시설을 불태운 자는 2년 이상의 유기징역에 처한다.
② 자기 소유인 제1항의 물건을 불태워 공공의 위험을 발생하게 한 자는 7년 이하의 징역 또는 1천만원 이하의 벌금에 처한다.

제167조(일반물건 방화) ① 불을 놓아 제164조부터 제166조까지에 기재한 외의 물건을 불태워 공공의 위험을 발생하게 한 자는 1년 이상 10년 이하의 징역에 처한다.
② 제1항의 물건이 자기 소유인 경우에는 3년 이하의 징역 또는 700만원 이하의 벌금에 처한다.

제170조(실화) ① 과실로 제164조 또는 제165조에 기재한 물건 또는 타인 소유인 제166조에 기재한 물건을 불태운 자는 1천500만원 이하의 벌금에 처한다.
② 과실로 자기 소유인 제166조의 물건 또는 제167조에 기재한 물건을 불태워 공공의 위험을 발생하게 한 자도 제1항의 형에 처한다.

제171조(업무상실화, 중실화) 업무상과실 또는 중대한 과실로 인하여 제170조의 죄를 범한 자는 3년 이하의 금고 또는 2천만원 이하의 벌금에 처한다.

제176조(타인의 권리대상이 된 자기의 물건) 자기의 소유에 속하는 물건이라도 압류 기타 강제처분을 받거나 타인의 권리 또는 보험의 목적물이 된 때에는 본장의 규정의 적용에 있어서 타인의 물건으로 간주한다.

방화죄 구성요건체계 → 객체별·소유관계별, "불을 놓아 ○○을 소훼한 자 → 불태운 자"로 개정!
- **추상적 위험범 → 미수·예비 처벌 ○**
  제164조(현주건조물 등에의 방화)
  제165조(공용건조물 등에의 방화)
  제166조(일반건조물 등에의 방화) ① 타인소유
- **구체적 위험범** → '공공의 위험'을 구성요건요소로 규정 = 고의의 인식대상, **미수·예비 처벌 ×**
  제166조(일반건조물 등에의 방화) ② 자기소유
  제167조(일반물건 등 방화) ① 타인소유, ② 자기소유 [재활용품사건] [폐가사건]
- **연소죄(제168조)** → 결과적가중범
  "제166조 제2항, 제167조 제2항의 죄"를 범하여 "제164조, 제165조 또는 제166조 제1항에 기재한 물건"에
  연소한 때 : 자기소유일반건조물, 일반물건 → 현주건조물, 공용건조물, 타인소유일반건조물
- **실화죄(제170조)**
  1) 과실로 인하여 제164조 또는 제165조에 기재한 물건 또는 타인의 소유에 속하는 제166조에 기재한 물건을 소훼한 자 → **추상적 위험범**
  2) 과실로 인하여 자기의 소유에 속하는 제166조 또는 제167조에 기재한 물건을 소훼하여 공공의 위험을 발생하게 한 자 → **구체적 위험범**　　└ 자기소유·타인소유 불문(판례)

〈**방화죄의 실행의 착수시기**〉
① 불을 놓는 수단·방법에는 제한이 없다. 목적물에 직접 방화하거나 또는 매개물을 이용하여 방화하건 관계없다. 부작위에 의한 방화도 가능하다.
② 방화죄의 실행의 착수시기는 목적물 또는 매개물에 발화 또는 점화한 때이다. 매개물에 점화한 경우에는 목적물 자체에 불이 옮겨 붙지 않아도 방화죄의 미수가 성립한다.

〈방화죄의 기수시기〉

학설		기수시기	비판
독립연소설 (판례)		매개물을 떠나 목적물이 독립하여 연소를 계속할 수 있는 상태	① 방화죄의 공공위험죄의 성질을 중시한 나머지 재산죄적 성질 무시 ② 현행법이 소훼의 결과발생을 요구하는 것과 모순
절충설	중요부분 연소 개시설	목적물의 중요부분에 연소 개시된 때	① 독립연소설의 수정형태 ② 중요부분의 개념이 모호 ③ 공공의 위험발생시기와 기수시기를 일치시키는 것은 부당
	일부 손괴설	목적물의 일부분의 손괴시	① 효용상실설을 기초 ② 재산죄적 성격을 중시하여 방화죄를 손괴죄와 동일시
	이분설	추상적 위험범인 방화죄는 독립연소설, 구체적 위험범의 경우는 중요부분연소개시설	중요부분의 개념이 모호
효용상실설		중요부분이 소실되어 본래의 효용이 상실된 때	① 재산죄적 성질을 중시한 나머지 공공위험죄로서의 성격 경시 ② 기수의 인정범위가 너무 협소

〈일반물건방화죄〉

불을 놓아 건조물 이외의 물건을 불태워 공공의 위험을 발생하게 하거나(제167조 제1항), 자기소유에 속하는 위 물건을 불태워 공공의 위험을 발생하게 함으로써 성립하는 범죄이다(제167조 제2항).

① 공공의 위험을 발생하게 할 것을 요하는 구체적 위험범이다. 따라서 일반물건에 방화하였더라도 공공의 위험이 발생하지 않는 때에는 본죄가 성립하지 않는다. → 미수범 처벌규정도 없으므로 무죄

② 공공의 위험은 물리적·자연적 위험이 아니라 일반인들이 느끼는 심리적 위험을 말하는데, 공공의 위험에 대한 인식은 고의의 내용이 된다. → 공공의 위험 = 고의의 인식대상

Thema 정리 공공의 신용에 대한 죄의 개념 개관 : 통 > 유 > 문 ∵ 특별관계 [10만파운드화사건]

┌ 통화 : ① 내국통화, ② 외국통화
│   ┌ ① 통용 : 법률상 강제통용력 ↔ 통용오인가능성 : × [미합중국 100만 달러 지폐]
│   └ ② 유통 : 사실상 거래대가의 지급수단
├ 유가증권 : ① 재산권이 증권에 화체될 것, ② 권리의 행사와 처분에 증권의 점유를 요할 것 ↔ 유통성 : ×
└ 문서 ┌ ① 공문서 = 공무원 또는 공무소 + 직무상 작성, ② 사문서, ③ 공사혼용문서
      └ ① 계속적 기능, ② 증명적 기능, ③ 보장적 기능(명의인 특정, 누구인지 알수 있으면 서명날인 필요×)
      ┌ 문서○ : 생략문서(은행의 접수일부인), 사자·허무인명의, 복사문서
      └ 문서× : 컴퓨터 모니터 화면에 나타나는 이미지·이미지파일, 졸업증명서파일, 시·소설,
〈본질〉┌ 형식주의 : 문서의 성립의 진정 보호 → 작성명의허위 처벌
      ├ 실질주의 : 문서의 내용의 진실 보호 → 내용허위작성 처벌
      ┌ **유형위조 : 작성권한 없는 자가 타인명의로 문서작성**
      └ **무형위조 : 작성권한 있는 자가 허위내용의 문서작성**

Thema 정리 | 공공의 신용에 대한 죄의 행위태양 개관

	행위태양	개념 기타
작성권한 × **(유형위조)** = 권한초월 = 권한일탈 = 위임취지 反	위조	① 타인의 명의모용 또는 명의사칭 ② 새로운 증명력 창출, **동일성 해** ○ **예** 신분증 사진교체 ③ 정도 : 일반인이 진정한 것이라 오인할 정도 ↔ 작성권한 ○ **[대표이사·지배인 권한남용사건]** 위조 ×, 배임 가능
	변조	① 진정성립 + ② 내용변경 + ③ 동일성 해 × └ 이미 위조·변조된, 허위작성된, 진정성립되지 않은 문서 : 변조 ×
	자격모용작성	대리권·대표권 자격사칭 ⇨ 자격모용○○작성죄 → 문서·유가증권에 관한 죄에만 있음 ※ 통화·인지·우표에 관한 죄 : ○○유사물제조죄
작성권한 ○ **(무형위조)** = 권한남용	허위작성	내용허위 ⇨ 허위○○작성죄
위조 등	행사	진정한 ○○처럼 행사하는 행위 ⇨ 위조○○행사죄 **[위조한 건설업등록증(공문서) 이메일송부 행사사건]** 도구로 이용된 자 ※ 통화에 관한 죄, 인지·우표에 관한 죄 : 위조○○취득죄 ※ 통화에 관한 죄 : 위조통화취득죄, 위조통화취득후지정행사죄 ※ 인지·우표에 관한 죄 : 소인말소죄
진정성립	부정행사	사용권한 없는 자가 사용권한 있는 것처럼 행사하는 행위 공문서부정행사죄·사문서부정행사죄 → 문서에 관한 죄에만 있음

위조○○행사죄의 성립여부

1. 신용을 위한 제시 → 위조통화행사죄 × (∵ 통용·유통이 아니므로) / 유가증권·문서의 경우 행사죄 ○
2. 사본의 제시 → 위조유가증권행사죄 × (∵ 사본 처벌규정 없음, 거래안전을 해할 우려 적음) / 문서의 경우 행사죄 ○ (∵ 사본 처벌규정 있음, 제237조의2)
3. 정을 아는 자에 대한 교부 → 위조문서행사죄 × (∵ 내용을 진실한 것으로 사용한 것이 아니므로) / 통화·유가증권의 경우 행사죄 ○ (∵ 피교부자가 이를 행사할 것을 인식하고 교부한 경우)
4. **공범자에 대한 교부** : 행사죄 × (∵ 준비단계에 불과)

구분	위조통화행사	위조유가증권행사	위조문서행사
행사의 개념	진정한 통화처럼 유통 → 유통성 요 ○	진정한 유가증권처럼 사용 → 유통성 요 ×	진정한 문서처럼 사용 → 유통성 요 ×
신용력을 보이기 위한 제시	**행사 ×** = 위조죄의 행사할 목적 ×	행사 ○	
사본의 제시		**행사 ×**	행사 ○ (제237조의2)
정(위조된 것)을 아는 자에게 교부	행사 ○ (피교부자가 이를 행사할 것을 인식하고 교부한 경우)		**행사 ×**
공범 간의 교부	**행사 ×** [공범 간 위조유가증권교부사건]		

Thema 정리   문서에 관한 죄

제225조(공문서 등의 위조·변조) 행사할 목적으로 공무원 또는 공무소의 문서 또는 도화를 위조 또는 변조한 자는 10년 이하의 징역에 처한다.

제226조(자격모용에 의한 공문서 등의 작성) 행사할 목적으로 공무원 또는 공무소의 자격을 모용하여 문서 또는 도화를 작성한 자는 10년 이하의 징역에 처한다.

제227조(허위공문서작성 등) 공무원이 행사할 목적으로 그 직무에 관하여 문서 또는 도화를 허위로 작성하거나 변개한 때에는 7년 이하의 징역 또는 2천만원 이하의 벌금에 처한다.

제227조의2(공전자기록 위작·변작) 사무처리를 그르치게 할 목적으로 공무원 또는 공무소의 전자기록 등 특수매체기록을 위작 또는 변작한 자는 10년 이하의 징역에 처한다.

제228조(공정증서원본 등의 부실기재) ① 공무원에 대하여 허위신고를 하여 공정증서원본 또는 이와 동일한 전자기록 등 특수매체기록에 부실의 사실을 기재 또는 기록하게 한 자는 5년 이하의 징역 또는 1천만원 이하의 벌금에 처한다.
② 공무원에 대하여 허위신고를 하여 면허증, 허가증, 등록증 또는 여권에 부실의 사실을 기재하게 한 자는 3년 이하의 징역 또는 700만원 이하의 벌금에 처한다.

제229조(위조 등 공문서의 행사)
제225조 내지 제228조의 죄에 의하여 만들어진 문서, 도화, 전자기록 등 특수매체기록, 공정증서원본, 면허증, 허가증, 등록증 또는 여권을 행사한 자는 그 각 죄에 정한 형에 처한다.

제230조(공문서 등의 부정행사)
공무원 또는 공무소의 문서 또는 도화를 부정행사한 자는 2년 이하의 징역이나 금고 또는 500만원 이하의 벌금에 처한다.

제231조(사문서 등의 위조 · 변조) 행사할 목적으로 권리 · 의무 또는 사실증명에 관한 타인의 문서 또는 도화를 위조 또는 변조한 자는 5년 이하의 징역 또는 1천만원 이하의 벌금에 처한다.

제232조(자격모용에 의한 사문서의 작성) 행사할 목적으로 타인의 자격을 모용하여 권리 · 의무 또는 사실증명에 관한 문서 또는 도화를 작성한 자는 5년 이하의 징역 또는 1천만원 이하의 벌금에 처한다.

제232조의2(사전자기록 위작 · 변작) 사무처리를 그르치게 할 목적으로 권리 · 의무 또는 사실증명에 관한 타인의 전자기록 등 특수매체기록을 위작 또는 변작한 자는 5년 이하의 징역 또는 1천만원 이하의 벌금에 처한다.

제233조(허위진단서 등의 작성) 의사, 한의사, 치과의사 또는 조산사가 진단서, 검안서 또는 생사에 관한 증명서를 허위로 작성한 때에는 3년 이하의 징역이나 금고, 7년 이하의 자격정지 또는 3천만원 이하의 벌금에 처한다.

제234조(위조사문서 등의 행사) 제231조 내지 제233조의 죄에 의하여 만들어진 문서, 도화 또는 전자기록 등 특수매체기록을 행사한 자는 그 각 죄에 정한 형에 처한다.

제235조(미수범) 제225조 내지 제234조의 미수범은 처벌한다.

제236조(사문서의 부정행사) 권리 · 의무 또는 사실증명에 관한 타인의 문서 또는 도화를 부정행사한 자는 1년 이하의 징역이나 금고 또는 300만원 이하의 벌금에 처한다.

제237조의2(복사문서 등) 이 장의 죄에 있어서 전자복사기, 모사전송기 기타 이와 유사한 기기를 사용하여 복사한 문서 또는 도화의 사본도 문서 또는 도화로 본다.

Thema 정리 | 문서죄의 구성요건체계

	유형위조(형식주의) = 작성권한 없는 자 ① 위조 : 타인명의사칭 ② 변조 : 내용변경 ③ 자격모용작성 : 자격사칭	무형위조(실질주의) = 작성권한 있는 자 ⇨ 허위작성	행사 · 부정행사
사문서 기본적 구성요건 (5년 이하)	사문서 위조 · 변조죄 자격모용에 의한 사문서작성죄 사전자기록 위작 · 변작죄 → 무형위조 포함!(작성권한 ○) [가상화폐거래소 대표이사사건]	허위진단서작성죄 : 사실 · **판단** 불문 ↔ 진단서 : × [허위입퇴원확인서사건] ↔ 이외의 사문서 무형위조 : 처벌 × 　　[이사회 회의록사건]	위조사문서행사죄 사문서부정행사죄 → 미수범처벌 ×
공문서 가중적 구성요건 (10년 이하)	공문서 위조 · 변조죄 자격모용에 의한 공문서작성죄 공전자기록 위작 · 변작죄 → 무형위조 포함!(작성권한 ○) [경찰관 · 공무원 허위정보입력사건]	허위공문서작성죄 공정증서원본부실기재죄(제228조) = **허위공문서작성죄의 간접정범형태**	위조공문서행사죄 공문서부정행사죄

〈유형위조와 무형위조〉

문서의 어떤 부분에 대한 허위를 위조라고 볼 것인가의 문제이다. 유형위조란 **작성권한이 없는 자**가 타인명의로 문서를 작성하는 것이고(명의위조), 무형위조란 **작성권한이 있는 자**가 진실에 반하는 허위의 내용으로 문서를 작성하는 것을 말한다(내용위조).

우리 형법은 유형위조를 '위조'라고 하고, 무형위조는 '허위작성'이라고 표현하여 양자를 구별하고 있다. 유형위조의 경우 공문서와 사문서 모두 처벌하고 있으나, 무형위조의 경우 공문서의 경우에는 처벌하고 있지만 사문서의 경우 이를 처벌하지 않고 다만 허위진단서작성의 경우에만 예외적으로 처벌하고 있다.

• 이사회를 개최함에 있어 공소외 이사들이 그 참석 및 의결권의 행사에 관한 **권한**을 피고인에게 **위임**하였다면 그 이사들이 실제로 이사회에 참석하지도 않았는데 마치 참석하여 의결권을 행사한 것처럼 피고인이 **이사회 회의록**에 기재하였다 하더라도 이는 **이른바 사문서의 무형위조**에 해당할 따름이어서 처벌대상이 되지 아니한다(대판 1985.10.22, 85도1732). [80]

---

80) 2015년 법원행정고등고시

계속적 기능 (의사표시의 계속성)	문서는 관념·의사가 물체에 화체되어 어느 정도 계속성이 있어야 한다.	• 생략문서 : 문서 ○ → 접수일부인, 수납영수증 • 모니터 화면상 이미지 : 문서 × = 이미지파일, 파일 [64길자·70미애사건] 위조 × ∵ 문서 × • 흑판에 분필로 쓴 글 : 문서 ×
증명적 기능 (권리의무· 사실관계 증명)	① 문서에 기재된 의사표시는 일정한 법률관계 내지 사회생활상 중요사항을 증명할 수 있고, 또한 증명하기 위한 것이어야 한다. ② 증명의사는 확정적 의사임을 요한다.	• 시·소설 : 문서 × • 가계약서, 가영수증 등 : 문서 ○ ↔ 초안 : 문서 × [담뱃갑 위조사건] 도화 ○
보장적 기능 (명의인 표시)	명의인에 의하여 내용이 보증되므로 문서에는 관념·의사를 표시한 주체, 즉 명의인이 표시되어야 하고, 그 명의인은 특정되어 있어야 한다. → 명의인이 명시되어 있지 않더라도 누가 작성하였는지 추지할 수 있을 정도면 족	• 등본, 초본, 사본 : 원본과 동일하다는 인증 있어야 문서 ○ • 사자·허무인명의 : 문서 ○ [허무인·사자명의문서] • 복사문서 : 문서 ○(제327조의2) [경유증표 위조 및 동행사사건] ⇨ 판례 : **재사본**의 문서성 ○

〈문서의 개념〉

문자 또는 이를 대신하는 부호에 의해 사상이나 관념을 표시하는 물체를 말한다.
① 명의인이 특정되어야 한다. 다만 문서내용·형식·외관 등으로 그 명의인이 누구인지 알 수만 있다면 반드시 성명이나 서명·날인이 있어야 필요는 없다.
② 또한 일반인이 진정한 문서라고 오인할 정도이면 명의인이 실재하지 않아도 공공의 신용을 해할 위험성이 있으므로 **사자·허무인명의의 문서**라도 위조죄의 객체가 된다. 81)
③ 복사본, 복사본의 복사본(재사본)도 문서성이 인정된다(제237조의2).

• 형법상 문서에 관한 죄에 있어서 **문서**라 함은 <u>문자 또는 이에 대신할 수 있는 가독적 부호로 계속적으로 물체 상에 기재된 의사 또는 관념의 표시인 원본</u> 또는 이와 사회적 기능, 신용성 등을 동시할 수 있는 기계적 방법에 의한 복사본으로서 그 내용이 **법률상, 사회 생활상 주요 사항에 관한 증거**로 될 수 있는 것을 말하는 것이다(대판 1995.9.5, 95도1269 ; 대판 2023.6.29, 2023도4804).

---

81) 2006년 법원사무관승진시험, 2023년 법원사무관승진시험

<문서의 종류 : 공문서>

공문서란 ① 공무소 또는 공무원이 ② 그 직무에 관하여 작성한 문서를 말한다. 따라서 공무원이 작성한 문서라도 직무에 관한 것이 아니라 개인적 용도로 작성한 경우 공문서가 아니다.

[금융감독원장 명의 문서위조사건] 공문서 ○ ∵ 금융위원회법상 공무원의제규정

<문서의 종류 : 사문서>

사문서란 사인의 명의로 작성한 문서 중 권리의무와 사실관계를 증명하는 것만을 말한다. **권리·의무에 관한 문서라**함은 권리의무의 발생·변경·소멸에 관한 사항이 기재된 것을 말하며, **사실증명에 관한 문서**는 권리·의무에 관한 문서 이외의 문서로서 '**거래상 중요한 사실을 증명하는 문서**'를 의미한다.

명의인은 내·외국인을 불문하므로 외국의 공무소 또는 공무원이 작성한 문서도 우리 형법상으로는 사문서에 해당한다. **예** 홍콩 경찰청발행의 국제운전면허증, 미국 대사관 발행의 여권, 일본 문부성이나 국립동경대학교 명의의 졸업증명서 또는 학위증명서 등

[특정 후보자에 대한 지지선언 형식의 기자회견을 위해 허무인 명의 서명부사건] 문서 ×

∵ 정치적 지지의사에 불과, 구체적인 권리·의무에 관한 문서 내지 거래상 중요한 사실을 증명하는 문서에 해당한다고 보기 어려우므로

<문서의 종류: 공사혼용문서>

공사혼용문서(복합문서)란 1개의 문서에 공문서와 사문서가 복합된 문서이다.

사문서에 해당하는 경우

1) 당사자가 **이혼의사확인서등본**과 간인으로 연결된 **이혼신고서**를 떼어내고 원래 이혼신고서의 내용과는 다른 이혼신고서를 작성하여 이혼의사확인서등본과 함께 호적관서에 제출하였다고 하더라도, 공문서인 이혼의사확인서등본을 변조하였다거나 변조된 이혼의사확인서등본을 행사하였다고 할 수 없다(대판 2009.1.30, 2006도7777). → 이혼의사확인서등본 = 공문서, 이혼신고서 = 사문서

2) **주취운전자적발보고서**, 주취운전자정황진술보고서의 **운전자란**에 타인의 성명을 기재하여 경찰관에게 제출한 경우의 죄책은 사문서위조 및 동행사죄에 해당한다(대판 2004.12.23, 2004도6483). [82]

    → 주취운전자적발보고서는 경찰관이 직무에 관하여 작성하는 문서이므로 공문서에 해당

    ↔ 주취운전자적발보고서의 운전자란은 甲의 주소, 주민등록번호 등을 기재한 사실증명에 관한 사문서에 해당

    [동지판례] 휴대용정보단말기(PDA)의 음주운전단속결과통보 중 **운전자 서명란**에 타인의 기명 없이 의미를 알 수 없는 부호를 기재한 경우에도 사서명위조 및 위조사서명행사죄가 성립한다(대판 2020.12.30, 2020도14045).

3) **사서증서 인증서 중 인증기재 부분**은 공문서에 해당하나, / 사서증서에 인증이 있었다고 하여 **사서증서의 기재 내용**이 공문서인 인증기재 부분의 내용을 구성하는 것은 아니라고 할 것이므로, 사서증서의 기재 내용을 일부 변조한 행위는 공문서변조죄가 아니라 사문서변조죄에 해당한다(대판 2005.3.24, 2003도2144).

---

82) 2025년 법무사시험

〈행위 : 위조〉

위조란 작성권한 없는 자가 타인명의를 모용(거짓사용) 또는 사칭하여 타인명의의 문서를 작성하는 것을 말한다.

① 명의인으로부터 사전승낙(명시적·묵시적인 승낙)이나 포괄적 위임을 받은 경우 문서를 작성할 권한이 있으므로 위조에 해당하지 않는다.

  [명의신탁사건] 원칙: 위조 × ∵ 명의사용의 포괄적 허용

② 작성권한을 가진 자가 그 권한을 남용하여 문서를 작성하더라도 허위작성이나 배임이 성립할 수 있을 뿐 위조에 해당하지 않는다. 따라서 대리권·대표권이 있는 자가 권한의 범위 내에서 단순히 권한을 남용하는 문서를 작성함에 불과한 경우에는 문서위조죄가 성립하지 않는다(대판 1983.10.25, 83도2257).

③ 위임을 받았으나 위임의 범위를 초월하거나(권한초월), 위임·위탁의 취지에 반하여 문서를 작성한 경우 위조에 해당한다.

④ 타인명의를 모용 또는 사칭하여야 한다. 명의인은 실재할 것을 요하지 않으므로 허무인이나 사자 명의여도 상관없다.

⑤ 위조의 방법은 제한이 없다. 새로운 문서를 만드는 게 보통이지만, 기존의 문서를 이용하는 경우에도 변경 전의 문서와 동일성을 해하거나 무효인 문서에 새로운 증명력을 창출하거나 복사에 의하여도 가능하다.

⑥ 위조의 정도는 일반인이 진정한 문서로 오인할 정도의 형식과 외관을 갖추면 충분하고, 반드시 서명이나 날인이 있어야 하는 것은 아니다(대판 2008.3.27, 2008도443).

Thema 정리 | 위조의 간접정범

※ **명의인을 기망하여 문서를 작성케 하는 경우(명의인 = 도구)**
- 명의인이 문서**내용을 모르고** 서명·날인한 경우 : 위조의 간접정범 ○
    ∵ 명의인 의사에 反하는 문서 작성, 명의인 = (서명·날인하는) 도구 [정기문중총회 회의록사건]
- 명의인이 문서**내용을 알고** 서명·날인한 경우 : 위조의 간접정범 × [허위공사실적증명원제출사건]
    ∵ 명의인 의사에 反하지 않는 문서 작성 [법무사 확인서면사건][허위공사실적증명원제출사건]
- cf 명의인이 문서내용이 **허위인 정을 모르고** 작성한 경우 : 허위작성 ×, 위조의 간접정범 ×(∵ 내용을 알고)
- 명의인이 문서내용이 **허위인 정을 알고** 작성한 경우: 허위작성 ○

위조는 간접정범에 의하여도 가능하다. 이 경우 문서의 명의인은 그 문서의 기재내용을 모르고 서명·날인을 하여야 한다(∵ 명의인의 의사에 반하는 문서). / 문서의 명의인이 문서의 내용을 알고 서명·날인한 경우라면 그 문서를 이용한 사기죄의 성립이 가능할 뿐 위조죄는 성립하지 않는다(∵ 명의인의 의사에 반하지 않는 문서).

Thema 정리　사전자기록위작·변작죄

① 객체 : 권리·의무 또는 사실증명에 관한 타인의 전자기록 등 특수매체기록이다.
② 행위(위작 또는 변작) : 위작·변작의 개념에 대하여 사문서의 위조·변조에 대응하여 유형위조를 의미한다고 보는 견해와 사문서의 위조·변조와는 달리 유형위조 외에 무형위조도 포함하는 개념으로 보는 견해가 대립한다. 판례는 최근 전원합의체 판결로 사전자기록위작죄의 위작의 개념에는 무형위조도 포함한다고 판시하였다.
[형법 제232조의2에서 정한 사전자기록 '위작'의 의미](가상화폐거래소 대표이사 위작사건) 위작 ○

Thema 정리　허위진단서작성죄

① 객체는 진단서, 검안서 또는 생사에 관한 증명서이다.
② 행위는 허위작성이다. 허위란 객관적 진실에 반하는 것을 말하고, 사실에 관한 것이건 판단에 관한 것이건 불문하다.
[허위입퇴원확인서사건] 허위진단서작성죄 × ∵ 환자의 건강상태 증명서류가 아니므로
③ 고의 : 진단서의 내용이 객관적으로 진실에 반할 뿐 아니라 작성자가 진단서 작성 당시 그 내용이 허위라는 점을 인식하고 있어야 하고, / 주관적으로 진찰을 소홀히 한다든가 착오를 일으켜 오진한 결과로 진실에 반한 진단서를 작성하였다면 허위진단서 작성에 대한 인식이 있다고 할 수 없으므로 허위진단서작성죄가 성립하지 않는다.
④ 타죄와의 관계 : 공무원인 의사가 공무소의 명의로 허위진단서를 작성한 경우에는 **허위공문서작성죄만**이 성립하고 허위진단서작성죄는 별도로 성립하지 않는다.
[공무원인 의사가 허위진단서를 작성한 경우] 허위진단서작성죄 ×, 허위공문서작성죄 ○

Thema 정리 허위공문서작성죄(진정신분범)의 간접정범

┌ 작성권한 ○ : 비신분자를 이용하여 간접정범 ○
├ 작성권한 × : 신분자를 이용하여 간접정범 × (제228조 제외)
└ 보조공무원 ┌ 정을 모르는 작성권자의 결재 ○ → 허위공문서작성죄의 간접정범 ○ ※ 판례 해석상 인정
              └ 정을 모르는 작성권자의 결재 × → 위조 ○
※ 허위작성죄의 객체 × : 건축허가서, 어업허가서 ∵ 허가한다는 의사표시에 허위가 있다고 볼 수 없으므로

〈허위공문서작성죄의 간접정범의 성립여부〉

허위공문서작성죄는 공무원이 행사할 목적으로 그 직무에 관하여 문서 또는 도화를 허위로 작성하거나 변개함으로써 성립하는 범죄이다(제227조). 직무에 관하여 문서 또는 도화를 작성할 권한이 있는 공무원이다(진정신분범). 일반인은 물론 공무원이라도 작성권한이 없으면 본죄의 주체가 될 수 없다.

① 작성권한이 있는 공무원(신분자)이 권한 없는 자(비신분자)를 이용하여 허위공문서를 작성하게 한 경우 허위공문서작성죄의 간접정범이 성립한다.

② 권한 없는 자(비신분자)는 허위공문서작성죄의 간접정범이 될 수 없다. 왜냐하면 허위공문서작성죄는 진정신분범이고 비신분자는 주체가 될 수 없기 때문이다(∵ **정범적격 ×**).

③ 공문서작성의 보조자(보조공무원)가 작성권한이 있는 공무원(신분자)를 이용하여 작성권자의 결재를 받아 허위공문서를 작성한 경우 허위공문서작성죄의 간접정범이 성립한다. / 그러나 작성권자의 결재 없이 허위공문서를 작성한 경우 공문서위조죄가 성립한다. [83]

• 허위공문서작성죄의 주체는 그 문서를 작성할 권한이 있는 명의인인 공무원에 한하고, 그 공무원의 문서작성을 **보조**하는 직무에 종사하는 **공무원**은 위 죄의 주체가 되지 못하므로 보조 공무원이 허위공문서를 기안하여 그 **정을 모르는 작성권자의 결재를 받아** 공문서를 완성한 때에는 허위공문서작성죄의 간접정범이 되고, / 이러한 **결재를 거치지 않고** 임의로 허위내용의 공문서를 완성한 때에는 공문서위조죄가 성립한다(대판 1981.7.28, 81도898).

[83) 2022년 변호사시험

Thema 정리   공정증서원본부실기재죄(불실기재죄)

┌ 의의 및 법적 성격 : 제228조, 허위공문서작성죄의 간접정범(∵ 처벌의 결함 보충) ※ 명문규정으로 인정
├ 주체 : 제한 ×
├ 객체 : 공정증서 원본, 면허증, 허가증, 등록증 또는 여권
├ 행위 : 공무원에 대하여 허위신고(착수) → 부실의 사실을 기재하게 함(기수)
│　　　**[거래가액 거짓신고사건]** 불실사실 × ∵ 거래가액은 권리의무관계에 중요한 의미를 갖는 사항 ×
│　　　**[범죄이용목적 회사설립사건]** 불실사실 × ∵ 상법 등 법령의 요건·절차에 따라 설립등기 = 진실에 반 ×
└ 타죄와의 관계 ┬ 법원을 기망하여 승소판결 받고 판결에 의하여 등기를 경료한 경우 사기죄와 실체적 경합
　　　　　　　└ 허위신고 & 등기소 비치 = 공증증서원본부실기재죄와 동행사죄의 실체적 경합

〈부실사실의 기재〉
부실사실의 기재란 공정증서원본이 증명하는 사항 중 중요한 사항과 관련하여 진실에 반하는 사실을 기재하게 하는 것이다. 권리의무관계에 중요한 의미를 갖는 사항에 대한 것이 아니면 부실기재에 해당하지 않는다.

- 부동산등기부에 기재되는 거래가액은 당해 부동산의 권리의무관계에 중요한 의미를 갖는 사항에 해당한다고 볼 수 없다. 따라서 부동산의 거래당사자가 '**거래가액**'을 시장 등에게 거짓으로 신고하여 신고필증을 받은 뒤 이를 기초로 사실과 다른 내용의 거래가액이 부동산등기부에 등재되도록 하였다면, '공인중개사의 업무 및 부동산 거래신고에 관한 법률'에 따른 과태료의 제재를 받게 됨은 별론으로 하고, 형법상의 공전자기록 등 불실기재죄 및 불실기재공전자기록 등 행사죄가 성립하지는 아니한다(대판 2013.1.24, 2012도12363). [84]
- **[범죄이용목적 회사설립사건]** [85] **주식회사**의 발기인 등이 상법 등 법령에 정한 회사설립의 요건과 절차에 따라 회사**설립등기**를 함으로써 회사가 성립하였다고 볼 수 있는 경우 회사설립등기와 그 기재 내용은 특별한 사정이 없는 한 형법 제228조 제1항에서 정한 공정증서원본 불실기재죄나 공전자기록 등 불실기재죄(이하 위 두 죄를 합쳐 '공정증서원본 등 불실기재죄'라 한다)에서 말하는 **불실의 사실**에 해당하지 않는다. 발기인 등이 회사를 설립할 당시 회사를 실제로 운영할 의사 없이 회사를 이용한 범죄 의도나 목적이 있었다거나, 회사로서의 인적·물적 조직 등 영업의 실질을 갖추지 않았다는 이유만으로는 불실의 사실을 법인등기부에 기록하게 한 것으로 볼 수 없다(대판 2020.2.27, 2019도9293).
  [동지판례] 범죄에 이용할 목적(**대포통장을 유통할 목적**)으로 **유한회사 설립등기**를 한 것으로 인한 공전자기록 등 불실기재죄와 그 행사죄가 문제되는 사건(대판 2020.3.26, 2019도7729)

---

84) 2020년 법원행정고등고시
85) 2021년 법무사시험(15점)

⟨공정증서원본 해당여부⟩

	공정증서 해당 O	공정증서 해당 X
권리의무에 관한 사실을	부동산**등기부**, 선박등기부, 자동차등록부, 상업등기부, 법인등기부, 합동법률사무소 명의로 작성된 **공증**에 관한 문서	주민등록부, 인감대장, 토지대장, 가옥대장, 임야대장, 자동차운전면허**대장**, 주민등록증, 공증인이 인증한 **사서** 증서 → 사서증서 인증서 = 공문서!
증명하기 위한 목적	화해조서(처분문서이지만 증명문서의 성격이 강함)	처분문서(圆 매매계약서)는 불해당 법원의 판결원본·지급명령원본
허위신고에 의해 부실사실 그대로 기재		수사기관의 진술조서, 감정인의 감정서 **조정조서** 등 소송상의 각종 조서 ∵ 신고채택여부 공무원의 재량 = 판결원본, 지급명령원본
원본	원본일 것을 요함	정본·등본·사본·초본
기타	면허증, 허가증, 등록증, 여권 + 운전면허증	**사업자등록증**, 합격증서, 교사자격증서, 선거인명부 + 주민등록증

⟨공정증서원본불실기재죄의 허위신고와 불실기재죄의 성립여부⟩

부존재사실, 무효사유 있는 사실인 경우	공정증서원본부실기재죄 O
실체적 권리관계에 부합하지 않는 등기	

존재사실, 취소사유 있는 사실	공정증서원본부실기재죄 X
당사자의 의사합치	
실체적 권리관계에 부합하는 등기	

※ 실체적 권리관계에 부합하는지 여부의 판단기준시점 = 소유권이전등기 경료 당시(∵행위시)

⟨가장이혼·가장혼인으로 인한 신고와 공정증서원본불실기재죄의 성립여부⟩

가장이혼, 해외이주목적의 이혼신고	유효(∵형식적 의사설)	공정증서원본부실기재죄 X
가장혼인, 국내취업목적 혼인신고	무효(∵실질적 의사설)	공정증서원본부실기재죄 O

Thema 정리　위조사문서 등 행사죄

〈행사방법 : 행사의 의미〉
행사란 위조한 문서 등을 진정한 문서인 것처럼 사용함으로써 문서에 대한 공공의 신용을 해칠 우려가 있는 행위를 말한다. 행사방법에는 제한이 없다. 상대방이 그 내용을 인식할 수 있는 상태에 두기만 하면 족하다.

- 위조문서행사죄에 있어서 행사라 함은 위조된 문서를 진정한 문서인 것처럼 그 문서의 효용방법에 따라 이를 사용하는 것을 말하고, 위조된 문서를 제시 또는 교부하거나 비치하여 열람할 수 있게 두거나 우편물로 발송하여 도달하게 하는 등 위조된 문서를 진정한 문서인 것처럼 사용하는 한 그 행사의 방법에 제한이 없다. 또한, 위조된 문서 그 자체를 직접 상대방에게 제시하거나 이를 기계적인 방법으로 복사하여 그 복사본을 제시하는 경우는 물론, 이를 모사전송의 방법으로 제시하거나 컴퓨터에 연결된 스캐너(scanner)로 읽어 들여 이미지화한 다음 이를 전송하여 컴퓨터 화면상에서 보게 하는 경우도 행사에 해당하여 위조문서 행사죄가 성립한다(대판 2008.10.23, 2008도5200). [86]

관련 판례　행사죄가 성립하는 경우
휴대전화 신규 가입**신청서를 위조한 후** 이를 **스캔한 이미지 파일**을 제3자에게 이메일로 전송한 경우, 이미지 파일 자체는 문서에 관한 죄의 '문서'에 해당하지 않으나, / 이를 **전송하여 컴퓨터 화면상으로 보게 한 행위**는 이미 위조한 가입신청서를 행사한 것에 해당하므로 위조사문서행사죄가 성립한다(대판 2008.10.23, 2008도5200).

---

86) 2019년 법원사무관승진시험(10점)

Thema 정리 위조공문서 등 행사죄

〈행사〉

위조문서행사죄에 있어서 행사라 함은 위조된 문서를 진정한 문서인 것처럼 그 문서의 **효용방법에 따라** 이를 사용하는 것을 말하고, 위조된 문서를 진정한 문서인 것처럼 사용하는 한 그 행사의 방법에 제한이 없으므로 위조된 문서를 스캐너 등을 통해 이미지화한 다음 이를 전송하여 컴퓨터 화면상에서 보게 하는 경우도 행사에 해당하지만, 이는 문서의 형태로 위조가 완성된 것을 전제로 하는 것이므로, / 공문서로서의 형식과 외관을 갖춘 문서에 해당하지 않아 공문서위조죄가 성립하지 않는 경우에는 위조공문서행사죄도 성립할 수 없다(대판 2020.12.24, 2019도8443).

- 피고인이 제주도 콘도 입주민들의 모임인 '한국녹지한라산소진 시설운영위원회' 직인을 행정기관에 등록한 것처럼 꾸미기 위하여 서귀포시 동홍동장이 발급한 개인 인감증명서에 **위원회 직인 2개를 날인한 종이를 오려붙이는 방법**으로 인감증명서를 위조하고, 이를 **메신저 단체대화방에 게재한 경우**, ① 피고인이 만든 종이 문서 자체를 ② 평균수준의 사리분별력을 갖춘 일반인이 보았을 때 진정한 문서로 오신할 만한지 여부를 판단해야 하는데, 피고인이 만든 문서가 그와 같은 외관과 형식을 갖추었다고 인정하기는 어렵고, **공문서위조죄**가 성립한다고 보기 어려운 이상 이를 사진촬영하여 메신저 단체대화방에 게재한 행위가 **위조공문서행사죄**에 해당한다고 할 수도 없다.

Thema 정리	사문서 · 공문서부정행사죄

※ 부정행사의 객체 × : 사용권한자가 특정되어 있지 않고 용도가 다양한 경우 "**차주인등신화**"
- 사문서 : **차**용증 및 이행각서
- 공문서 : **주**민등록등본, **인**감증명서, **등**기필증, **신**원증명서, **화**해조서경정결정신청기각결정문

〈부정행사의 의의〉
부정행사란 사용권한 없는 자가 사용권한이 있는 것처럼 가장하여 그 문서나 도화를 사용용도 내에서 행사하는 것을 말한다. 공문서부정행사죄는 사용권한자와 용도가 특정되어 작성된 공문서 또는 공도화를 사용권한 없는 자가 사용권한이 있는 것처럼 가장하여 부정한 목적으로 행사하거나 또는 권한 있는 자라도 정당한 용법에 반하여 부정하게 행사하는 경우에 성립한다.

- 사문서부정행사죄에 있어서의 부정사용이란 사문서를 ① **사용할 권원 없는 자**가 그 문서명의자로 가장행세하여 이를 사용하거나 또는 ② **사용할 권원이 있다 하더라도** 문서를 본래의 작성 목적 이외의 다른 사실을 직접 증명하는 용도에 이를 사용하는 것을 말하는 것이므로 현금보관증이 자기 수중에 있다는 사실 자체를 증명키 위하여 **증거로서 법원에 제출하는 행위**는 사문서의 부정행사에 해당되지 아니한다(대판 1985.5.28, 84도2999).
- 사용권한자와 용도가 특정되어 있는 공문서를 **사용권한 없는 자**가 사용한 경우에도 그 공문서 **본래의 용도에 따른 사용이 아닌 경우**에는 형법 제230조의 공문서부정행사죄가 성립되지 아니한다(대판 1985.5.28, 84도2999).

〈부정행사죄의 성부〉

사용권자 · 용도 특정된 경우	사용권한 있는 자	사용권한 없는 자
용도내 사용	부정행사 × [선박국적증서 · 선박검사증서사건]	부정행사 ○ [운전면허증사건]
용도외 사용	부정행사 ○ (∵정당한 용법에 反)	부정행사 × [이동전화가입신청사건] [운전면허증촬영이미지제시사건]87) [장애인사용자동차표지비치사건] [국가유공자증 제시사건]

---

87) 2020년 법무사시험

 부정행사죄가 성립하는 경우
1) [운전면허증사건]
　　운전면허증은 운전면허를 받은 사람이 운전면허시험에 합격하여 자동차의 운전이 허락된 사람임을 증명하는 공문서로서, 운전면허증에 표시된 사람이 운전면허시험에 합격한 사람이라는 '자격증명'과 이를 지니고 있으면서 내보이는 사람이 바로 그 사람이라는 '동일인증명'의 기능을 동시에 가지고 있다. …… 따라서, 제3자로부터 신분확인을 위하여 신분증명서의 제시를 요구받고 다른 사람의 운전면허증을 제시한 행위는 그 사용목적에 따른 행사로서 공문서부정행사죄에 해당한다고 보는 것이 옳다(대판 2001.4.19, 2000도1985 全合). 88)
2) [주민등록증발급 · 제시사건]
　　피고인이 A인 양 허위신고하여 피고인의 사진과 지문이 찍힌 A명의의 **주민등록증**을 발급받아 소지하다가 검문경찰관에게 이를 제시한 행위는 공문서부정행사죄를 구성한다(대판 1982.9.28, 82도1297).
　　[판결이유] 피고인이 A인 양 허위신고하여 피고인의 사진과 지문이 찍힌 A명의의 **주민등록증**을 발급받은 이상 주민등록증의 발행목적상 피고인에게 위 주민등록증에 부착된 사진의 인물이 A의 신원 상황을 가진 사람이라는 허위사실을 증명하는 용도로 이를 사용할 수 있는 권한이 없다는 사실을 인식하고 있었다고도 할 것이므로 이를 검문경찰관에게 제시하여 이러한 허위사실을 증명하는 용도로 사용한 것은 공문서 부정행사죄를 구성한다.

 부정행사죄가 성립하지 않는 경우
1) [선박국적증서 · 선박검사증서사건]
　　어떤 선박이 사고를 낸 것처럼 허위로 사고신고를 하면서 그 선박의 선박국적증서와 선박검사증서를 함께 제출하였다고 하더라도, **선박국적증서와 선박검사증서**는 위 선박의 국적과 항행할 수 있는 자격을 증명하기 위한 용도로 사용된 것일 뿐 그 본래의 용도를 벗어나 행사된 것으로 보기는 어려우므로, 이와 같은 행위는 공문서부정행사죄에 해당하지 않는다(대판 2009.2.26, 2008도10851).
2) [이동전화가입신청사건]
　　피고인이 기왕에 습득한 타인의 주민등록증을 피고인 가족의 것이라고 제시하면서 그 주민등록증상의 명의 또는 가명으로 **이동전화 가입신청**을 한 경우, 타인의 주민등록증을 본래의 사용용도인 신분확인용으로 사용한 것이라고 볼 수 없어 공문서부정행사죄가 성립하지 않는다(대판 2003.2.26, 2002도4935). 89)
3) [운전면허증촬영이미지제시사건]90)
　　자동차 등의 운전자가 운전 중에 도로교통법 제92조 제2항에 따라 경찰공무원으로부터 운전면허증의 제시를 요구받은 경우 운전면허증의 특정된 용법에 따른 행사는 도로교통법 관계 법령에 따라 발급된 운전면허증 자체를 제시하는 것이라고 보아야 한다. 이 경우 자동차 등의 운전자가 경찰공무원에게 다른 사람의 **운전면허증** 자체가 아니라 이를 **촬영한 이미지파일을 휴대전화 화면 등을 통하여 보여주는 행위**는 운전면허증의 특정된 용법에 따른 행사라고 볼 수 없는 것이어서 그로 인하여 경찰공무원이 그릇된 신용을 형성할 위험이 있다고 할 수 없으므로, 이러한 행위는 결국 공문서부정행사죄를 구성하지 아니한다(대판 2019.12.12, 2018도2560).
4) [장애인사용자동차표지비치사건]
　　장애인사용자동차표지를 사용할 권한이 없는 사람이 장애인전용주차구역에 주차하는 등 장애인사용자동차에 대한 지원을 받을 것으로 합리적으로 기대되는 상황이 아니라면 단순히 이를 자동차에 비치하였더라도 장애인사용자동차표지를 본래의 용도에 따라 사용했다고 볼 수 없어 공문서부정행사죄가 성립하지 않는다(대판

---

88) 2005년 · 2012년 법원사무관승진시험, 2005년 법원행정고등고시, 2019년 변호사시험
89) 2005년 법원행정고등고시

2022.9.29, 2021도14514).

[사실관계] 피고인은 2020.5.20. 23 : 15경 피고인은 **실효된 부산광역시 ○○구청장 명의의 '장애인전용주차구역 주차표지가 있는 장애인사용자동차표지'**를 승용차에 비치한 채 이 사건 아파트의 주차장 중 장애인전용주차구역이 아닌 장소에 승용차를 주차하였다면 장애인사용자동차표지를 본래의 용도에 따라 사용했다고 볼 수 없어 **공문서부정행사죄가 성립하지 않는다.**

5) [국가유공자증사건]

   피고인이 조세범처벌법위반 사건으로 지방세무서 조사과에서 조사를 받으면서 다른 사람인 것처럼 행세하기 위하여 범칙혐의자 심문조서의 진술인란에 다른 사람 명의로 서명하여 이를 조사관에게 제시하고, 다른 사람 명의 **국가유공자증**을 조사관에게 제시한 경우, 국가유공자증의 본래 용도는 제시인이 국가유공자법에 따라 등록된 국가유공자로서 관련 혜택을 받을 수 있는 자격이 있음을 증명하는 것이고, 신분의 동일성을 증명하는 것이 아니므로 공문서부정행사죄가 성립하지 않는다(대판 2022.10.14, 2020도13344). → 사서명위조 및 동행사 ○, 공문서부정행사죄 ×

<table><tr><td>Thema 정리</td><td>사서명위조 및 동 행사죄</td></tr></table>

- 어떤 문서에 권한 없는 자가 타인의 서명을 기재하는 경우에는 그 문서가 완성되기 전이라도 일반인으로서는 그 문서에 기재된 타인의 서명을 그 명의인의 진정한 서명으로 오신할 수도 있으므로, 일단 **서명이 완성된 이상 문서가 완성되지 아니한 경우에도** 서명의 위조죄는 성립할 수 있는 것이다(대판 2005.12.23, 2005도4478).
  [사실관계] 피고인이 음주운전 등으로 경찰서에서 조사를 받으면서 제3자로 행세하여 피의자신문조서의 진술자란에 제3자의 서명을 기재하였으나 그 이후 피고인의 간인이나 조사 경찰관의 서명날인 등이 완료되기 전에 그 서명위조 사실이 발각되었다고 하더라도 **사서명위조죄** 및 **그 행사죄**가 성립한다. [91]

---

90) 2020년 법무사시험(5/10점), 2021년 법원사무관승진시험(10점)
91) 2019년 변호사시험

Thema 정리   공기호위조 및 동 행사죄

• **[검찰 업무표장 사용행위에 대해 공기호위조죄 등으로 기소된 사건]** ★

형법 제238조 '공기호'의 의미 : 형법상 인장에 관한 죄에서 **인장**은 사람의 동일성을 표시하기 위하여 사용하는 일정한 상형을 의미하고, **기호**는 물건에 압날하여 사람의 인격상 동일성 이외의 일정한 사항을 증명하는 부호를 의미한다. 그리고 형법 제238조의 공기호는 해당 부호를 공무원 또는 공무소가 사용하는 것만으로는 부족하고, / 그 부호를 통하여 **증명을 하는 사항**이 구체적으로 특정되어 있고 해당 사항은 **그 부호에 의하여 증명이 이루어질 것**이 요구된다(대판 2024. 1. 4, 2023도11313).

[사실관계] 피고인이 온라인 구매사이트에서, **검찰 업무표장** 아래 피고인의 전화번호, 승용차 번호 또는 '**공무수행**' 문구를 표시한 표지판 3개를 주문하고 그 판매자로 하여금 제작하게 하여 배송받은 다음 이를 **자신의 승용차에 부착하고 다녔고**, 이에 대하여 **공기호위조죄 및 위조공기호행사죄로 기소된 사안** 92)에서 / **원심**은, 일반인들이 위 각 표지판이 부착된 차량을 '검찰 공무수행 차량'으로 오인하기에 충분하다는 등의 사정에 비추어 위 각 표지판이 공기호에 해당한다고 보아 공소사실을 유죄로 판단하였으나, / **대법원**은, 위 법리를 설시하면서, 위 각 **검찰 업무표장**은 검찰수사, 공판, 형의 집행부터 대외 홍보 등 검찰청의 업무 전반 또는 검찰청 업무와의 관련성을 나타내기 위한 것으로 보일 뿐, / 이것이 부착된 차량은 '검찰 공무수행 차량'이라는 것을 증명하는 기능이 있다는 등 이를 통하여 증명을 하는 사항이 구체적으로 특정되어 있다거나 그 사항이 이러한 검찰 업무표장에 의하여 증명된다고 볼 근거가 없고, 일반인들이 위 각 표지판이 부착된 차량을 '검찰 공무수행 차량'으로 오인할 수 있다고 해도 위 각 검찰 업무표장이 위와 같은 증명적 기능을 갖추지 못한 이상 이를 **공기호라고 할 수는 없다**는 이유로, 이와 달리 판단한 원심판결을 파기·환송하였다.

→ 공기호위조죄 및 위조공기호행사죄 성립 ×

Thema 정리   음화 등 반포·판매·임대·전시·상영죄

〈객체〉
① 음란한 문서, 도화, 필름 기타 물건이다(음란물).
② 음란한 영상화면을 수록한 컴퓨터 프로그램 파일은 여기에 해당하지 않는다.

---

92) 甲은 온라인 구매사이트에서 ① 검찰 업무표장(🛡️에서 '검찰'을 제외한 부분) 아래 '검찰 PROSECUTION SERVICE'라고 기재하고 그 아래 甲의 전화번호를 기재한 주차표지판 1개, ② 검찰 업무표장(▍▍▍▍) 아래 '검찰 PROSECUTION OFFICE'라고 기재하고 그 아래 甲의 차량번호를 표시한 표지판 1개, ③ 검찰 업무표장(▍▍▍▍) 아래 '검찰 PROSECUTION SERVICE'라고 기재하고 그 아래 '공무수행'이라고 표시한 표지판 1개를 주문하여 배송받은 후, 이를 자신의 승용차에 부착하고 다녔다.

〈음란행위〉

① '음란한 행위'란 일반 보통인의 성욕을 자극하여 성적 흥분을 유발하고 정상적인 성적 수치심을 해하여 성적 도의관념에 반하는 행위를 말한다.

② 음란행위가 성교행위나 자위행위에 국한되는지에 관하여 견해대립이 있으나, 판례는 반드시 성행위를 묘사하거나 성적인 의도를 표출할 것을 요하지 않는다고 한다.

• [성기·엉덩이 노출 사건] ★

[1] 형법 제245조 공연음란죄에서의 **'음란한 행위'**란 일반 보통인의 성욕을 자극하여 성적 흥분을 유발하고 정상적인 성적 수치심을 해하여 성적 도의관념에 반하는 행위를 가리키는 것이고, / 그 행위가 반드시 성행위를 묘사하거나 성적인 의도를 표출할 것을 요하는 것은 아니다.

[2] 경범죄 처벌법 제3조 제1항 제33호가 '공개된 장소에서 공공연하게 성기·엉덩이 등 신체의 주요한 부위를 노출하여 다른 사람에게 부끄러운 느낌이나 불쾌감을 준 사람'을 처벌하도록 규정하고 있는 점 등에 비추어 볼 때, **성기·엉덩이 등 신체의 주요한 부위를 노출한 행위가 있었을 경우** 그 일시와 장소, 노출 부위, 노출 방법·정도, 노출 동기·경위 등 구체적 사정에 비추어, 그것이 단순히 다른 사람에게 부끄러운 느낌이나 불쾌감을 주는 정도에 불과하다면 **경범죄 처벌법 제3조 제1항 제33호**에 해당할 뿐이지만, / 그와 같은 정도가 아니라 일반 보통인의 성욕을 자극하여 성적 흥분을 유발하고 정상적인 성적 수치심을 해하는 것이라면 **형법 제245조의 '음란한 행위'**에 해당한다고 할 수 있다(대판 2020.1.16, 2019도14056).

[사실관계] 피고인이 나신의 여인을 묘사한 부조가 조각된 참전비 앞길에서 바지와 팬티를 내리고 성기와 엉덩이를 노출한 채 있었던 경우 **공연음란죄**가 성립한다.

Thema 정리 | 내란의 죄

제87조(내란)

대한민국 영토의 전부 또는 일부에서 국가권력을 배제하거나 국헌을 문란하게 할 목적으로 폭동을 일으킨 자는 다음 각 호의 구분에 따라 처벌한다.

1. 우두머리는 사형, 무기징역 또는 무기금고에 처한다.
2. 모의에 참여하거나 지휘하거나 그 밖의 중요한 임무에 종사한 자는 사형, 무기 또는 5년 이상의 징역이나 금고에 처한다. 살상, 파괴 또는 약탈 행위를 실행한 자도 같다.
3. 부화수행(附和隨行)하거나 단순히 폭동에만 관여한 자는 5년 이하의 징역이나 금고에 처한다.

제88조(내란목적의 살인)

대한민국 영토의 전부 또는 일부에서 국가권력을 배제하거나 국헌을 문란하게 할 목적으로 사람을 살해한 자는 사형, 무기징역 또는 무기금고에 처한다.

제90조(예비, 음모, 선동, 선전)

① 제87조 또는 제88조의 죄를 범할 목적으로 예비 또는 음모한 자는 3년 이상의 유기징역이나 유기금고에 처한다. 단, 그 목적한 죄의 실행에 이르기 전에 자수한 때에는 그 형을 감경 또는 면제한다.
② 제87조 또는 제88조의 죄를 범할 것을 선동 또는 선전한 자도 전항의 형과 같다.

- 의의 : 제87조　보호법익·보호정도 : 국가의 내적 안전, 추상적 위험범 ↔ 내란목적살인 : 침해범
- 주체 : 수괴, 모의참여자·지휘자·중요임무종사자, 부화수행자·단순폭동관여자로 구별(3가지), 법정형 차이
- 행위 : 폭동(다수인이 결합 폭행·협박하는 것), 한 지방의 평온을 해할 정도(최광의)
  → 기수시기 : 폭행·협박이 한 지방의 평온을 해할 정도에 이른 때(상태범)
- 고의 + 목적 : 국토참절·국헌문란의 목적(목적범), 미필적 인식으로 족
- 죄수 : 폭동한 수반한 살인은 내란에 흡수 ↔ 살인 의도적 실행한 경우 흡수 × [12·12군사반란사건]
- 예비, 음모, 선동, 선전 처벌규정 : [내란음모 사건] 음모죄 ×, 선동죄 ○
  - 음모 : 주요사항의 윤곽을 공통적으로 인식할 정도의 합의(실질적 위험성), 단순한 범죄결심 표시 ×
  - 선동 : 내란 결의를 유발하거나 증대시킬 위험성 ○, 내란의 실행행위로 나아갈 개연성 ×
    └ 충동·격려, 내란 결의가 발생할 것 = 요건 ×, 특정 정치사상·추상적 원리 옹호·교시 = 선동 ×

〈내란예비·음모죄〉
① 예비·음모는 총론상 예비·음모와 동일한 개념이다.
② 선동이란 불특정 다수인에게 정신적 영향을 주어 내란죄의 실행을 결의하게 하거나 이미 존재하는 결의를 강화하는 것을 말하고, 선전이란 불특정 다수인에게 내란의 취지와 필요성을 이해시키고 동조를 얻기 위한 일체의 의사전달행위를 말한다.

Thema 정리　국가의 기능에 대한 죄

┌ 공무원의 직무에 관한 죄 ┬ 직무위배 : 직무유기죄, 공무상비밀누설죄 → **구체적 직무권한(본래·고유직무)**
│　　　　　　　　　　　　│　　　　　　　　　　　　　　　　　　　　↔ 부수적 의무 : ×
│　　　　　　　　　　　　├ 직권남용 : 직권남용죄, 불법체포·감금죄 → **일반적 직무권한(추상적)**
│　　　　　　　　　　　　│　　　　　　　　　　　　　　　　　　= 법령상 권한
│　　　　　　　　　　　　└ 뇌물죄 : 직무에 관한 위법·부당한 대가·이익 → 일체의 직무 / 일체의 이익
├ 공무방해에 관한 죄 ┬ 공무집행방해죄, 위계공집방, 특수공집방·치사상 ↔ 공집방치사상 : 처벌규정 ×
│　　　　　　　　　　└ 법정·국회모독죄, 공무상비밀표시무효죄 등
├ 도주와 범인은닉의 죄
├ 위증과 증거인멸의 죄
└ 무고죄

Thema 정리　직무유기죄

제122조(직무유기)
공무원이 정당한 이유 없이 그 직무수행을 거부하거나 그 직무를 유기한 때에는 1년 이하의 징역이나 금고 또는 3년 이하의 자격정지에 처한다.

┌ 의의 : 제122조 보호법익·보호정도 : 구체적 위험범, 계속범, 부진정부작위범
├ 주체 : 공무원(진정신분범), 노무내용이 기계적·육체적인 것에 한정되지 않은 자 ↔ 병가 중인 자 : ×
├ 행위 : 정당한 이유 없이 그 직무수행을 거부하거나 그 직무를 유기하는 것
│　┌ 직무 : 공무원법상 본래의 직무 또는 고유한 직무 ○, 부수적·파생적 직무 × 예세무공무원과 고발의무
│　└ 거부·유기 : 본래의 직무를 의식적 방임·포기 ↔ 직무수행 & 성실 ×, 태만, 분망, 착각 : ×
│　　　　　　↔ 어떠한 형태로든 직무수행 & 태만·분망·착각으로 성실 ×, 추상적 충근의무 태만 : 직무유기 ×
└ 타죄와의 관계 : 작위 vs. 부작위 → 작위범만 성립(**범**인도피죄·**증**거인멸죄·**허**위공문서작성죄등)
　　　　　　　∴ 보충관계

〈죄수 및 타죄와의 관계〉
하나의 행위가 작위범인 범인도피죄·증거인멸죄·허위공문서작성죄와 부작위범인 직무유기죄의 구성요건을 동시에 충족하는 경우 작위범만 성립하고 부작위범인 직무유기죄(부작위에 의한 직무유기죄)는 따로 성립하지 않는다(법조경합 중 보충관계).

 공무상비밀누설죄

제127조(공무상 비밀의 누설)
공무원 또는 공무원이었던 자가 법령에 의한 직무상 비밀을 누설한 때에는 2년 이하의 징역이나 금고 또는 5년 이하의 자격정지에 처한다.

- 의의 : 제127조 보호법익·보호정도 : 비밀 ×, 비밀누설에 의하여 위협받는 국가의 기능 ○
- 주체 : 공무원 또는 공무원이었던 자(진정신분범)
- 객체 : 법령에 의한 직무상 비밀 → 실질비(실질적으로 비밀로서 보호할 가치 있는 것만) ↔ 형식비 ×
  - 비밀 ○ : [**직무상 지득한 구술시험 문제**] [**수사팀의 내부 상황**] [**수사지휘서 등 수사팀 내부상황을 전달한 경우**]
  - 비밀 × : [**기업의 비업무용 부동산보유실태**] [**잠복근무차량 소유자정보누설사건**]
- 행위 : 누설하는 것 ↔ 누설받은 행위 처벌 ×, **필요적 공범 중 대향범이고 일방만 처벌하는 경우**
  - → 누설 : 비밀을 모르는 다른 사람에게 임의로 알려주는 행위
  - ↔ 누설 × : 해당 직무의 집행과 관련 있는 다른 공무원에게 직무집행의 일환으로 전달한 경우

⟨객체 : 법령에 의한 직무상 비밀⟩

법령에 의한 직무상 비밀이다. 직무상 비밀이란 직무와 관련하여 알게 된 비밀을 말한다.

- 형법 제127조는 공무원 또는 공무원이었던 자가 법령에 의한 직무상 비밀을 누설하는 것을 구성요건으로 하고 있고, 동 조에서 **법령에 의한 직무상 비밀**이란 반드시 법령에 의하여 비밀로 규정되었거나 비밀로 분류 명시된 사항에 한하지 아니하고 정치, 군사, 외교, 경제, 사회적 필요에 따라 비밀로 된 사항은 물론 정부나 공무소 또는 국민이 객관적, 일반적인 입장에서 외부에 알려지지 않는 것에 상당한 이익이 있는 사항도 포함하는 것이나, 동 조에서 말하는 비밀이란 **실질적으로** 그것을 **비밀로서 보호할 가치**가 있다고 인정할 수 있는 것이어야 할 것이다(대판 1996.5.10, 95도780).

⟨**필요적 공범 중 대향범이고 일방만 처벌하는 경우**⟩

- 변호사 사무실 직원인 피고인 갑이 법원공무원인 피고인 을에게 부탁하여, 수사 중인 사건의 체포영장 발부자 53명의 명단을 누설 받은 경우, 피고인 을이 직무상 비밀을 누설한 행위와 피고인 갑이 이를 누설 받은 행위는 **대향범 관계**에 있으므로 공범에 관한 형법총칙 규정이 적용될 수 없어 갑의 행위가 공무상 비밀누설교사죄에 해당하지 않는다(대판 2011.4.28, 2009도3642). 93)

---

93) 2023년 변호사시험

Thema 정리 ┃ 직권남용죄

제123조(직권남용)
공무원이 직권을 남용하여 사람으로 하여금 의무 없는 일을 하게 하거나 사람의 권리행사를 방해한 때에는 5년 이하의 징역, 10년 이하의 자격정지 또는 1천만원 이하의 벌금에 처한다.

─ 의의 : 제122조 보호법익·보호정도 : 추상적 위험범
─ 주체 : 공무원 → 법률상 강제력을 수반하는 직무일 것 요하지 않음 **예** 재정경제원장관 등
─ 행위 : 직권을 남용하여 사람으로 하여금 의무없는 일을 하게 하거나 사람의 권리행사를 방해하는 것
　┌ 직권남용 : 일반적 직무권한에 속하는 사항을 불법하게 행사
　│　　　　= 법령상 권한 → 법령상 근거 요 ○ : ① 명문, ② 해석상 포함 [대통령비서실장사건] 직권남용 ○
　│　↔ 직권남용 × : 지위를 이용한 불법행위(일반적 권한에 속하지 않는 행위), 개인적 친분에 근거한
　│　　　　　　권유·협조 [국가정보원국장사건] 직권남용 ×
　├ 의무 없는 일 : 법률상 의무 ○, 심리적·도덕적 의무 × [국과수과장 메모작성사건] 직권남용 ×
　└ 권리행사방해 : 사법상 권리 + 공법상 권리
　　　　　　　　　예 경찰관의 범죄수사권 [수사중단이첩 직권남용권리행사방해사건] 직권남용 ○
─ 기수시기 : 의무 없는 일을 하게 된 때 또는 권리행사가 방해되는 **결과**가 현실적으로 **발생**한 때(결과범)
　　　　　[개인휴대통신사업자 선정사건] 직권남용 ×
　　　　　[문화예술계지원배제사건] 직권남용 ○
　　　　　[이른바 세월호 특별조사위원회 설립·활동 방해로 인한 직권남용권리행사방해사건] 직권남용 ○
　　　　　↔ 국가의 기능이 침해되거나 침해될 구체적 위험이 발생할 필요는 없음(∵ 추상적 위험범)

〈행위 : 직권남용〉
① 직권남용이란 공무원이 그의 일반적 권한에 속하는 사항에 관하여 그것을 불법하게 행사하는 것, 즉 형식적, 외형적으로는 직무집행으로 보이나 그 실질은 정당한 권한 이외의 행위를 하는 경우를 말한다. 따라서 직무와는 상관없이 단순히 개인적인 친분에 근거하여 요구·협조를 의뢰한 경우에는 직권남용에 해당하지 않는다.
② 공무원의 일반적 권한에 속하는 사항이라고 하기 위해서는 그에 관한 법령상의 근거가 필요하고, 그 법령상의 근거는 반드시 명문의 근거만을 의미하는 것이 아니라, 법·제도를 종합적, 실질적으로 관찰해서 그것이 해당 공무원의 직무권한에 속한다고 해석되는 경우도 포함한다.
③ 공무원의 직권남용에 해당하는가를 판단하는 기준은 구체적인 공무원의 직무행위가 본래 법령에서 그 직권을 부여한 목적에 따라 이루어졌는지, 직무행위가 행해진 상황에서 볼 때 필요성·상당성이 있는 행위인지, 직권행사가 허용되는 법령상의 요건을 충족했는지 등을 종합하여 판단하여야 한다(대판 2020.2.13, 2019도5186).

〈행위 : 의무 없는 일을 하게 하는 때〉
① 법령상 의무 없는 일을 하게 하는 때를 의미한다. 따라서 단순한 도덕적 의무 또는 심리적 의무감은 여기의 의무에 포함되지 않는다.
② 공무원이 한 행위(자신의 직무권한에 속하는 사항)가 직권남용에 해당하고 위법하다고 하여 그러한 이유만으로 상대방이 한 일이 '의무 없는 일'에 해당한다고 인정할 수는 없다. **상대방이 일반 사인인 경우** '의무 없는 일을 하게 한 때'에 해당할 수 있지만, / **상대방이 공무원인 경우** 원칙적으로 '의무 없는 일을 하게 한 때'에 해당하지 않는다. 그러나 상대방이 직무집행을 보조하는 실무담당자라 하더라도 관련법령에 따라 따라야 할 직무집행의 기준과 절차를 위반하여 보조하게 한 경우에는 '의무 없는 일을 하게 한 때'에 해당한다(대판 2020.1.9, 2019도11698).

〈행위 : 권리행사를 방해〉
권리를 행사하지 못하게 방해하는 것을 말한다. 여기의 권리는 법률에 명기된 권리에 한하지 않고 법령상 보호할 이익이면 충분하고, 사법상 권리뿐 아니라 공법상 권리도 포함된다.
예 경찰관의 범죄수사권

• [수사중단이첩 직권남용권리행사방해사건]
　[1] 형법 제123조의 **직권남용권리행사방해죄에서 말하는 '권리'**는 법률에 명기된 권리에 한하지 않고 법령상 보호되어야 할 이익이면 족한 것으로서, 공법상의 권리인지 사법상의 권리인지를 묻지 않는다고 봄이 상당하다.
　[2] 경찰관 직무집행법의 관련 규정을 근거로 경찰관은 범죄를 수사할 권한을 가지고 있다고 인정한 다음, 이러한 **범죄수사권**은 직권남용권리행사방해죄에서 말하는 '권리'에 해당한다.
　[사실관계] 상급 경찰관이 직권을 남용하여 부하 경찰관들의 수사를 중단시키거나 사건을 다른 경찰관서로 이첩하게 한 경우, 일단 '부하 경찰관들의 수사권 행사를 방해한 것'에 해당함과 아울러 '부하 경찰관들로 하여금 수사를 중단하거나 사건을 다른 경찰관서로 이첩할 의무가 없음에도 불구하고 수사를 중단하게 하거나 사건을 이첩하게 한 것'에도 해당된다고 볼 여지가 있다. 그러나 이는 어디까지나 하나의 사실을 각기 다른 측면에서 해석한 것에 불과한 것으로서, '권리행사를 방해함으로 인한 직권남용권리행사방해죄'와 '의무 없는 일을 하게 함으로 인한 직권남용권리행사방해죄'가 별개로 성립하는 것이라고 할 수는 없다. 따라서 위 두 가지 행위 태양에 모두 해당하는 것으로 기소된 경우, '권리행사를 방해함으로 인한 직권남용권리행사방해죄'만 성립하고 '의무 없는 일을 하게 함으로 인한 직권남용권리행사방해죄'는 따로 성립하지 아니하는 것으로 봄이 상당하다(대판 2010.1.28, 2008도7312).

제129조(수뢰, 사전수뢰) ① 공무원 또는 중재인이 그 직무에 관하여 뇌물을 수수, 요구 또는 약속한 때에는 5년 이하의 징역 또는 10년 이하의 자격정지에 처한다.

② 공무원 또는 중재인이 될 자가 그 담당할 직무에 관하여 청탁을 받고 뇌물을 수수, 요구 또는 약속한 후 공무원 또는 중재인이 된 때에는 3년 이하의 징역 또는 7년 이하의 자격정지에 처한다.

제130조(제삼자뇌물제공) 공무원 또는 중재인이 그 직무에 관하여 부정한 청탁을 받고 제3자에게 뇌물을 공여하게 하거나 공여를 요구 또는 약속한 때에는 5년 이하의 징역 또는 10년 이하의 자격정지에 처한다.

제131조(수뢰 후 부정처사, 사후수뢰) ① 공무원 또는 중재인이 전2조의 죄를 범하여 부정한 행위를 한 때에는 1년 이상의 유기징역에 처한다.

② 공무원 또는 중재인이 그 직무상 부정한 행위를 한 후 뇌물을 수수, 요구 또는 약속하거나 제삼자에게 이를 공여하게 하거나 공여를 요구 또는 약속한 때에도 전항의 형과 같다.

③ 공무원 또는 중재인이었던 자가 그 재직 중에 청탁을 받고 직무상 부정한 행위를 한 후 뇌물을 수수, 요구 또는 약속한 때에는 5년 이하의 징역 또는 10년 이하의 자격정지에 처한다.

④ 전3항의 경우에는 10년 이하의 자격정지를 병과할 수 있다.

제132조(알선수뢰) 공무원이 그 지위를 이용하여 다른 공무원의 직무에 속한 사항의 알선에 관하여 뇌물을 수수, 요구 또는 약속한 때에는 3년 이하의 징역 또는 7년 이하의 자격정지에 처한다.

제133조(뇌물공여 등) ① 제129조부터 제132조까지에 기재한 뇌물을 약속, 공여 또는 공여의 의사를 표시한 자는 5년 이하의 징역 또는 2천만원 이하의 벌금에 처한다.

② 제1항의 행위에 제공할 목적으로 제3자에게 금품을 교부한 자 또는 그 사정을 알면서 금품을 교부받은 제3자도 제1항의 형에 처한다.

제134조(몰수, 추징) 범인 또는 사정을 아는 제3자가 받은 뇌물 또는 뇌물로 제공하려고 한 금품은 몰수한다. 이를 몰수할 수 없을 경우에는 그 가액을 추징한다.

뇌물죄의 구성요건체계

기본적 구성요건	수뢰죄(제129조 제1항) : 현재 재직 中인 자에 한정	청탁 불요(현직)
감경적 구성요건	사전수뢰(제129조 제2항) : 재직 전(前) 수뢰 → 청탁＋수뢰행위＋공무원·중재인이 된 자 → 공무원·중재인이 될 자의 수뢰	청탁 ○
가중적 구성요건	수뢰 후 부정처사(제131조 제1항) : 수뢰 → 부정처사	
	부정처사 후 수뢰(제131조 제2항) : 부정처사 → 수뢰	
독립적 구성요건	사후수뢰(제131조 제3항) → 재직 중(中) 부정행위 → 퇴직 후(後) 수뢰 → 공무원·중재인이었던 자의 수뢰	청탁 ○
	제3자뇌물제공(제130조)	부정한 청탁 (∵ 제3자가 뇌물취득하므로) ＝ 배임수재
	알선수뢰(제132조)	공무원만 주체 ○ ↔ 중재인 : ×
	증뢰죄(제133조 제1항)	
	증뇌물전달(제133조 제2항) → 제3자뇌물 교부·취득	전달여부는 불문

Thema 정리 ｜ 뇌물죄

```
─ 보호법익 : ① 직무집행의 공정과 이에 대한 사회의 신뢰, ② 직무행위의 불가매수성
─ 뇌물의 개념 : 직무에 관한 불법한 대가로서의 일체의 부당한 이익
   ─ 직무관련성 : 일체의 직무(과거, 현재, 장래) → 관례상·사실상 직무 포함
    ↔ 직무관련성 × : [법원참여주사와 형량감경] [경찰관과 외국인산업연수생 국내관리업체선정]
                    [중국국적선박 운항허가사건] [문교부편수국공무원 교재검토비용사건] [의사왕진사건]
   ─ 대가관계 : 급부·반대급부관계 → 특정 직무에 대한 것일 필요 ×, 전체적·포괄적 대가관계면 족
                → 사교적 의례형식이라도 대가관계 인정되면 뇌물에 해당 ○
                → 직무대가성과 사례성이 불가분적 결합 = 전부 대가관계 인정
   ─ 부정한 이익 : 일체의 이익 예 향응, 성행위 등 [투기적 사업에 참여할 기회를 얻는 것] [성적 욕구의 충족]
                → 자동차·말을 받은 경우 : 사실상 소유자로 인정되면 자동차·말 자체를 받은 것
                    └ 소유자로 등록되어 있지 않더라도 실질적 사용·처분권한 있는 경우 = 취득
─ 뇌물의 몰수·추징
   ─ 필요적 몰수·추징
   ─ 몰수·추징의 대상 : 수수한 뇌물, 제공(공여)하였지만 수수하지 않은 뇌물, 공여를 약속한 뇌물
     ↔ 뇌물에 공할 물건이 특정 × → 몰수 ×, 추징 × [승용차대금명목금원 뇌물제공약속] [빌려달라요구거부]
   ─ 상대방 : 뇌물소지자로부터 몰수, 소비자로부터 추징
   ─ 방법 ┬ 수인이 뇌물을 수수한 경우 ┬ 개별적 추징(실제 분배받은 금품)
         │                        └ 알 수 없을 때 : 평등추징
         ├ 전달·사용 ┬ 받은 취지에 따라 전달한 경우 : 이 부분 제외하고 몰수·추징
         │          └ 독자적 판단에 따라 사용한 경우 : 이 부분 포함하여 몰수·추징(∵ 소비)
         ├ 비용·대가 지급 : 뇌물에서 공제 ×
         └ 추징가액산정기준시기 : 판결선고시(재판선고시)의 가격
```

- **[기업 대표 등의 뇌물 공여 등 사건]** [94]

  뇌물수수에서 말하는 '**수수**'란 받는 것, 즉 뇌물을 취득하는 것이고, 뇌물공여에서 말하는 '공여'란 뇌물을 취득하게 하는 것이다. 여기에서 **취득**이란 뇌물에 대한 사실상의 처분권을 획득하는 것을 의미하고, 뇌물인 물건의 법률상 소유권까지 취득하여야 하는 것은 아니다. 뇌물수수자가 법률상 소유권 취득의 요건을 갖추지는 않았더라도 뇌물로 제공된 물건에 대한 점유를 취득하고 뇌물공여자 또는 법률상 소유자로부터 반환을 요구받지 않는 관계에 이른 경우에는 그 물건에 대한 실질적인 사용·처분권한을 갖게 되어 그 물건 자체를 뇌물로 받은 것으로 보아야 한다(대판 2019.8.29, 2018도2738 全合). ※ 뇌물 = 말(horse) 자체

  → 비공무원이 공무원과 공동가공의 의사와 이를 기초로 한 기능적 행위지배를 통하여 공무원의 직무에 관하여 뇌물을 수수하는 범죄를 실행하였다면 공무원이 직접 뇌물을 받은 것과 동일하게 평가할 수 있으므로 공무원과 비공무원에게 형법 제129조 제1항에서 정한 **뇌물수수죄의 공동정범**이 성립한다(대판 2019.8.29, 2018도2738 全合). [95] ★

  [동지판례] 자동차를 뇌물로 제공한 경우 자동차등록원부에 뇌물수수자가 그 **소유자로 등록되지 않았다**고 **하더라도** 자동차의 사실상 소유자로서 자동차에 대한 실질적인 사용 및 처분권한이 있다면 자동차 자체를 뇌물로 취득한 것으로 보아야 한다(대판 2006.4.27, 2006도735). ※ 뇌물 = 자동차 자체

Thema 정리 | 수뢰죄

<pre>
┌ 의의 : 제129조
├ 주체 : 공무원 또는 중재인(진정신분범)
│   → 사실상 공무원·조합임원 포함 [임용무효공무원] [조합임원지위상실]
├ 객체 : 뇌물
├ 행위 ┌ 수수 : 영득의사 있어야 예 먼저 뇌물요구 ↔ 수수 × : 영득의사 × 예 반환의사 → 취득 = 사실상 소유권 획득
│   ├ 요구
│   └ 약속 : 양 당사자의 뇌물수수의 합의(의사표시의 확정적 합치), 이익은 현존불요, 가액확정불요
├ 주관적 구성요건: 뇌물이라는 점과 직무대가라는 점에 대한 인식
├ 공범
│ [기업대표등 뇌물공여사건]96) 뇌물수수죄의 공동정범 ∵ 비공무원과 공무원의 공모, 제33조 본문 적용
├ 죄수
└ 타죄와의 관계 ┌ 직무에 관하여 기망·뇌물수수 : 수뢰죄와 사기죄의 상상적 경합, 피기망자 = 뇌물공여죄
               ├ 직무에 관하여 공갈·뇌물수수97) : 수뢰죄와 공갈죄의 상상적 경합, 피공갈자 = 뇌물공여죄
               └ 직무집행의사 없이 공갈·뇌물수수 : 공갈죄만 성립, 피공갈자 = 뇌물공여죄 ×
┌ 사전수뢰죄 ┌ 공무원 또는 중재인이 될 자 : 공직취임의 개연성을 갖춘 자 포함
│   └ 공무원 또는 중재인이 된 때 : 객관적 처벌조건
├ 제3자뇌물제공죄(제130조) ┌ 부정한 청탁 → 묵시적인 경우 공통의 인식·양해있어야 ↔ 막연히 선처기대 : ×
│   └ 제3자 : 교사·방조자 포함 ↔ 공무원이 직접받은 것과 같다면 제3자 ×
│   └ 뇌물수수죄의 공동정범 포함 × [기업대표등 뇌물공여사건]
├ 수뢰 후 부정처사죄 ┌ 수뢰 → 최후 부정행위후 수뢰도 포함 ○ = 결합범·결과적 가중범의 법리
│   └ 부정한 행위 = 직무에 위배되는 일체의 행위
├ 부정처사 후 수뢰죄
├ 사후수뢰죄 : 재직 중 청탁 + 부정한 행위, 퇴직 후 수뢰
├ 알선수뢰죄 ┌ 지위를 이용하여 알선 ↔ 친구·친족관계 등 사적 관계 이용 : ×
│   └ 현안 존재 필요 × [유흥주점사건] ↔ 막연한 기대감 : 알선 ×
├ 증뢰죄(뇌물공여 등 죄)
└ 증뢰물전달죄 : 제3자뇌물교부·취득죄, 전달 요×, 전달하여도 별도로 뇌물공여죄 성립×
</pre>

〈행위 : 수수〉

수수란 뇌물을 취득하는 것, 즉 영득의 의사로 금품을 수수하는 것을 말한다. 따라서 영득의 의사가 없으면 수수가 될 수 없다. 예 반환할 의사

---

94) 2022년 변호사시험
95) 2022년 변호사시험
96) 2020년 법무사시험
97) 2020년 법무사시험

〈타죄와의 관계〉
① 공무원이 직무에 관하여 타인을 기망하여 뇌물을 수수한 경우 수뢰죄와 사기죄의 상상적 경합이다. 이 경우 피기망자에게는 뇌물공여죄가 성립한다.
② 공무원이 직무집행의사로 공갈하여 뇌물을 수수한 경우 수뢰죄와 공갈죄의 상상적 경합이다.[98] 이 경우 피공갈자에게는 뇌물공여죄가 성립한다.
③ 공무원이 직무집행의 의사 없이 공갈하여 뇌물을 수수한 경우 공갈죄만 성립한다. 이 경우 피공갈자는 공갈죄의 피해자일 뿐이므로 뇌물공여죄가 성립하지 않는다.

• **세무공무원에게 회사에 대한 세무조사라는 직무집행의 의사가 있었고**, 과다계상된 손금항목에 대한 조사를 하지 않고 이를 묵인하는 조건으로, 다시 말하면 그 직무처리에 대한 대가관계로서 금품을 제공받았으며, **회사의 대표이사는 공무원의 직무행위를 매수하려는 의사**에서 금품을 제공하였고, 그 세무공무원은 세무조사 당시 타회사 명의의 세금계산서가 위장거래에 의하여 계상된 허위의 계산서라고 판단하고 이를 바로잡아 탈루된 세금을 추징할 경우 추징할 세금이 모두 50억 원에 이를 것이라고 알려 주었음이 명백하다면, 문제된 세금계산서가 진정한 거래에 기하여 제출된 것인지, 세무공무원의 묵인행위로 인하여 회사에게 추징된 세금액수가 실제적으로 줄어든 것이 있는지 여부에 관계없이 그 **세무공무원 및 대표이사의 행위가 뇌물죄를 구성한다고 한** 사례(대판 1994.12.22, 94도2528).
→ 상대방(피공갈자)에게도 뇌물공여죄가 성립한다는 취지

---

98) 2020년 법무사시험

Thema 정리 | 제3자 뇌물제공죄

① 제3자가 뇌물을 받았지만 실질적으로 공무원이 직접 받은 것과 같다면 제3자에 포함되지 않는다.
② 제3자란 행위자와 공동정범 이외의 사람을 말하고, 교사자나 방조자도 포함될 수 있다.
③ 공무원과 공동정범 관계에 있는 비공무원은 제3자 뇌물수수죄에서 말하는 제3자가 될 수 없다.

- **[새우젓 선물사건]**
뇌물공여자가 공무원인 뇌물수수자가 제공한 명단 기재 대상자들에게 택배를 이용하여 뇌물수수자의 명의로 새우젓을 선물발송한 경우 사회통념상 뇌물수수자가 직접 새우젓을 받은 것과 같이 평가할 수 있으므로 **(제3자 뇌물수수죄가 아니라) 단순뇌물공여죄 및 수수죄**가 성립한다(대판 2020.9.24, 2017도12389).

- **[기업 대표 등의 뇌물 공여 등 사건]**
[다수의견] 공무원이 뇌물공여자로 하여금 공무원과 뇌물수수죄의 공동정범 관계에 있는 비공무원에게 뇌물을 공여하게 한 경우에는 공동정범의 성질상 공무원 자신에게 뇌물을 공여하게 한 것으로 볼 수 있다. 공무원과 공동정범 관계에 있는 비공무원은 제3자 뇌물수수죄에서 말하는 제3자가 될 수 없다(대판 2019.8.29, 2018도2738 숲合). → 제129조를 적용한다는 견해
[별개의견] 뇌물을 비공무원에게 전적으로 귀속시키기로 모의하거나 뇌물의 성질상 비공무원이 사용하거나 소비할 것인데도 비공무원이 뇌물을 받은 경우까지도 뇌물수수죄의 공동정범이 성립한다고 하는 부분에 대하여는 동의하지 않는다. 우리 형법이 제129조 제1항 뇌물수수죄와 별도로 제130조에서 제3자 뇌물수수죄를 규정하고 있는 이상 공무원이 아닌 비공무원인 제3자가 뇌물을 수수한 경우에는 뇌물의 귀속주체와 성질이 어떠한지에 따라 그 뇌물수수죄 또는 제3자 뇌물수수죄가 성립하는지를 달리 평가하여야 한다.
→ 제129조 또는 제130조를 적용하자는 견해
[반대의견] 공무원과 비공무원이 뇌물을 받으면 뇌물을 비공무원에게 귀속시키기로 미리 모의하거나 뇌물의 성질에 **비추어 비공무원이 전적으로 사용하거나 소비할 것임이 명백한 경우**에 공무원이 증뢰자로 하여금 비공무원에게 뇌물을 공여하게 하였다면 형법 **제130조의 제3자 뇌물수수죄**의 성립 여부가 문제 될 뿐이며, 공무원과 비공무원에게 형법 제129조 제1항의 뇌물수수죄의 공동정범이 성립한다고 할 수는 없다.
→ 제130조를 적용하자는 견해

관련 판례 | 제3자 뇌물제공(수수)에 관련된 판결

- 공무원이 직무관련자에게 **제3자와 계약을 체결하도록 요구하여 계약 체결을 하게 한 행위**가 제3자 뇌물수수죄의 구성요건과 직권남용권리행사방해죄의 구성요건에 모두 해당하는 경우에는, **제3자 뇌물수수죄와 직권남용권리행사방해죄**가 각각 성립하되, 이는 사회 관념상 하나의 행위가 수 개의 죄에 해당하는 경우이므로 두 죄는 형법 제40조의 **상상적 경합**관계에 있다(대판 2017.3.15, 2016도19659).

Thema 정리 · 수뢰후부정처사죄

- **[수뢰후부정처사죄의 포괄일죄사건]**
  수뢰 후 부정처사죄에서 '**형법 제129조 및 제130조의 죄를 범하여**'란 반드시 뇌물수수 등의 행위가 완료된 이후에 부정한 행위가 이루어져야 함을 의미하는 것은 아니고, / 결합범 또는 결과적가중범 등에서의 기본행위와 마찬가지로 뇌물수수 등의 행위를 하는 중에 부정한 행위를 한 경우도 포함하는 것으로 보아야 한다. 따라서 단일하고도 계속된 범의 아래 일정 기간 반복하여 일련의 뇌물수수 행위와 부정한 행위가 행하여졌고 그 뇌물수수 행위와 부정한 행위 사이에 인과관계가 인정되며 피해법익도 동일하다면, **최후의 부정한 행위 이후에 저질러진 뇌물수수 행위**도 최후의 부정한 행위 이전의 뇌물수수 행위 및 부정한 행위와 함께 수뢰후부정처사죄의 **포괄일죄**로 처벌함이 타당하다(대판 2021.2.4, 2020도12103).

Thema 정리 · 공무방해에 관한 죄

제136조(공무집행방해)
① 직무를 집행하는 공무원에 대하여 폭행 또는 협박한 자는 5년 이하의 징역 또는 1천만원 이하의 벌금에 처한다.

제137조(위계에 의한 공무집행방해)
위계로써 공무원의 직무집행을 방해한 자는 5년 이하의 징역 또는 1천만원 이하의 벌금에 처한다.

제140조(공무상비밀표시무효)
① 공무원이 그 직무에 관하여 실시한 봉인 또는 압류 기타 강제처분의 표시를 손상 또는 은닉하거나 기타 방법으로 그 효용을 해한 자는 5년 이하의 징역 또는 700만원 이하의 벌금에 처한다.
② 공무원이 그 직무에 관하여 봉함 기타 비밀장치한 문서 또는 도화를 개봉한 자도 제1항의 형과 같다.
③ 공무원이 그 직무에 관하여 봉함 기타 비밀장치한 문서, 도화 또는 전자기록 등 특수매체기록을 기술적 수단을 이용하여 그 내용을 알아낸 자도 제1항의 형과 같다.

제140조의2(부동산강제집행효용침해)
강제집행으로 명도 또는 인도된 부동산에 침입하거나 기타 방법으로 강제집행의 효용을 해한 자는 5년 이하의 징역 또는 700만원 이하의 벌금에 처한다.

제144조(특수공무방해)
① 단체 또는 다중의 위력을 보이거나 위험한 물건을 휴대하여 제136조, 제138조와 제140조 내지 전조의 죄를 범한 때에는 각조에 정한 형의 2분의 1까지 가중한다.
② 제1항의 죄를 범하여 공무원을 상해에 이르게 한 때에는 3년 이상의 유기징역에 처한다. 사망에 이르게 한 때에는 무기 또는 5년 이상의 징역에 처한다.

※ 특수공무방해치사상죄(제144조) ↔ 공무방해치사상죄 : 처벌규정 × → 공무집행방해죄와 상해죄의 상상적 경합

Thema 정리 | 공무집행방해죄와 위계공무집행방해죄의 비교

	공무집행방해죄(제136조)	위계에 의한 공무집행방해죄(제137조)
구성요건	(적법한) 직무를 집행하는 공무원에 대하여 폭행 또는 협박한 자	위계로써 공무원의 직무집행을 방해한 자
공무집행방해의사	방해의사를 요하지 않음 (고의 = ① 상대방이 직무집행하는 공무원이라는 사실, ② 이에 대하여 폭행·협박한다는 사실을 인식하는 것)	방해의사를 요함 (고의 = ① 위계로써 공무집행을 방해한다는 인식, ② 방해의사)
기수시기	공무원을 폭행·협박한 때 ⇨ 공무집행 방해결과를 요하지 않음 (∵추상적 위험범)	상대방이 그릇된 행위나 처분을 하여야 = 직무집행을 저지하거나 현실적으로 곤란하게 하여야 (판례) ≒ 결과범(강사 사건)
미수	처벌 × ∵ 추상적 위험범 & 거동범	처벌 ×

Thema 정리 | 공무집행방해죄

```
─ 의의 : 제136조  보호법익·보호정도 : 추상적 위험범
─ 주체 : 제한 ×
─ 객체 ─ 직무를 집행하는 : 직무수행에 직접 필요한 행위+직무수행을 위하여 근무 중인 상태
│        → 직무의 적법성 ─ ① 추상적 권한에 속하고  예 경찰관의 세금징수 : 적법 ×
│                        ├ ② 구체적 권한에 관하여  예 현행범체포요건 구비
│                        └ ③ 법률상 요건과 방식 갖출 것  예 영장주의, 미란다원칙 준수
│        → 적법성판단 : 행위 당시 기준 → 적법 × → 폭행·협박해도 공집방 ×(구 ×), 폭행·상해 ×
│                                                (위 ×, 정당방위)
│        ┌ 적법○ : [자전거날치기 공무집행방해사건] [신분증미제시불심검문 공무집행방해사건]
│        │         [용산철거사건] [적법한 공무집행인지 여부가 문제된 사건](민원업무방해사건)⁹⁹⁾
│        │         뺨을 때린 행위 = 공집방 성립 ○
│        └ 적법× : [운전면허증을 교부한 후] [합리적근거 없이 긴급체포] [미란다원칙 고지 ×·체포
│                  후에 고지할 생각]¹⁰⁰⁾ [형집행장미소지 구인거부사건] [형집행장 발부사실 고지 ×]
│        → 적법한 직무집행을 위법한 직무집행으로 오인한 경우 : 법률의 착오 → 제16조 정당한 이유 검토
│        ─ 공무원 ↔ 공무원× : 자활근로자(복지도우미), 기간제근로자 등
─ 행위 : 폭행·협박(광의, 간접적으로 공무원에 대한 것이면 폭행에 해당) → 기수시기 : 폭행·협박한 때
│         └ 지구대 출입문을 계속 두드리거나 잡아당기는 등 소란을 피운 경우 : 폭행 ○
│     ↔ 위력: × [경찰청민원실 욕설행패·난동사건] [시장기자회견방해사건]
─ 고의 : ① 상대방이 직무집행하는 공무원이라는 사실, ② 이에 대하여 폭행·협박한다는 사실을 인식
│         ↔ 직무집행을 방해할 의사 필요 ×
─ 죄수 : 공무원의 수 기준 ↔ 공무의 수 : ×
─ 타죄와의 관계 : 직무를 집행하는 공무원을 폭행하여 상해를 입힌 경우 공무집행방해죄와 상해죄의 상상적 경합
```

〈직무집행〉
① 직무집행이란 권력적 작용에 제한되지 않고 대외적·대내적 사무를 불문한다.
② '직무를 집행하는'이라 함은 공무원이 직무수행에 직접 필요한 행위를 현실적으로 행하고 있는 때만을
　가리키는 것이 아니라 공무원이 직무수행을 위하여 근무 중인 상태에 있는 때를 포괄한다.

---

99) 2022년 법무사시험
100) 2017년 법무사시험(20점)

〈직무집행의 적법성〉

① 적법성의 요부 : 직무집행의 적법성에 대하여 명문으로 규정하고 있지는 않지만 위법한 직무집행에 대하여는 복종할 의무가 없으므로 적법한 직무집행일 것을 요한다(통설·판례). 따라서 공무집행방해죄는 공무원의 직무집행이 적법한 경우에 한하여 성립한다.

② 적법성의 요건 : 공무집행이 적법하기 위하여는 그 행위가 당해 공무원의 **추상적 직무 권한**에 속할 뿐 아니라 **구체적**으로도 그 **권한 내**에 있어야 하며 또한 직무행위로서의 **중요한 방식**을 갖추어야 한다.

③ 적법성의 판단기준 : 공무원의 어떠한 공무집행이 적법한지 여부는 행위 당시의 구체적 상황에 기하여 객관적·합리적으로 판단하여야 하고, 사후적으로 판단할 것은 아니다(**객관설**, 통설·판례).

④ **적법성의 체계적 지위**

대법원은 종래 **피의사실의 요지, 체포이유, 변호인선임권 등을 고지하는 등의 절차를 밟지 않은 경찰관의 현행범 체포행위**는 적법한 공무집행이라고 볼 수 없으므로 공무집행방해죄의 구성요건을 충족하지 아니한다(대판 2006.11.23, 2006도2732)라고 보았다.

⑤ **적법성의 착오**

적법성의 착오와 관련하여서는 최근 대법원은 공무집행방해죄에서 **공무집행의 적법성에 관한 피고인의 잘못된 법적 평가로 인하여 자신의 행위가 금지되지 않는다고 오인한 경우**에는 "형법 **제16조**에서 자기가 행한 행위가 법령에 의하여 죄가 되지 아니한 것으로 오인한 행위는 그 오인에 정당한 이유가 있는 때에 한하여 벌하지 아니한다고 규정하고 있으므로 공무집행방해죄에서 공무집행의 적법성에 관한 피고인의 잘못된 법적 평가로 인하여 자신의 행위가 금지되지 않는다고 오인한 경우에는 그 오인에 정당한 이유가 있는지를 살펴보아야 한다"라고 하면서 **법률의 착오**문제로 판단한 바 있다(대판 2024.7.25, 2023도16951).

• [미란다원칙 고지 ×]

[1] 형법 제136조가 규정하는 공무집행방해죄는 공무원의 직무집행이 적법한 경우에 한하여 성립하는 것이고, 여기서 **적법한 공무집행**이라고 함은 그 행위가 공무원의 추상적 권한에 속할 뿐 아니라 구체적 직무집행에 관한 법률상 요건과 방식을 갖춘 경우를 가리키는 것이며, 한편 **헌법 제12조 제5항 전문, 형사소송법 제213조의2, 제72조의 규정 등**에 의하면 사법경찰관리가 현행범인을 체포하는 경우에는 반드시 범죄사실의 요지, 구속의 이유와 변호인을 선임할 수 있음을 말하고 변명할 기회를 주어야 할 것임이 명백하므로, 경찰관이 위 적법절차를 준수하지 아니한 채 실력으로 현행범인을 연행하려고 하였다면 적법한 공무집행이라고 할 수 없고, 경찰관의 현행범 체포행위가 적법한 공무집행을 벗어나 불법하게 체포한 것으로 볼 수밖에 없다면, 현행범이 그 체포를 면하려고 반항하는 과정에서 경찰관에게 상해를 가한 것은 불법 체포로 인한 신체에 대한 현재의 부당한 침해에서 벗어나기 위한 행위로서 정당방위에 해당하여 위법성이 조각된다. [2] 경찰관이 甲을 출입국관리법 위반죄 등의 현행범으로 체포하면서 지체 없이 피의사실의 요지, 체포이유, 변호인선임권 등을 고지하는 등의 절차를 밟았던 것으로 보기 어렵다. 따라서 경찰관의 체포행위는 적법한 공무집행이라고 볼 수 없으므로 **공무집행방해죄의 구성요건을 충족하지 아니하고,** / 甲이 위 경찰관의 위와 같은 체포를 면하려고 반항하는 과정에서 그에게 **상해를 가한 것**은 불법 체포로 인한 신체에 대한 현재의 부당한 침해에서 벗어나기 위한 행위로서 **정당방위**에 해당하여 **위법성이 조각된다**(대판 2006.11.23, 2006도2732).

[사실관계] 갑은 외국인 산업연수생으로 국내에 체류하였다가 적법한 체류기간이 만료하였음에도 그 체류기간을 초과하여 국내에 체류하고 있었다. 위와 같이 불법체류기간 중에 있던 갑이 집 앞길을 걷고 있던 중 갑의 출입국관리법위반의 제보를 받은 부산지방경찰청 외사계 소속 경찰공무원 을과 병에게 적발되었다. 을과 병은 그 즉시 갑을 **연행**하여 순찰차 뒷좌석에 태웠는데 갑은 뒷좌석 유리창을 내리고 도주하려고 하였다. 이에 을이 갑에게 수갑을 채우면서 제지하려고 하자 갑은 **주먹으로 을의 얼굴을 1회 때렸고** 이로 인하여 을은 약 2주간의 치료를 요하는 **안면부 다발성좌상**을 입게 되었다. / 그런데 을과 병은 갑을 연행하면서 실력으로 갑을 제압하여 순찰차에 태웠고 이 과정에서 단순히 갑에게 현행범으로 체포한다고만 말하였을 뿐 갑에게 피의사실의 요지라든지 체포의 이유, 변호인을 선임할 수 있음을 말하거나 변명할 기회를 주지 아니하였다. 101)

---

101) 2017년 법무사시험(20점)

Thema 정리　위계에 의한 공무집행방해죄

```
┌ 의의 : 제137조　보호법익·보호정도: 추상적 위험범
├ 행위 ┬ 위계(상대방의 오인·착각·부지를 이용행위)
│      │   ┌ 위계○ : 허위의 출원사유·소명자료, 허위진술·허위증거제출 + 충분히 심사 [등기신청]
│      │   │ [대리응시] [허위진단서] [허위호구부] [타인의 혈액] [타인의 소변] [적극적 허위증거조작] [변호사
│      │   │ 접견] [허위로 112신고를 한 행위가 위계공무집행방해죄의 위계에 해당하는지 여부가 문제된 사건]
│      │   └ 위계× : 공모·양해, 허위진술·허위자백, 허위의 출원사유·소명자료 + 불충분한 심사
│      │            ∵ 인과관계 ×
│      │     [허위소명자료(운전경력증명서)] [주기적신고(허위예금증명서)] / [재소자흡연] [파워매직세이퍼]
│      │     [명함지갑모양 녹음·녹화장치사건] [안경모양 녹음·녹화장비사건] ∵ 단순 금지규정위반에 불과
├ 직무집행 : 권력적 작용+비권력적 작용(사경제주체활동 포함)
├ 방해 → 기수시기 ┬ 현실적으로 구체적인 공무집행이 저지되거나 곤란하게 하는 상태
│                 └ 상대방이 그릇된 행위나 처분을 하여야 → 결과범처럼 해석(강사 私見)
└ 고의 : 위계로써 공무집행을 방해한다는 인식 + 공무집행방해의사 ↔ [합의하는데 불리하다고 생각]
```

• 행정관청이 출원에 의한 인·허가처분을 함에 있어서는 그 출원사유가 사실과 부합하지 아니하는 경우가 있음을 전제로 하여 인·허가할 것인지의 여부를 심사, 결정하는 것이므로 행정관청이 사실을 충분히 확인하지 아니한 채 출원자가 제출한 **허위의 출원사유나 허위의 소명자료**를 가볍게 믿고 인가 또는 허가를 하였다면 이는 **행정관청의 불충분한 심사**에 기인한 것으로서 출원자의 위계가 결과 발생의 주된 원인이었다고 할 수 없어 위계에 의한 공무집행방해죄를 구성하지 않는다고 할 것이지만, / 출원자가 행정관청에 허위의 출원사유를 주장하면서 이에 부합하는 허위의 소명자료를 첨부하여 제출한 경우 허가관청이 관계 법령이 정한 바에 따라 인·허가요건의 존부 여부에 관하여 나름대로 **충분히 심사**를 하였으나 출원사유 및 소명자료가 허위임을 발견하지 못하여 인·허가처분을 하게 되었다면 이는 허가관청의 불충분한 심사가 그의 원인이 된 것이 아니라 출원인의 위계행위가 원인이 된 것이어서 위계에 의한 공무집행방해죄가 성립된다(대판 2002.9.4, 2002도2064).

[동지판례] 수사기관이 범죄사건을 수사할 때에는 피의자 등의 진술 여하에 불구하고 피의자를 확정하고 그 피의사실을 인정할 만한 객관적인 모든 증거를 수집·조사하여야 할 권리와 의무가 있고, 한편 피의자는 진술거부권과 자기에게 유리한 진술을 할 권리와 유리한 증거를 제출할 권리를 가질 뿐이고 수사기관에 대하여 진실만을 진술하여야 할 의무가 있는 것은 아니다. 따라서 피의자 등이 수사기관에 대하여 **허위사실**을 **진술**하거나 피의사실 인정에 필요한 증거를 감추고 **허위의 증거**를 **제출**하였다고 하더라도, 수사기관이 충분한 수사를 하지 아니한 채 이와 같은 허위의 진술과 증거만으로 증거의 수집·조사를 마쳤다면, 이는 수사기관의 불충분한 수사에 의한 것으로서 피의자 등의 위계에 의하여 수사가 방해되었다고 볼 수 없어 위계에 의한 공무집행방해죄가 성립된다고 할 수 없다. / 그러나 피의자 등이 **적극적으로 허위의 증거를 조작**하여 제출하고 그 증거조작의 결과 수사기관이 그 진위에 관하여 나름대로 충실한 수사를 하더라도 제출된 증거가 허위임을 발견하지 못할 정도에 이르렀다면, 이는 위계에 의하여 수사기관의 수사행위를 적극적으로 방해한 것으로서 위계에 의한 공무집행방해죄가 성립된다(대판 2011.2.10, 2010도15986 ; 대판 2019.3.14, 2018도18646).

Thema 정리 ‖ 공무상비밀표시무효죄

〈행위〉
봉인 또는 압류 기타 강제처분의 표시를 손상 또는 은닉하거나 기타 방법으로 그 효용을 해하는 것이다(제140조).

• **[가압류 유체동산 양도사건]** 102) ★
'공무원이 그 직무에 관하여 실시한 압류 기타 강제처분의 표시를 기타 방법으로 그 효용을 해하는 것'이란 <u>손상 또는 은닉 이외의 방법으로 그 표시 자체의 효력을 사실상으로 감쇄 또는 멸각시키는 것을 의미하는 것이지, / 그 표시의 근거인 처분의 법률상 효력까지 상실케 한다는 의미는 아니다</u>(대판 2018.7.11. 2015도5403).
[사실관계] 집행관이 유체동산을 가압류하면서 이를 채무자에게 보관하도록 한 경우 그 가압류의 효력은 압류된 물건의 처분행위를 금지하는 효력이 있으므로, 채무자가 가압류된 유체동산을 **제3자에게 양도하고 그 점유를 이전한 경우**, 이는 가압류집행이 금지하는 처분행위로서, 특별한 사정이 없는 한 가압류표시 자체의 효력을 사실상으로 감쇄 또는 멸각시키는 행위에 해당한다. 이는 채무자와 양수인이 가압류된 유체동산을 원래 있던 장소에 그대로 두었더라도 마찬가지이다.
∴ 가압류된 유체동산을 제3자에게 양도하면서 유체동산이 있는 점포의 열쇠를 양수인에게 넘겨준 경우

Thema 정리 ｜ 부동산강제집행효용침해죄

강제집행으로 명도 또는 인도된 부동산에 침입하거나 기타 방법으로 강제집행의 효용을 해함으로써 성립하는 범죄이다(제140조의2).
여기에서 '기타 방법'이란 강제집행의 효용을 해할 수 있는 수단이나 방법에 해당하는 일체의 방해 행위를 말하고, '강제집행의 효용을 해하는 것'이란 강제집행으로 명도 또는 인도된 부동산을 권리자가 그 용도에 따라 사용·수익하거나 권리행사를 하는 데 지장을 초래하는 일체의 침해 행위를 말한다.

- [부동산 인도집행의 상대방이 되지 않은 공동점유자가 인도집행이 완료된 부동산에 침입한 사건] ★
  위법한 인도명령의 집행으로 점유를 취득한 경우에도 그 점유는 보호되어야 하는지 여부(원칙적 적극) : 법원의 강제집행의 효력은 그 처분이 적법한 절차에 의하여 취소되지 않는 한 지속되는 것이며, 집행 과정에서 일부 부당한 부분이 있었다 하더라도 그 집행 전체의 효력을 부정하여 집행 전의 상태로 만드는 것은 허용되지 아니하므로, 위법한 인도명령의 집행으로 점유를 취득한 경우에도 특별한 사정이 없는 한 그 점유는 보호되어야 한다(대판 2025.7.16, 2023도5553).
  [사실관계] 아버지가 자신의 아들(피고인)과 딸이 공동 점유하는 이 사건 주택에 대해서, 딸을 상대로만 주택인도소송 제기하여 승소판결을 받고, 집행관이 딸을 집행 상대방으로 하여 인도 집행을 종료하였는데, 이후 피고인이 집행종료 6시간 후 시정된 출입문을 열어 주택으로 침입하여 부동산강제집행효용침해로 기소된 사안에서, 원심은, 피고인이 이 사건 주택의 공동점유자임을 전제로, 공동점유자 중 1인만을 상대방으로 하여 이루어진 부동산 인도 집행은 위법하지만 그러한 집행으로 취득된 점유도 보호되어야 하므로 피고인의 이 사건 주택 침입 행위는 **부동산강제집행효용침해죄**에 해당하고, 그와 같은 피고인의 침입 행위가 정당행위에 해당하지도 않는다. → 부동산강제집행효용침해죄의 구성요건해당성 ○, 위법성조각 × (정당행위 ×)

Thema 정리 ― 국가의 형사사법기능에 대한 죄의 주체·객체·행위 정리

┌ 도주죄(제145조) : 법률에 의하여 체포·구금된 자 / 도주원조죄 : 구금된 자 ↔ 체포된 자 : ×
├ 범인은닉의 죄(제151조) : 벌금 이상의 형에 해당하는 **죄를 범한 자**를 은닉·도피
├ 증거인멸의 죄(제155조) ┬ **타인**의 형사사건·징계사건에 관한 증거
│   └ ① 인멸·은닉, ② 위조·변조, ③ 위조·변조 증거사용, ④ 증인 은닉·도피
├ 위증죄(제152조) : 법률에 의하여 선서한 **증인** + 허위진술
└ 무고죄(제156조) : **타인**으로 하여금 형사처분·징계처분 받게 할 목적 + 허위사실의 신고

※ "범증위무"

① ┌ 자기○○ : 처벌 × ∵ 구성요건에 해당 × = 자기○○의 공동정범 : 처벌 × ∵ 범죄가 성립할 수 없으므로
　 └ 자기○○의 교사 : 처벌 ○ ∵ 방어권남용 ↔ 대포폰사건 : 처벌 × ∵ 자기도피행위의 범주
　　　 ↔ [콜라텍사건] 자기○○에 대한 교사(범죄가 될 수 없는 행위를 교사하는 경우)와 구별

② "**범증**" → 친족간 특례(제151조 제2항, 제155조 제4항) : 처벌 × ∵ 기대불가능성, 책임조각

③ "**위무**" → 자백·자수특례(제153조, 제157조) : 형의 필요적 감면 ∵ 형사절차

Thema 정리 | 도주죄

제145조(도주, 집합명령위반) ① 법률에 따라 체포되거나 구금된 자가 도주한 경우에는 1년 이하의 징역에 처한다.

〈주체〉
법률에 따라 체포 또는 구금된 자이다. ↔ 도주원조죄의 객체 : 법률에 의하여 구금된 자 ○, 체포된 자 ×

• **[선고기일에 법정구속되어 대기실에 인치된 피고인이 도주한 경우 도주죄 성립 여부]** ★
법정구속된 피고인이 형법 제145조 제1항 도주죄의 주체인 '법률에 의하여 체포 또는 구금된 자'에 해당하는지 여부(적극) : 법원이 선고기일에 피고인에 대하여 실형을 선고하면서 구속영장을 발부하는 경우 검사가 법정에 재정하여 법원으로부터 구속영장을 전달받아 집행을 지휘하고, 그에 따라 피고인이 피고인 대기실로 인치되었다면 다른 특별한 사정이 없는 한 피고인은 형법 제145조 제1항의 '법률에 의하여 체포 또는 구금된 자'에 해당한다(대판 2023.12.28, 2020도12586).
[판결이유] (가) 형사소송법은 재판의 집행 일반에 관하여 재판의 성질상 법원 또는 법관이 지휘할 경우를 제외하면 재판을 한 법원에 대응한 검찰청 검사가 지휘한다고 정하면서(제460조 제1항), 구속영장(제81조 제1항 본문, 제209조), 체포영장(제81조 제1항 본문, 제200조의6), 압수·수색·검증영장(제115조 제1항 본문, 제219조)의 집행 등에 관하여도 검사의 지휘에 의하여 집행한다고 규정하고 있다. 따라서 검사가 법정에서 법원으로부터 구속영장을 전달받아 교도관 등으로 하여금 피고인을 인치하도록 하였다면 집행절차가 적법하게 개시되었다고 볼 수 있다. (나) 구속영장의 집행을 통하여 최종적으로 피고인에 대한 신병을 인계받아 구금을 담당하는 교도관이 법정에서 곧바로 피고인에 대한 신병을 확보하였다면 구속의 목적이 적법하게 달성된 것으로 볼 수 있다. (다) 구속영장 발부, 구속영장 집행, 구금 등 모든 과정이 공개된 법정 및 법관의 면전에서 이루어졌다면 특별한 사정이 없는 한, 피고인의 방어권이나 절차적 권리 및 신체의 자유가 침해될 만한 위법이 있다고 평가하기 어렵다.
[사실관계] 법정구속되어 구속 피고인 대기실에 있던 피고인이 도주하려고 하였으나 법정 내에서 검거된 사안에서, / **원심**은 형사소송법 제81조 제1항 본문에서 구속영장은 검사의 지휘에 의하여 '사법경찰관리'가 집행하도록 되어 있으므로, 사법경찰관리가 아닌 교도관, 법원경위의 안내에 따라 임시적으로 구속 피고인 대기실에 들어간 피고인을 '적법하게 체포 또는 구금된 자'에 해당한다고 보기 어렵다는 이유로 피고인을 '법률에 의하여 체포 또는 구금된 자'에 해당하지 않는다고 보아 무죄를 선고한 제1심판결을 그대로 유지하였으나 / **대법원**은, 위와 같이 판시하면서, **법정구속되어 대기실에 인치된 피고인**은 형법 제145조 제1항의 '법률에 의하여 체포 또는 구금된 자'에 해당한다고 보아, 이와 달리 공소사실을 무죄로 판단한 원심판결을 파기·환송하였다. → 도주미수죄 성립 ○

Thema 정리 | 범인은닉 · 도피죄

제151조(범인은닉과 친족간의 특례) ① 벌금 이상의 형에 해당하는 죄를 범한 자를 은닉 또는 도피하게 한 자는 3년 이하의 징역 또는 500만원 이하의 벌금에 처한다.

② 친족 또는 동거의 가족이 본인을 위하여 전항의 죄를 범한 때에는 처벌하지 아니한다.

- 의의 : 제151조 제1항 보호법익 · 보호정도 : 형사사법기능, 추상적 위험범, 계속범
- 주체 : 범인 이외의 자
  - → 범인자신의 은닉 · 도피행위 : 처벌 ×, 공범을 도피하게 하는 결과 되더라도 [콜라텍사건] "자기○○"
  - → 범인이 타인(친족포함)을 교사한 경우 예 타인에게 도움을 요청한 경우 [대포폰사건]103) "자기○○의 교사"
    - ┌ 도피행위의 범주에 속 : 처벌 ×
    - └ 방어권의 남용 : 범인도피교사죄 ○ 예 허위자백 교사
- 객체 : 벌금 이상의 형에 해당하는 죄를 범한 자(= 각칙상 모든 범죄) → 수사개시 전후 · 진범 여부 불문
- 행위 ┌ 은닉 : 장소제공
  - └ 도피 : 은닉이외의 방법으로 범인의 발견을 곤란하게 하거나 불능하게 하는 행위
    - 예 진범인을 가장하거나 자처하는 허위자백 [바지사장이 실제업주라 적극적으로 허위진술한 범인도피사건]
    - ↔ 간접적으로 범인이 안심하고 도피할 수 있게 한 경우, 단순한 묵비 · 허위진술 : 은닉 · 도피×
    - [실제업주라 단순히 허위진술한 사건]
- 공범 : 범인도피계속되는 동안(기수이후 종료이전)이면 공동정범 · 종범 성립가능 ○ ∵ 계속범
- 죄수 및 타죄와의 관계(직무유기죄와의 관계) : [범인에게 전화 · 도피 권유한 사건] 작위범만 성립
- 친족간특례 : 책임조각사유(∵ 기대불가능성) ↔ 사실혼 : × = 증거인멸죄

〈자기은닉 · 도피〉
범인도피죄는 타인을 도피하게 하는 경우에 성립하므로 범인자신의 은닉 · 도피행위는 처벌되지 않는다.

---

103) 2018년 법무사시험(20점)

• [콜라텍 허위양도사건] ★
범인도피죄는 타인을 도피하게 하는 경우에 성립할 수 있는데, 여기에서 타인에는 공범도 포함되나 범인 스스로 도피하는 행위는 처벌되지 않는다. 또한 공범 중 1인이 그 범행에 관한 수사절차에서 참고인 또는 피의자로 조사받으면서 자기의 범행을 구성하는 사실관계에 관하여 허위로 진술하고 허위 자료를 제출하는 것은 자신의 범행에 대한 방어권 행사의 범위를 벗어난 것으로 볼 수 없다. 이러한 행위가 다른 공범을 도피하게 한 결과가 된다고 하더라도 범인도피죄로 처벌할 수 없다. 이때 공범이 이러한 행위를 교사하였더라도 범죄가 될 수 없는 행위를 교사한 것에 불과하여 범인도피교사죄도 성립하지 않는다(대판 2018.8.1, 2015도20396).
[사실관계] 강제집행 대상인 콜라텍을 허위양수하는 방법으로 채무자와 **공모**하여 **강제집행면탈죄**를 범한 양수인이 실제 양수한 것처럼 진술해달라는 채무자의 요청에 따라 수사기관에서 참고인 또는 피의자 지위로 콜라텍을 실제 양수하였다고 진술하고 그에 관한 허위자료를 제출하였다면 범인도피죄가 성립할 수 없고 그에 대한 교사죄도 성립하지 않는다.

〈자기은닉·도피의 교사〉[104]
범인도피를 위하여 타인에게 도움을 요청하는 행위는 도피행위의 범주에 속하는 한 처벌하지 않으나, 허위자백을 교사하는 등 방어권의 남용으로 볼 수 있으면 범인은닉·도피의 교사범이 성립한다.

• [대포폰사건][105] ★
범인 스스로 도피하는 행위는 처벌되지 아니하므로, 범인이 도피를 위하여 **타인에게 도움을 요청하는 행위** 역시 **도피행위의 범주**에 속하는 한 처벌되지 아니하며, 범인의 요청에 응하여 범인을 도운 타인의 행위가 범인도피죄에 해당한다고 하더라도 마찬가지이다. / 다만 범인이 타인으로 하여금 허위의 자백을 하게 하는 등으로 범인도피죄를 범하게 하는 경우와 같이 그것이 **방어권의 남용**으로 볼 수 있을 때에는 범인도피교사죄에 해당할 수 있다(대판 2014.4.10, 2013도12079).
[사실관계] 벌금 이상의 형에 해당하는 죄를 범하고 도피 중이던 甲이 친구에게 그런 사실을 설명하고 수사기관의 추적을 피하기 위해 위 친구에게 요청하여 속칭 '**대포폰**'을 개설하여 받고, 위 친구를 전화로 불러 그가 운전하는 차를 타고 시내를 이동하여 다닌 경우, 범인도피죄가 성립하지 않는다.
∵ 통상적 도피의 한 유형이므로
[비교판례] 범인이 자신을 위하여 타인으로 하여금 **허위의 자백**을 하게 하여 범인도피죄를 범하게 하는 행위는 **방어권의 남용**으로 범인도피교사죄에 해당한다(대판 2000.3.24, 2000도20). 이 경우 그 타인이 형법 제151조 제2항에 의하여 처벌을 받지 아니하는 친족, 호주 또는 동거 가족에 해당한다 하여 달리 볼 것은 아니다(대판 2006.12.7, 2005도3707).
[사실관계] 무면허 운전으로 사고를 낸 사람이 동생을 경찰서에 대신 출두시켜 피의자로 조사받도록 한 행위는 범인도피교사죄를 구성한다. [106]

---

104) 2011년 법무사시험
105) 2018년 법무사시험(20점), 2021년 변호사시험
106) 2011년 법무사시험, 2023년 법원사무관승진시험(15점)

<table>
<tr><td colspan="2">허위진술과 허위자백(진범인가장)의 경우</td></tr>
<tr><td>묵비·허위진술</td><td>허위자백(진범인을 가장·자처), 피의자 가장</td></tr>
<tr><td>위계에 의한 공무집행방해 ×</td><td>위계에 의한 공무집행방해 ×</td></tr>
<tr><td>범인도피죄 ×</td><td>범인도피죄 ○</td></tr>
<tr><td>甲이 수사기관에서 참고인으로 진술을 함에 있어 범인으로 체포된 사람과 자신이 목격한 범인이 동일함에도 불구하고 단순히 동일한 사람이 아니라고 허위진술을 하여 이로 말미암아 증거불충분으로 범인을 석방하게 되는 결과가 된 경우</td><td>• 피의자나 참고인이 아닌 자가 자발적이고 계획적으로 피의자를 가장하여 수사기관에 대하여 허위의 사실을 진술하는 경우
• 甲이 쌍둥이 동생 乙에게 수사기관에서 범인임을 자처하고 대신 형사처벌을 받을 것을 부탁하여 乙은 甲의 부탁대로 甲의 형사처벌을 면하게 할 목적으로 위 사건조사를 담당한 경찰관에게 자신이 범인이라고 진술한 경우107)</td></tr>
</table>

〈친족간 특례〉
친족 또는 동거의 가족이 본인을 위하여 범인은닉·도피죄(제151조 제1항)를 범한 때에는 처벌하지 아니한다 (제152조).

• [생부(生父)가 인지하지 않은 혼인외 출생자가 벌금 이상의 형에 해당하는 죄를 범한 생부를 도피하게 한 경우 형법 제151조 제2항을 유추적용할 수 있는지 여부가 문제된 사건]
형법 제151조 제2항은 친족, 동거의 가족이 본인을 위하여 범인도피죄를 범한 때에는 처벌하지 아니한다고 규정하고 있는데, 여기서의 친족은 민법이 정한 법률상의 친족을 말한다. **혼인외 출생자의 경우 모자관계**는 인지를 요하지 아니하고 법률상의 친자관계가 인정될 수 있지만, **부자관계**는 부의 인지에 의하여만 법률상 친자관계가 발생한다. 따라서 혼인외 출생자가 벌금 이상의 형에 해당하는 죄를 범한 자신의 생부(生父)를 도피하게 하더라도 생부가 혼인외 출생자를 인지하지 않은 경우에는 생부와 혼인외 출생자 사이에 법률상 친자관계가 발생하지 않으므로 혼인외 출생자의 행위에 대하여 형법 제151조 제2항을 적용할 수 없다(대판 2024. 11. 28, 2022도10272).
[사실관계] 혼인외 출생자인 피고인이 자신의 생부(生父)가 강도치사죄 등을 범하여 도피 중이라는 사실을 알면서도 생부를 도피하게 하였다는 범인도피로 기소된 사안에서 / **원심**은, 혼인외 출생자와 범인인 생부 사이에 자연적 혈연관계가 존재하므로 형법 제151조 제2항을 유추적용할 수 있다고 보아, 범인도피죄를 무죄로 판단한 제1심판결을 그대로 유지하였으나, / **대법원**은 위와 같은 법리를 설시하면서, 생부가 인지하지 않아 법률상 친자관계가 발생하지 않은 경우에는 비록 생부와 혼인외 출생자 사이의 자연적 혈연관계로 말미암아 도피시키지 않을 것을 기대하기 어려운 경우가 있다고 하더라도 **형법 제151조 제2항을 유추적용할 수는 없다**고 보아, 이와 달리 판단한 원심을 파기·환송하였다.

---

107) 2011년 법무사시험

Thema 정리 │ 증거인멸죄

제155조(증거인멸 등과 친족간의 특례) ① 타인의 형사사건 또는 징계사건에 관한 증거를 인멸, 은닉, 위조 또는 변조하거나 위조 또는 변조한 증거를 사용한 자는 5년 이하의 징역 또는 700만원 이하의 벌금에 처한다.
② 타인의 형사사건 또는 징계사건에 관한 증인을 은닉 또는 도피하게 한 자도 제1항의 형과 같다.
③ 피고인, 피의자 또는 징계혐의자를 모해할 목적으로 전2항의 죄를 범한 자는 10년 이하의 징역에 처한다.
④ 친족 또는 동거의 가족이 본인을 위하여 본조의 죄를 범한 때에는 처벌하지 아니한다.

┌ 의의 : 제155조 제1항 보호법익·보호정도 : 형사사법기능, 추상적 위험범
│ → 유형적인 증거의 증명력을 해하는 범죄 ↔ 위증 : 허위진술 등 무형적인 방법으로 증명력을 해하는 범죄
├ 주체 : 제한 ×
├ 객체 ┬ 타인의 형사사건 또는 징계사건에 관한 증거 ↔ 자기 사건에 대한 증거인멸 : ×
│   │ → "자기○○의 교사" 예 타인에게 도움을 요청한 경우 [안마의자보관부탁사건]
│   │   ┌ 원칙 : 처벌×
│   │   └ 방어권남용 : 증거인멸·은닉교사로 처벌 ○
│   └ 형사사건 또는 징계사건 : 수사·징계절차 개시전후·기소·무죄선고여부 불문
│   ↔ 사인의 징계사건 : ×
├ 행위 : 증거인멸·은닉·위조·변조하거나, 위조·변조한 증거를 사용, 증인 은닉·도피
│ → 증거 : 형벌권·징계권 유무확인에 관계있는 일체의 자료, 유리·불리 & 증거가치 유무·정도 불문
│   └ ① 범죄·징계 성립여부, ② 형·징계의 경중 관계있는 정상인정자료 포함 [입금확인증사건] ① 증거 ○, ② 위조 ×
│ → 위조 : 새로운 증거를 만들어 내는 것(문서작성권한이 있어도) ↔ 문서위조 [풍어제 기부금 횡령사건]
│   └ 존재하지 않았던 처분문서를 사후 작성일을 소급하여 작성하는 행위 등
│   ┌ 위조 ○ : [허위 진술이 담긴 대화 내용을 녹음한 녹음파일 또는 이를 녹취한 녹취록 만들어 제출]
│   └ 위조 × : [선서무능력자에게 허위증언하도록 한 경우] [허위의 사실확인서나 진술서 작성제출]
│   └ ∵ 증거자체의 위조 ×   └ = 허위진술
│   [입금확인증사건]
└ 친족간 특례

〈증거위조죄〉
① 증거위조죄의 '**증거**'란 타인의 형사사건 또는 징계사건에 관하여 수사기관이나 법원 또는 징계기관이 국가의 형벌권 또는 징계권의 유무를 확인하는 데 관계있다고 인정되는 일체의 자료가 포함된다.
② 증거위조죄의 '**위조**'란 문서죄의 위조와는 달리 새로운 증거를 만들어 내는 것 내지 **새로운 증거의 창조**를 말한다. 따라서 증거가 문서의 형식을 갖는 경우 증거위조죄에 있어서의 증거에 해당하는지 여부가 그 작성권한의 유무나 내용의 진실성에 좌우되는 것은 아니다. 그러나 사실의 증명을 위해 작성된 문서가 그 사실에 관한 내용이나 작성명의 등에 아무런 허위가 없다면 '증거위조'에 해당한다고 볼 수 없다.
③ 증거위조죄에서 '**타인의 형사사건 등에 관한 증거를 위조한다**' 함은 증거 자체를 위조함을 말하는 것이고, 허위의 증언을 교사하거나 참고인이 수사기관에서 허위의 진술을 하는 것은 여기에 포함되지 않는다. 허위의 진술서를 작성하여 제출하는 것도 허위의 진술과 차이가 없으므로 증거위조에 해당하지 않는다.

Thema 정리　위증죄

제152조(위증, 모해위증) ① 법률에 의하여 선서한 증인이 허위의 진술을 한 때에는 5년 이하의 징역 또는 1천만원 이하의 벌금에 처한다.
② 형사사건 또는 징계사건에 관하여 피고인, 피의자 또는 징계혐의자를 모해할 목적으로 전항의 죄를 범한 때에는 10년 이하의 징역에 처한다.

제153조(자백, 자수) 전조의 죄(위증, 모해위증)를 범한 자가 그 공술한 사건의 재판 또는 징계처분이 확정되기 전에 자백 또는 자수한 때에는 그 형을 감경 또는 면제한다.

- 의의 : 제152조　보호법익·보호정도 : 형사사법기능, 추상적 위험범
- 주체 ┬ 법률에 의하여 선서한 ↔ ① 선서무능력자, ② 심문절차, ③ **증언거부권 불고지**
　　　 └ 증인(진정신분범) ↔ 당사자 : × **예** 민사소송의 당사자인 법인의 대표자
- 행위 ┬ **허위** : 기억에 반하는 사실(주관설)
　　　 └ 진술 : ① 경험사실 ○, 가치판단 ×, ② 증인신문대상 전부 : 요증사실여부불문, 재판영향불문
　　　 → 기수시기 : 신문절차종료시 → 종료 전 철회·시정한 경우 위증 ×
- 공범 : "자기○○의 교사" 위증교사 ○ (∵ 방어권의 남용)
- 죄수 : 선서의 수 기준
- 자백·자수특례 : 재판 또는 징계처분이 확정되기 전 자백·자수한 때 형의 필요적 감면

증언거부권자가 증언거부권을 고지받지 못하고 위증을 한 경우 위증죄의 성부
- 원칙 : 위증죄 × (∵ 법률에 의하여 선서한 증인에 해당하지 아니하므로)
- 예외 : 위증죄 ○

1) [전남편음주운전사건] 증언거부권을 행사하는 데 사실상 장애가 초래되었다고 볼 수 없는 경우, 재판장이 선서할 증인에 대하여 선서 전에 위증의 벌을 경고하지 않았다는 등의 사유, 증언거부권을 고지받았더라도 그와 같이 증언을 하였을 것이라는 취지의 진술이 있는 경우
2) [민사소송 진술거부권불고지 위증사건] 민사소송절차에서 증인이 증언거부권을 고지받지 아니한 상태에서 허위진술을 한 경우 ∵ 고지제도 없으므로
3) [유죄확정판결 받은 자의 위증사건] 유죄판결이 확정된 후 공범에 대한 증인으로 출석하여 허위의 진술을 한 경우 ∵ 증언거부권 없으므로

Thema 정리 — 위증 · 무고죄의 허위의 의미와 위증 · 무고죄 성립여부

위증죄 (주관설)	기억에 반(진실에 합치하여도)	위증 ○
	기억에 합치(진실에 반하여도)	위증 ×
무고죄 (객관설)	진실 ×	무고 ○ but, 진실 × + 진실이라 믿은 경우 : 무고 ×(∵ 고의 ×)
	진실 ○(허위라고 믿었어도)	무고 ×

＊┌ 위증, 허위감정 등의 경우 주관설에 따라 검토!
　└ 무고죄, 허위진단서 작성의 경우 객관설에 따라 검토!

Thema 정리 | 무고죄

제156조(무고) 타인으로 하여금 형사처분 또는 징계처분을 받게 할 목적으로 공무소 또는 공무원에 대하여 허위의 사실을 신고한 자는 10년 이하의 징역 또는 1천500만원 이하의 벌금에 처한다.

제157조(자백ㆍ자수) 제153조는 전조에 준용한다.

- 의의 : 제156조
- 보호법익ㆍ보호정도 : ① 국가의 형사사법기능 & ② 부당하게 처벌받지 않을 개인적 이익, 추상적 위험범
- 주체 : 제한 ×
- 행위의 상대방 : 공무소ㆍ공무원
- 행위 ┬ 허위사실 ┬ 객관적 진실에 반하는 사실(객관설) → 진실을 허위라 믿고 신고해도 무고×
  - 허위사실의 적시 : 형사처분 또는 징계처분의 원인이 될 정도
    → 수사권ㆍ징계권의 발동을 촉구하는 정도면 충분
  - 신고된 사실 자체가 형사처분 또는 징계처분의 원인될 수 있는 것
    [송이채취권 이중양도사건] 무고 × ∵ 신고사실 자체가 형사처분ㆍ징계처분의 원인이 되지 않으므로
    [무고죄에서 '신고된 사실' 자체가 형사처분의 원인이 될 수 있는지가 문제된 사건]
    (폴넷사건) 무고 ×
  - 공소시효완성된 범죄 : 신고자체에 의해 분명하면 무고 ×, 완성안된 것처럼 : 무고 ○
    └ = 친고죄의 고소기간 경과된 경우
  - 적극적 증명(신고사실이 객관적 진실에 반) 요 ↔ 소극적 증명(진실성 인정할 수 없다) ×
  - 허위사실의 신고 × : **[도박자금 차용금사기고소사건]** ∵ 차용금실제용도 중요 × · 사기죄 성부에 영향 ×
  - 허위사실의 신고 ○ : **[도박자금 용도사기고소사건]** ∵ 차용금실제용도 중요 ○ · 사기죄 성부에 영향 ○
  - 신고 : 방법에 제한 ×, 자발적 사실 고지 ↔ 수사기관의 요청ㆍ신문 : ×
    → 기수시기 : 공무소 또는 공무원에 도달한 때
- 주관적 구성요건 ┬ 고의 : 허위사실에 대한 미필적 인식이면 족 → 허위를 진실이라 믿고 신고 : 무고 ×
  - 타인으로 하여금 형사처분 또는 징계처분을 받게 할 목적(목적범)
    → 징계처분 ○ : **변호사**에 대한 징계처분
    ↔ 징계처분 × : **사립학교 교원**에 대한 징계처분 **[폴넷사건]** ∵ 사법적 법률행위인 징계처분
- 공범 : **[자기무고의 공동정범 성부]** × (∵ 구성요건해당성 ×) "자기○○"
  ↔ "자기○○의 교사" 처벌 ○ (∵ 피교사자는 구성요건해당성 ○)
- 죄수 및 타죄와의 관계 : 피무고자의 수 기준
- 자백ㆍ자수 특례

〈행위 : 허위사실의 신고〉
① 무고죄에서의 허위의 사실이란 객관적 진실에 반하는 사실을 말한다(객관설). 따라서 행위자가 허위라고 오신하였더라도 신고한 사실이 객관적 진실에 합치하면 본죄가 성립되지 않는다.
② 신고한 사실의 허위 여부는 그 범죄의 구성요건과 관련하여 신고사실의 핵심 또는 중요내용이 허위인가에 따라 판단하여 무고죄의 성립 여부를 가려야 한다.
③ 허위사실은 형사처분 또는 징계처분의 원인될 수 있는 것이어야 하고, 허위사실의 적시는 형사처분 또는 징계처분의 원인이 될 정도면 충분하다.

〈목적 : 타인으로 하여금 형사처분 또는 징계처분을 받게 할 목적〉
① 타인으로 하여금 형사처분 또는 징계처분을 받게 할 목적을 요한다. 따라서 자신으로 하여금 형사처분 또는 징계처분을 받게 할 목적으로 허위의 사실을 신고하는 행위, 즉 **자기 자신을 무고하는 행위**는 무고죄의 구성요건에 해당하지 않아 무고죄가 성립하지 않는다. 또한 피무고자는 살아 있는 사람이어야 하므로 **사자나 허무인에 대한 무고**도 구성요건에 해당하지 않는다. 그러나 **피무고자의 승낙**이 있더라도 무고죄가 성립한다.
② '징계처분'이란 공법상의 특별권력관계에 기인하여 질서유지를 위하여 과하여지는 제재를 말한다.

Thema 정리   무고의 태양

자기무고	1) 구성요건해당성이 없음(∵ 타인 ×) → 자기무고의 공동정범도 × 2) 타인의 범죄를 자기의 범죄로 허위신고한 때는 "범인은닉죄" 성립은 가능	
자기무고의 교사	긍정설	무고죄의 교사범 성립을 인정함(판례)
	부정설	자기무고가 구성요건에 해당하지 않는 이상 이에 대한 교사범도 성립 ×
공동무고	자기와 타인이 공범관계에 있다고 허위 신고시, 1) 자기의 범행부분은 구성요건해당성이 없음 → 무고죄 × 2) 타인의 범행부분에 대해선 무고죄가 성립함 → 무고죄 ○	
승낙무고	무고죄 ○(∵ 국가의 사법기능이 주된 보호법익이므로)	
허무인·사자무고	무고죄 ×(∵ 타인의 실재를 요하므로)	

Thema 정리   범인은닉·증거인멸, 위증·무고에서의 친족간 특례와 자백·자수의 특례

구분	범인은닉, 증거인멸	위증, 무고
친족간의 특례 → 처벌 × (다수설 : 책임조각 ∵ 기대불가능성)	○	×
자백·자수 특례 → 필요적 감면(∵ 형사절차관련)	×	○
미수처벌	×	×

※ 자백·자수특례의 '재판확정 전'의 의미 ┌ 위증죄 : ① (허위)공술한 사건절차 + ② 위증사건절차
　　　　　　　　　　　　　　　　 └ 무고죄 : ① (허위)신고한 사건절차 + ② 무고사건절차

관련 판례 자기 ○○를 교사한 경우 "범증위무"

1) 범인이 자신을 위하여 타인으로 하여금 **허위의 자백**을 하게 하여 범인도피죄를 범하게 하는 행위는 "방어권의 남용"으로 **범인도피교사죄**에 해당한다(대판 2000.3.24, 2000도20). **[사실관계]** 범인이 자신을 위하여 타인으로 하여금 그가 범행을 하였다는 내용으로 허위의 자백을 하게 한 경우

   [비교판례(대포폰사건)] 범인 스스로 도피하는 행위는 처벌되지 아니하므로, 범인이 도피를 위하여 타인에게 도움을 요청하는 행위 역시 도피행위의 범주에 속하는 한 처벌되지 아니하며, 범인의 요청에 응하여 범인을 도운 타인의 행위가 범인도피죄에 해당한다고 하더라도 마찬가지이다.

2) 범인이 자신을 위하여 타인으로 하여금 허위의 자백을 하게 하여 범인도피죄를 범하게 하는 행위는 "방어권의 남용"으로 **범인도피교사죄**에 해당하는바, 이 경우 그 타인이 형법 제151조 제2항에 의하여 처벌을 받지 아니하는 친족, 호주 또는 동거 가족에 해당한다 하여 달리 볼 것은 아니라 할 것이다(대판 2006.12.7, 2005도3707). **[사실관계]** 무면허 운전으로 사고를 낸 사람이 동생을 경찰서에 대신 출두시켜 피의자로 조사받도록 한 경우

3) 범인이 자신을 위하여 타인으로 하여금 허위의 자백을 하게 하여 범인도피죄를 범하게 하는 행위는 "방어권의 남용"으로 범인도피교사죄에 해당하는바, 이 경우 그 타인이 형법 제151조 제2항에 의하여 처벌을 받지 아니하는 친족, 호주 또는 동거 가족에 해당한다 하여 달리 볼 것은 아니다. 한편, 이와 같은 법리는 범인을 위해 타인이 범하는 범인도피죄를 범인 스스로 방조하는 경우에도 마찬가지로 적용된다(대판 2008.11.13, 2008도7647). **[사실관계]** 피고인이 처인 공소외인의 피고인을 위한 범인도피범행을 돕기 위하여 공소외인에게 사고발생 경위, 도주 경위 등에 관하여 상세한 정보를 제공하여 주는 등의 방법으로 공소외인으로 하여금 심리적으로 안정할 수 있도록 함으로써 **범인도피**범행을 **방조**한 경우

4) 자기의 형사 사건에 관한 증거를 인멸하기 위하여 타인을 교사하여 죄를 범하게 한 자에 대하여는 **증거인멸교사죄**가 성립한다(대판 2000.3.24, 99도5275).

   [비교판례(안마의자보관부탁사건)] 증거은닉죄는 타인의 형사사건이나 징계사건에 관한 증거를 은닉할 때 성립하고 자신의 형사사건에 관한 증거은닉 행위는 형사소송에 있어서 피고인의 방어권을 인정하는 취지와 상충하여 처벌의 대상이 되지 아니하므로 **자신의 형사사건에 관한 증거은닉을 위하여 타인에게 도움을 요청하는 행위** 역시 원칙적으로 처벌되지 아니하나, / 다만 그것이 **방어권의 남용**이라고 볼 수 있을 때는 증거은닉 교사죄로 처벌할 수 있다(대판 2016.7.29, 2016도5596).

5) 피고인이 자기의 형사사건에 관하여 허위의 진술을 하는 행위는 피고인의 형사소송에 있어서의 방어권을 인정하는 취지에서 처벌의 대상이 되지 않으나, / 법률에 의하여 선서한 증인이 타인의 형사사건에 관하여 위증을 하면 형법 제152조 제1항의 위증죄가 성립되므로 자기의 형사사건에 관하여 타인을 교사하여 **위증죄**를 범하게 하는 것은 이러한 "방어권을 남용"하는 것이라고 할 것이어서 **교사범**의 죄책을 부담케 함이 상당하다(대판 2004.1.27, 2003도5114).

6) 스스로 본인을 무고하는 자기무고는 무고죄의 구성요건에 해당하지 아니하여 무고죄를 구성하지 않는다. / 그러나 피무고자의 교사·방조하에 제3자가 피무고자에 대한 허위의 사실을 신고한 경우에는 제3자의 행위는 무고죄의 구성요건에 해당하여 **무고죄**를 구성하므로, 제3자를 교사·방조한 피무고자도 **교사·방조범**으로서의 죄책을 부담한다(대판 2008.10.23, 2008도4852).

사례풀이 방법론

I 초안작성의 중요성 : 묻는 말에 답하기!

① 문제의 마지막 부분에서 무엇을 묻고 있는지부터 확인하고 문제를 읽을 것
② 반드시 문제를 2번 이상 읽으며, **쟁점**부분을 체크할 것!
　특히 형법상 범죄성립여부가 문제될 만한 "행위"부분에 "논점(쟁점)"을 간단히 체크할 것!
③ 다소 시간이 걸리더라도 되도록 **초안을 완성시킨 후 답안작성을 시작할 것**

II 문제형식에 따른 답안작성방법론

1. 甲의 죄책은? 甲의 죄책을 논하시오.

① 시간별 **구성요건별 검토하는 방식** → ○○죄(제○○조)의 성부
② 시간별 **행위별로 서술하는 방식** → ○○행위(의 죄책)
③ 어느 방식이든 1. 문제점 부분은 문제에 **주어진 사실관계**를 활용하여 문제를 제기할 것!
　→ '～ 행위와 관련하여 ○○죄(제○○조)의 성부가 문제된다'

2. ○○죄의 성부? ○○죄의 성립여부에 관하여 논하시오. ○○죄가 성립하는지 논하시오.

(1) 범죄성립요건 목차별 검토 → ○○죄(제○○조)의 성부, 조문을 명시할 것!
　① 의의 및 보호법익·보호정도 → **구성요건해당성** → **위법성** → **책임** 순으로 검토
　② 의의는 **조문**을 활용하여 간단히 적어주고, 보호법익·보호정도까지 적어주기
　③ 구성요건은 **객관적 구성요건**(주체, 객체, 행위, 실행의 착수·기수시기) → **주관적 구성요건**의 순으로
　　서술하되, **쟁점 부분**(견해의 대립이 있거나 판례가 있는 부분)은 따로 **목차화** 시킬 것!
(2) 쟁점부분 목차구성(로마자 목차)
　대부분 **1. 문제점 내지 쟁점 2. 판례의 태도 3. 사안의 경우**의 순으로 검토하면 충분,
　예외적으로 견해의 대립이 중요한 쟁점의 경우
　1. 문제점 내지 쟁점 2. 학설 또는 견해의 대립 3. 판례의 태도 4. 검토 및 사안의 경우
(3) 검토 및 사안의 해결
　① 검토는 판례에 따르고, 문제에 **주어진 사실관계**를 활용하여 사안을 포섭할 것!
　② 관련문제(미수, 공범, 죄수 및 타죄와의 관계)를 항시 검토할 것!
　　특히 **죄수 판단**은 빠뜨리기 쉬우므로 조심할 것!
　③ 위법성, 책임부분에 별다른 논점이 없으면, '～ 구성요건에 해당하고, 별다른 위법성조각사유나 책임조
　　각사유가 없으므로 ○○죄가 성립한다'라고 서술하여도 충분함

3. 갑의 죄책유무를 논하고 그 이유를 간략히 서술하시오.

　→ Ⅰ. 결론 : ○○죄의 성립여부 Ⅱ. 이유(논거)의 형식으로 서술하여도 무방

III 다수의 범죄가담형태일때

→ **정범의 죄책부터** 검토한 후 공범의 죄책을 검토해야 함(정범개념의 우위성, 공범종속성)

IV 시간 및 분량조절

① 배점에 따라 분량을 조절해야 함, **총 122줄/50점**이므로 **10점에 24줄정도**라고 생각할 것
② 답안전체의 목차구성과 관련하여 Ⅰ. 문제의 소재와 Ⅴ. 사안의 해결이라는 목차는 배점에 따라 적지 않아도
　되고, 바로 쟁점별로 문제점과 사안의 경우(사안의 해결)로 서술하여도 충분함

박문각 법무사

오상훈 형법
2차 | 테마노트 암기장

초판 인쇄 2026. 1. 15. | **초판 발행** 2026. 1. 20. | **편저자** 오상훈

발행인 박 용 | **발행처** (주)박문각출판 | **등록** 2015년 4월 29일 제2019-0000137호

주소 06654 서울시 서초구 효령로 283 서경 B/D 4층 | **팩스** (02)584-2927

전화 교재 문의 (02)6466-7202

정가 16,000원
ISBN 979-11-7519-521-9